메이저리그, 나를 위한 지식 플러스

지은이 배우근
펴낸이 임상진
펴낸곳 (주)넥서스

초판 1쇄 발행 2017년 5월 20일
초판 2쇄 발행 2017년 5월 30일

출판신고 1992년 4월 3일 제311-2002-2호
10880 경기도 파주시 지목로 5 (4층)
Tel (02)330-5500 Fax (02)330-5555

ISBN 979-11-6165-007-4   13690

저자와 출판사의 허락 없이 내용의 일부를
인용하거나 발췌하는 것을 금합니다.
저자와의 협의에 따라서 인지는 붙이지 않습니다.

가격은 뒤표지에 있습니다.
잘못 만들어진 책은 구입처에서 바꾸어 드립니다

이 책에 실린 상당수의 사진들은 강명호 사진기자의 허락을 받아 실었습니다.

www.nexusbook.com
넥서스BOOKS는 넥서스의 실용 브랜드입니다.

메・이・저・리・그 대화를 위한 **넓고 깊은 지식**

메이저리그 대화를 위한 상식플러스

배우근 지음

넥서스BOOKS

프롤로그

이 책은 공부하는 마음으로 썼다. 메이저리그의 역사, 그 속에 담긴 다양한 색깔의 이야기들을 찾아 엮었다. 그리고 이 책의 원고를 탈고한 뒤 스포츠 기자의 생활을 잠시 접고 1년간의 여행을 떠났다. 4월의 어느 봄날, 스페인의 한적한 시골 공터에서 아이들은 공을 차고 있었다. 노을 속에서 그림자로 남을 때까지.

크기와 상관없이 둥근 공에는 특별한 힘이 있다. 7월이 되면 유럽을 떠나 아메리카 대륙으로 향한다. 햇볕 맑은 어느 여름날, 메이저리그 구장에서 시원한 맥주 한 잔을 마시며 노을 속에서 실루엣으로 빛나던 그 아이들을 떠올릴 것 같다.

스페인 세고비아에서 배우근

차 례

프롤로그 004

1이닝
메이저리그 기초 지식 쌓기

내셔널리그와 아메리칸리그란 뭘까	012
메이저리그 30개 팀명은 어떻게 지어졌을까	016
세계 최고의 구단, 뉴욕 양키스	021
양키스 vs 보스턴, 또 다른 라이벌은?	029
드디어 메이저리그의 3대 저주가 풀리다	036
하늘이 허락한 시카고 컵스의 우승	041
메이저리그를 떠받치고 있는 마이너리그란?	044
스프링캠프에서 선수들이 여유로운 이유	047

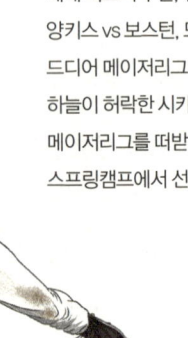

2이닝
코리아 빅 리거 살펴보기

광주일고, 메이저리그의 산실	052
포스팅 시스템, 꽃길 아닌 흙길을 선택한 선수들은?	058
'코리안 특급' 박찬호는 '먹튀'였나	067
추신수, 1억 3,000만 달러의 사나이	075
류현진, 다시 도전 길에 오르다	081
한일 야구를 평정한 '빅 보이'의 꿈	084
KBO 홈런왕 박병호의 도전장	093
김현수, 신고 선수에서 메이저리거가 되기까지	096
가을 잔치에 참가한 한국인 선수들은?	099

3이닝
알고 보면 더 재미있는 메이저리그

홈런왕, 알고 보면 투수 출신?	108
메이저리그 역사상 가장 극적인 홈런의 비밀	113
투수의 탄생	117
삼진왕 놀런 라이언이 밝히는 승리의 비법	123
볼 배합이란 타석의 타자가 여러 생각을 하게 만드는 것	126
마운드의 높이가 낮아진 이유	129
메이저리그 최악의 실책은?	131
WAR이란 뭘까	134
메이저리그의 도미니칸 파워	136
사치세가 뭘까	138
스포츠 스타 역대 수입 '톱 20'은?	141
메이저리그 공인구의 비밀	145

4이닝
최고의 선수들이 한계에 도전하다

좌완 파이어 볼러는 지옥에서도 데려온다	150
최초의 퍼펙트게임, 최초의 노히트노런은?	155
조막손 투수 짐 애보트	158
강속구 투수에서 너클볼러로 변신한 R. A. 디키	161
훌리오 프랑코, 나이를 잊은 최고령 홈런 타자	167
기계보다 정확한 이치로의 자기 관리	173
168㎝의 메이저리거가 있다	179
홈런 개수가 늘어나는 이유	181
사이클링 히트에 필요한 조건은?	183
양손 타자 vs 양손 투수	186
동체 시력이 타격을 좌우한다?	191

5이닝 누가 메이저리그의 명인일까

시공 초월 라이벌, 쿠팩스와 커쇼	196
어니 뱅크스, 호너스 와그너 그리고 강정호	205
반지 찾아 보스턴에서 양키스로 간 선수는?	209
가족 메이저리거는 누구일까	214
양키스의 '심장' 데릭 지터	219
오티스, 역대 최고의 은퇴	224
야구의 패러다임을 바꾼 라루사이즘이란 뭘까	227
브랜치 리키, 메이저리그의 레오나르도 다빈치이자 링컨	230
저주 종결자 테오 엡스타인	233
빌 제임스, 현대 야구 기록의 혁명가	238
선수 권리를 위해 싸운 마빈 밀러	240
스콧 보라스, 악마 에이전트?	243
마릴린 먼로와 디마지오의 러브 스토리	246
메이저리거보다 위대한 가족	249
할리우드는 왜 메이저리그에 관심이 많을까	256

6이닝 진기록은 있어도 불멸의 기록은 없다

최다승 투수는?	264
한 시즌 최다승 투수는?	267
최다 세이브 기록의 주인공은?	273
한 시즌 연속 이닝 무실점 기록은?	278
최다 탈삼진은?	281
최다 홈런은?	287
최다 안타는?	292
연속 경기 안타 기록은?	296
최고 타율은?	300
최다 타점은?	304
연속 경기 출전 기록은?	307
한 시즌 최다 도루 기록은?	311
포수 최다 출전은?	313
최연소 선수는?	316
최다 경기, 최다 승, 최다 패 감독은?	318

7이닝 '꿈'을 던지고 때리다

전 구단 영구 결번 42번 재키 로빈슨	322
로베르토 클레멘테 상이 가장 값진 이유	325
구로다 히로키에게 남자란?	328
꿈을 좇아 도전한 선수들은 누굴까	339
한쪽 눈만으로 야구 선수가 될 수 있을까	351
마이너리거가 된 농구 황제 마이클 조던	355
메이저리그 신인인데 35살?	358

8이닝 최고의 영광이 명예의 전당인 이유

명예의 전당에 헌액된 최초의 여성은?	364
명예의 전당에 오르는 조건은 뭘까	370
쿠퍼즈 타운에 위치한 명예의 전당, 날조된 야구 전설	376
명예의 전당 역대 최고 득표율은?	380
명예의 전당과 모자	384
명예의 전당 최초의 5인	387
아직도 용서받지 못한 선수들	389
만장일치 입성은 가능할까	393

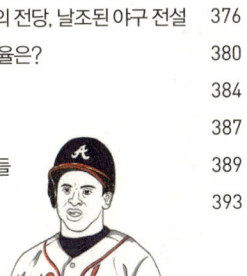

9이닝 메이저리그의 기인을 찾아라

야구는 사냥이다	398
미신 종결자 보그스	407
김병현, 메이저리그 기행의 역사	414
메이저리그의 만능 스포츠맨	420
5번 임명되고 5번 해고된 빌리 마틴	426
역대 최다 퇴장 감독 바비 콕스	430

에필로그 436
부록 30개 구단 소개 438
참고 문헌 및 웹 사이트 478

메이저리그 기초 지식 쌓기

1이닝

미국의 프로야구는 1876년 내셔널리그가 발족하면서 메이저리그의 첫발을 내딛게 됐다. 보스턴, 뉴욕, 시카고, 신시내티, 필라델피아 등 8개 도시에서 참가했고, 내셔널리그가 인기를 얻자 새로운 리그가 생겨났다. 1901년에 이르자 오늘날 메이저리그 양대 산맥의 하나인 아메리칸리그가 탄생했다.

메이저리그 기초 지식 쌓기

내셔널리그와
아메리칸리그란 뭘까

야구의 탄생

야구의 기원을 따지는 건 무의미하다. 그건 언제부터 돌멩이를 들어 새를 사냥했고 허벅지 뼈를 들고 맘모스를 사냥했는지 묻는 것과 같다. 여러 학자들은 고대로부터 인간이 방망이와 공을 사용한 놀이의 흔적을 발견했다. 그건 인간의 기초적인 오락이었다.

근대로 넘어와 영국에서는 이런 형태의 놀이가 크리켓으로 발전했다. 두 팀이 세 개의 구멍이나 베이스 주위에 모여 있다가 홈으로 들어가는 '라운더스'라는 경기도 있었다. 이런 놀이들은 신대륙에도 그대로 흘러 들어가 두 가지 형태로 진화했다. 뉴욕 주변에서는 베이스볼을 했고 뉴잉글랜드 주변에서는 '타운볼'이라는 경기를 했다.

근대 야구 경기의 규칙은 19세기 중반 알렉산더 카드라이트가 창안했다. 그는

1869년 당시 신시내티 레드스타킹스 팀

은행의 출납계 직원이자 자원봉사로 활동한 소방수였다. 그는 베이스 간격을 일정하게 정하고 타자 한 명당 스트라이크 세 개면 아웃이 되는 규정을 만들었으며 필드에는 9명의 선수가 있어야 하는 규정도 만들었다. 기록에 남아 있는 최초의 경기는 1846년 6월 19일 니커보커 팀의 원정 경기로, 이들은 경기 후 한 장의 사진을 남겼다.

야구는 19세기 중반 미국 전역으로 퍼져 나갔고 1869년 최초의 프로 구단인 신시내티 레드스타킹스가 만들어졌다. 신시내티에 이어 많은 아마추어 팀이 프로 팀으로 변신하며 1870년대 들어 최초의 메이저리그인 '내셔널 어소시에이션'이 설립되었다. 그러나 보스턴 레드스타킹스의 독주와 야구 도박, 그리고 선수들의 잦은 이적으로 5년 만에 해체됐다.

내셔널리그와 아메리칸리그

미국의 프로야구는 1876년 내셔널리그가 발족하면서 메이저리그의 첫 발을 내딛게 됐다. 보스턴, 뉴욕, 시카고, 신시내티, 필라델피아 등 8개 도시에서 참가했고, 내셔널리그가 인기를 얻자 새로운 리그가 생겨났다. 1901년에 이르자 오늘날 메이저리그 양대 산맥의 하나인 아메리칸리그가 탄생했다. 내셔널리그의 스타급 선수들을 대거 트레이드하면서 저변을 급속히 확대하는 데 성공했다. 1903년에는 양 리그의 우승 팀 간에 첫 월드 시리즈가 열렸다. 보스턴이 5승 3패로 피츠버그를 눌렀다. 월드 시리즈는 1905년부터 매년 열리기 시작했다.

내셔널리그와 아메리칸리그는 원래 소속 팀이 다를 뿐 경기 방식 자체에는 차이가 없었다. 그러나 1973년 아메리칸리그가 지명타자 제도를 도입하면서 차이가 생겼다. 1997년부터 양대 리그는 교류전 방식의 인터 리그를 도입해 팀당 20경기를 치르고 있다. 경기 방식은 홈팀 규정에 따른다.

포스트시즌

메이저리그는 내셔널리그 3개 지구와 아메리칸리그 3개 지구로 나뉘어 있는데, 각 지구에서 우승한 3개 팀과 와일드 카드 우승 팀이 맞붙는 디비전 시리즈를 거쳐 리그 챔피언십 시리즈가 열린다. 디비전 시리즈는 5전 3선승제이고 리그 챔피언십 시리즈는 7전 4선승제로 진행된다. 각 리그 챔피언은 월드 시리즈에서 7전 4선승제로 우승컵을 놓고 격돌한다. 월드 시리즈에서는 뉴욕 양키스가 27회 정상에 오르며 최다 우승 기록을 보유하고 있다.

메이저리그 기초 지식 쌓기

메이저리그 30개 팀명은
어떻게 지어졌을까

양키스, 메츠

뉴욕 양키스의 초창기 팀명은 뉴욕 하이랜더스(New York Highlanders)였다. 당시 홈구장이 뉴욕의 고지대에 있기에 팬들이 "하이랜더스"라고 불렀는데 이것이 자연스럽게 팀 이름이 됐다. 1913년 홈구장을 저지대에 있는 폴로 그라운드로 옮기자 새로운 이름이 필요해졌다. 하이랜더는 미국 독립전쟁 당시 적군이었던 영국의 보병대를 뜻하기도 해 부정적인 견해가 많았다. 〈뉴욕프레스〉의 짐 프라이스가 하이랜더스 대신 쓸 이름으로 '양키스'를 고안해 사용하자 다른 언론에서도 따라 쓰면서 이것이 공식 이름이 됐다. 양키는 미국 북동부에 사는 사람을 가리킨다. 유럽과 남미에서는 미국인을 경멸적으로 부르는 데 쓰기도 한다. 미국에서는 엄격하고 검소한 사람들을 지칭한다. 뉴욕 양키스와 같은 연고지를 가진 뉴욕 메츠는 '메트로폴리탄'을 줄여서 붙인 팀명이다.

레드삭스, 화이트삭스

보스턴 레드삭스는 창단한 뒤 사실, 7년간 빨강 양말이 아닌 파랑 양말을 신었다. 팀명은 보스턴 아메리칸스로 시작해 1908년부터 레드삭스로 바꾸었다. 구단주인 존 테일러가 1907년에 선수들에게 붉은 유니폼을 입게 한 것이 유래가 됐다. 유니폼 앞면에는 빨간색 스타킹 모양의 로고를 달았다. 시카고 화이트삭스는 화이트 스타킹스로 창단해 1904년 화이트삭스로 팀명을 바꾸었다. 스타킹스의 원조는 신시내티 레즈의 전신인 신시내티 레드스타킹스이다. 19세기 후반, 선수들은 무릎까지 오는 품이 넓고 느슨한 바지인 니커보커스를 입고 그 아래에 양말을 신었는데, 팀 구별을 양말 색깔로 했다.

동물 이름

세인트루이스 카디널스, 토론토 블루제이스, 탬파베이 레이스 등은 연고 지역을 대표하는 동물을 팀명으로 삼았다. 카디널스는 홍관조를 의미하는데 세인트루이스 지역에 많이 서식

하고 선수들도 그에 따라 카디널(진홍색) 스타킹을 신었다고 한다. 지역 신문사에서 선수들을 향해 진홍색의 물결이라고 표현한 뒤 팀명으로 굳어졌다는 설도 있다.

블루제이는 토론토가 속해 있는 캐나다 온타리오 주를 상징하는 새다. 템파베이는 데블레이스라는 이름으로 창단했다. 데블레이는 5m 이상 자라는 가오리로, 악마의 뿔을 닮아 데블레이라고 불린다. 2008년 데블을 빼고 레이스로 팀명을 줄였다.

시카고 컵스의 컵은 새끼 곰, 새끼 사자의 뜻을 가지는데, 창단할 때 젊은 선수들로 구성된 것이 팀 이름으로 굳어졌다. 마이애미 말린스는 1998년 창단할 때, 팀명으로 프라밍고스와 말린스 중에 고심했는데, 낚시광인 구단주 후이젠의 뜻에 따라 말린스(청새치들)로 확정됐다. 디트로이트 타이거스는 선수들의 양말 색깔이 검정에 오렌지 줄무늬가 들어가 있어 마치 호랑이를 닮은 데 유래했다. 지역 군부대 별명인 호랑이에서 따왔다는 설도 있다. 디트로이트의 첫 팀명은 미시간 주의 별명인 울버린스(오소리들)였다.

볼티모어 오리올스는 메릴랜드 주를 상징하는 오리올(꾀꼬리)을 상징으로 했고, 애리조나 다이아몬드백스는 마름모꼴 무늬를 가진 방울뱀을 팀명으로 했다.

사람

다저스(Dodgers)의 사전적 의미는 기피자인데, LA 다저스의 팀명에 대한 기원에 대해서는 의견이 분분하다. 구단의 공식 입장은 뉴욕 브루클린 시절에 전차 사이를 이리저리 피해서 걸어가던 사람들에서 유래한다고 밝히고 있다. 당시 뉴욕에는 마차가 아닌 전기로 빨리 움직이는 전차가 등장했고, 야구장으로 가던 사람들은 사고를 당하지 않기 위해 빨리 움직여야 했다.

선수들의 몸동작이 빨라 다저스가 팀명이 됐다는 이야기도 있다. 구단은 1932년 유니폼에 다저스를 새겨 넣기 시작했다. 오클랜드 애슬레틱스는 운동선수들이라는 팀명이지만, 그 속에는 야구 선수들이라는 의미도 함께 품고 있다. 인디언 족장명을 딴 시애틀은 바다 사람들이라는 뜻의 매리너스를 구단 공모로 정했다.

샌디에이고는 멕시코와 가까워 가톨릭을 믿는 히스패닉계가 많이 거주한다. 샌디에이고의 팀명 파드리스는 스페인어로 신부(神父)를 의미한다. 텍사스는 지역이 넓고 멕시코 국경과도 맞닿아 있어 이민자 단속이 심하다. 이 같은 지역 특수성에 따라 레인저스(국경 순찰대원)를 팀명으로 했다. 피츠버그 파이리츠는 원래 도시에 흐르는 엘러게니 강을 팀명으로 했는데, 1890년에 필라델피아의 2루수 루 비어보어와 계약하며 파이리츠(해적단)가 됐다. 필라델피아가 당시 그 계약에 대해 불법 행위라고 문제를 제기했고, 해적질을 했다며 과격하게 반응했다. 메이저리그 사무국은 보호 선수 명단에 없던 비어보어와의 계약에는 문제가 없다고 판결했고 피츠버그 구단은 이 사건을 기념해 팀명을 해적단으로 바꾸었다.

지역명

워싱턴 내셔널스는 미국의 수도가 연고지이며 정치의 도시라는 특징을 고려해 미국 전체를 포괄하는 내셔널스를 팀명으로 삼았다. 휴스턴은 구단명 공모를 통해 총기 이름인 콜츠 포티파이브스(Colts 45's)로 명명되었다가 연고지가 미항공우주국(NASA) 같은 미국 우주 연구의 대표적 지역이라는 점을 감안해 애스트로스로 간판을 바꿔 달았다. 미네소타 트윈스는 미시시피 강을 사이에 두고 있는 미니애폴리스와 세인트폴, 두 도시를 연고지로 삼으면서 '쌍둥이'로 정해졌다. 콜로라도 로키스는 미국을 상징하는 로키 산맥에서 팀명을 가져왔다. 필라델피아의 팀명인 필리스는 필라델피아를 부르는 또 다른 이름이다.

메이저리그 기초 지식 쌓기

세계 최고의 구단,
뉴욕 양키스

뉴욕 양키스 유니폼에는 선수 이름이 없다

뉴욕 양키스에는 최고의 선수들이 모인다. 고액 연봉자와 스타플레이어가 넘친다. 개성 강한 선수들도 많다. 그런데 뉴욕 양키스 선수들의 유니폼에는 그들의 이름이 새겨져 있지 않다. 왜 뉴욕 양키스의 핀 스트라이프 유니폼에는 등 번호만 있고 이름이 없을까. 그 이유는 인기 많고 돈 많이 버는 선수들이 우승이라는 하나의 목표 아래 뭉치기 위해서다.

뉴욕 양키스가 메이저리그에서 가장 인기가 높으면서 동시에 많은 우승을 차지하는 이유가 여기에 있다. 선수들은 등 뒤에 자신의 이름을 버리는 대신 팀의 일원으로 팬들의 가슴에 자신의 이름을 새겼다. 야구는 단체 운동이다. 개인 종목이 아니다. 아무리 뛰어난 선수라도 혼자서는 절대 우승을 쟁취하지 못한다.

이름이 빠져 있는 뉴욕 양키스의 줄무늬 유니폼은, 팀으로 뭉쳐야만 성공할 수 있다는 것을 의미한다. '일개 선수가 팀보다 우선할 수 없다'는 뉴욕 양키스 구단의 철학이다. 이처럼 팀워크를 무엇보다 중시한 결과, 양키스는 월드 시리즈 27회 우승을 차지하며 메이저리그 최고 구단의 명성을 이어가고 있다.

메이저리그 구단이 대부분 등 번호와 이름을 유니폼에 마킹하기 시작한 건 1960년대 이후다. 뉴욕 양키스처럼 이름을 빼고 등 번호만 고수하는 구단도 있지만, 야구 초창기에는 선수 이름만 없는 게 아니라 아예 등 번호조차 없었다. 양키 스타디움에 가보면 아무것도 새겨져 있지 않은 옛날 유니폼이 야구 유물로 전시되어 있다.

그리고 재미있는 사실인데 유니폼에 등 번호를 가장 먼저 새긴 구단은 어디일까. 다름 아닌 뉴욕 양키스다. 1929년, 양키스는 타순에 따라 선수의 등에 그 숫자를 써 넣었는데, 그게 바로 지금의 유니폼 등 번호의 시초가 됐다. 3번 타자 베이브 루스의 등 번호는 3번, 4번 타자 루 게릭의 등 번호는 4번, 이런 식으로 말이다. 이후 다른 구단도 양키스의 방식을 따라 유니폼에 등 번호를 새겼다.

영구 결번이 가장 많은 구단

뉴욕이 사랑한 남자, 데릭 지터가 2014년 9월 25일 마지막 홈경기에서 끝내기 안타를 쳤다. '미스터 클러치'라고 불린 사나이의 마지막 장면 역시 극적이었다. 지터에게 2014년은 현

데릭 지터

역으로 뛰는 마지막 시즌이었다. 그는 이날 끝내기 안타로 양키 스타디움을 찾은 홈팬들에게 화려한 작별을 고했다. 지터는 1995년 뉴욕 양키스에 입단해 2014년 은퇴할 때까지 양키스의 핀 스트라이프 유니폼을 입고 수많은 기록과 이슈를 생산했다. 뛰어난 성적과 인기를 한 몸에 안은 뉴욕의 연인이었다. 은퇴 후 그의 등 번호 2번은 영구 결번으로 지정됐다. 2번은 양키스의 마지막 싱글 번호였다.

뉴욕 양키스의 한 자릿수 영구 결번의 주인공은 1번 빌리 마틴, 2번 데릭 지터, 3번 베이브 루스, 4번 루 게릭, 5번 조 디마지오, 6번 조 토리, 7번 미키 맨틀, 8번 요기 베라, 빌 디키, 9

조 토리　　　　　　　　　요기 베라

번 로저 매리스다. 지터의 2번마저 영구 결번이 되며 양키스에서는 한 자릿수 등 번호를 달 수 없게 됐다.

　등 번호 1번의 빌리 마틴은 뉴욕 양키스 감독을 5차례에 걸쳐 재임했다. 2번 데릭 지터는 명유격수이자 영원한 캡틴이다. 3번 베이브 루스는 714홈런을 친 거포의 대명사다. 4번 루 게릭은 2,130경기에 쉬지 않고 출전한 철마이며, 5번 조 디마지오는 56경기 연속 안타의 주인공이다. 6번 조 토리는 12년간 월드 시리즈 4회 우승을 이끈 감독이다. 선수가 아닌 감독으로 일궈낸 영구 결번이다. 7번 미키 맨틀은 메이저리그 역사상 최고의 스위치히터다. 8번 요기 베라는 "끝날 때까지 끝난 게 아니다"라는 명언을 남긴 명포수이며, 빌 디키는 선수로 8회, 지도자로 6회 월드 시리즈에서 우승을 차지했다. 두 선수는 양키스 구단 최초의 동시 영구 결번이기도 하다. 명포수였던 디키는 8번을 달고 뛰다가 1946년 은퇴했고, 곧바로 후배 요기 베라가 포수 마스크와 함께 8번을 물려받았다. 이들의 등 번호 8번은 두 선수가 모두 은퇴한 뒤인 1972년에 영구 결번으로 지정됐다. 9번 로저 매리스는 한 시즌 61홈런으로 베이브 루스의 60홈런을 뛰어넘었다.

뉴욕 양키스는 자타 공인 최고의 명문 구단이고 수많은 감독, 스타플레이어가 몸담았다. 그만큼 많은 영구 결번을 보유하고 있다. 데릭 지터의 등 번호 2번마저 영구 결번으로 지정되며 양키스의 영구 결번은 21개로 늘었다. 한 자릿수에 이어 두 자릿수 영구 결번은 10번 필 리주토, 15번 서먼 먼슨, 16번 화이티 포드, 23번 돈 매팅리, 32번 엘스톤 하워드, 37번 케이시 스텐젤, 42번 마리아노 리베라, 44번 레지 잭슨, 49번 론 기드리가 주인공이다. 이 중에 세이브 왕 마리아노 리베라의 42번은 재키 로빈슨의 등 번호로, 뉴욕 양키스뿐 아니라 메이저리그 30개 전 구단 영구 결번이기도 하다.

메이저리그 역사상 최초의 영구 결번은 양키스 구단 최초의 영구 결번이기도 한 '철마' 루 게릭이 달았던 4번이다.

양키스는 수염을 허락하지 않는다

뉴욕 양키스의 앙숙은 보스턴 레드삭스다. '타도 양키스'의 선봉에 섰던 보스턴의 중견수 자니 데이먼은 2004년 열린 아메리칸리그 챔피언십 시리즈(ALCS) 7차전에서 홈런 두 방을 몰아치며 양키스 제국을 무너뜨렸다. 3연패 뒤에 4연승으로 역사에 남을 승부였다. 월드 시리즈에 진출한 보스턴은 세인트루이스를 상대로 가볍게 4연승으로 우승하며 '밤비노의 저주'를 풀었다. 그런데 자니 데이먼은 2006년에 4년 5,200만 달러에 양키스와 계약하며 이번엔 '타도 보스턴'을 외치게 됐다.

문제는 수염이었다. 데이먼은 원시인이 연상될 만큼 덥수룩한 머리카락과 수염이 트레이드 마크였다. 메이저리그는 철저한 실력주의를 추구한다. 나머지에 대해선 크게 관여하지 않는다. 그런데 양키스는 유별나다. 선수들의 장발, 수염을 금지한다. 심지어 유니폼상의 단추를 푸는 것까지 간섭한다. 이 전통은 조지 스타인브레너가 1973년 양키스 구단주로 취임하면서부터 시작됐다. 일부 선수들은 "교도소가 이보다는 자유로울 것"이라며 반항했지만 조지 스타인브레너 구단주는 "머리를 기를 테면 구단에서 나가라"고 호통 치며 강경한 뜻을 굽히지 않았다. 그는 경기를 보면서 머리카락이 어깨에 닿는 선수의 경우 명단을 적어 감독에게 전달했다. 머리를 단

정하게 손질하라는 압력이
었다.

30년이 지났지만 그 전
통은 여전히 이어졌다. '동
굴맨' 자니 데이먼도 양키
스행을 앞두고 잠시 고민
했다. 그러나 그 역시 예외

조지 스타인브레너

가 아니었다. 줄무늬 유니폼을 입은 그의 머리가락은 깔끔하
게 정리되어 있었다. 수염도 밀어버리며 말쑥한 얼굴이 드러
났다. 자신의 스타일을 포기하며 '단정남'으로 강제 변신했다.

자니 데이먼 이전에 랜디 존슨도 양키스로 팀을 옮기며 머
리카락과 수염을 정리했다. 구단과의 타협 끝에 짧은 콧수염
만 남겼다. 장발과 염소수염이 트레이드 마크였던 제이슨 지
암비도 양키스에 입단하며 이전 스타일을 버렸다. 선수 시절
말미에 뉴욕 양키스로 이적한 '코리안 특급' 박찬호도 야구장
출근에 앞서 미용실에 들러야 했다. 박찬호는 마운드에서 강
한 인상을 보여주기 위해 수염을 길렀고 필라델피아 시절엔
한 시즌 내내 수염을 기르고 경기에 나섰다. 그러나 양키스 맨
이 되며 '터프남'에서 '깔끔남'으로 이미지를 바꿀 수밖에 없
었다.

양키스는 마리아노 리베라가 은퇴하며 새로운 클로저를 찾는 과정에서도 수염이 화제에 올랐다. 양키스는 샌프란시스코의 마무리 투수 브라이언 윌슨과는 계약하지 않겠다는 입장을 밝혔는데, 그 이유는 선수의 기량이나 사생활 문제가 아니었다. 수염이었다. 윌슨은 2010년 중반부터 턱수염을 길렀고 그 수염의 길이가 목을 지나 가슴팍까지 내려왔다.

브라이언 윌슨은 자신의 수염에 대해 애착을 가지고 있었는데, 한 면도기 회사가 수염을 깎으면 100만 달러를 주겠다고 제안한 적이 있었다. 그는 단칼에 거절하며 자신의 수염에 대한 자부심을 보였다. 양키스가 그에게 관심을 보였을 때에도 "수염을 깎을 수 없다"라는 의사를 보냈고 양키스의 캐시먼 단장은 마무리 투수 접촉 목록에서 그의 이름을 지워야 했다. 윌슨은 2013년에 양키스가 아닌 LA 다저스로 이적했다.

메이저리그 기초 지식 쌓기

양키스 vs 보스턴,
또 다른 라이벌은?

'라이벌'의 어원은?

'라이벌'이라는 말의 어원은 강(River)이다. 강을 두고 같은 쪽에 살고 있다면 운명 공동체지만, 건너편에 살면 원수가 될 수 있다. 이전에는 강이나 산을 기준으로 지역과 문화가 갈렸다. 강은 지역을 구분하는 일종의 벽이었다. 그리고 사람들은 강을 사이에 두고 서로 경쟁하며 주도권 다툼을 했다. 그렇다고 늘 대립하면서 앙숙으로 지낸 건 아니다. 홍수가 나면 서로 힘을 합쳐 둑을 쌓았고 가뭄으로 강물이 마르면 협력에서 강바닥을 팠다. 강을 사이에 둔 라이벌에는 오월동주(吳越同舟)처럼 경쟁과 협력의 의미가 함께 들어 있는 것이다.

스포츠 세계에서도 '견원지간' 같은 라이벌 구도가 존재한다. 메이저리그를 대표하는 라이벌은 동부 지구의 뉴욕 양키스와 보스턴 레드삭스, 서부 지구의 LA 다저스와 샌프란시스코 자이언츠다.

이들은 100년이 넘는 시간 동안 서로 못 잡아먹어 안달이 날 정도로 격렬하게 부딪혔다. 수많은 사건 사고를 양산했다. 그렇다고 서로를 100% 적이라고 규정하기는 힘들다.

메이저리그를 비롯한 여러 스포츠 종목의 선수는 팀을 떠나 서로 동료 의식을 가지고 있다. 상대 팀이 있어야 자신의 팀이 있고, 상대 선수가 있어야 자신도 양립할 수 있다. 또한 이들의 오랜 라이벌 역사는 메이저리그를 지탱한 강력한 힘이었다. 선의의 경쟁을 통해 끊임없이 스토리를 양산하면서 팬들의 관심을 불러일으켰다.

양키스 vs 보스턴

뉴욕 양키스는 메이저리그 최다 우승과 최대 팬을 거느린 일명 '악의 제국'이다. 제왕처럼 리그에서 군림하게 되면 반드시 그에 상응하는 반대 세력이 등장한다. 바로 보스턴 레드삭스다. 양키스의 별칭인 악의 제국도 보스턴이 지어준 것이다. 막대한 자금으로 좋은 선수들을 싹쓸이하는 모습을 빗댄 별칭이다. 우승 경력만 놓고 비교하면 양키스가 보스턴을 압도

하지만, 양 팀의 맞대결은 늘 빅 매치였다.

메이저리그 초기에는 보스턴이 양키스를 압도했다. 양 팀 모두 1901년 아메리칸리그가 출범할 때 참여했다. 보스턴은 1903년 월드 시리즈 첫 우승을 시작으로 1918년까지 5차례 정상에 올랐다. 그러나 양키스는 1923년에야 처음 챔피언 자리에 올랐다. 이때부터 양 팀의 희비가 극명하게 갈렸다. 소위 '밤비노의 저주'에 걸린 보스턴은 1918년 우승 뒤에 자그마치 86년이 지난 2004년이 되어서야 월드 시리즈 우승을 할 수 있었다. 반면 양키스는 1923년 우승을 시작으로 밥 먹듯이 우승컵을 들어 올렸다. 2009년 월드 시리즈 우승까지 메이저리그 최다인 27회 챔피언 자리에 올랐다.

양키스와 보스턴, 악연의 시작은 베이브 루스다. 뉴욕 양키스는 1919년 베이브 루스를 보스턴 레드삭스에서 영입했다. 보스턴의 구단주 해리 프레이지는 브로드웨이 뮤지컬에 투자했다가 큰 손해를 입었고 이를 만회하기 위해 베이브 루스를 12만 5,000달러에 팔았다. 프레이지는 베이브 루스를 파는 데 그치지 않고 주축 투수 5명에 주전 타자 4명 등 11명을 현금 트레이드하며 부족한 자금을 융통했다. 그것도 양키스에만 몰아주어 전력 양극화 현상이 벌어졌다. 파산 세일처럼 선수를 정리한 보스턴은 하위권으로 처졌고 양키스는 날개를 단

보스턴 레드삭스의 베이브 루스

새처럼 훨훨 날게 됐다. 보스턴 팬들은 프레이지 구단주와 보스턴을 향해 분개했다. 프레이지는 불만을 터뜨린 팬들에게 "루스가 최고의 타자인 건 맞지만 지금까지 내가 만나본 선수 중에 가장 이기적이고 분별력이 없었다"고 트레이드 이유를 밝혔다. 그러나 화약고에 불을 지른 격이었다.

양 팀의 달라진 위치는 1923년 극명하게 드러났다. 그해 뉴욕 양키스는 폴로 그라운드를 떠나 양키 스타디움으로 홈구장을 옮겼는데, 새 구장에서 열린 개막 경기에서 양키스는 보스턴을 4-1로 꺾었다. 베이브 루스가 친정 팀을 상대로 개장 첫 홈런을 때려내맨서 승리의 축포를 쏘아올렸다. 7만 명 넘게 운집한 양키스 팬들은 환호했고, 보스턴 팬들은 쓰린 속을 다스릴 수 없었다. 양키스는 그해 월드 시리즈 첫 우승을 차지하면서 '악의 제국'의 서막을 알렸다. 보스턴은 번번이 양키스에 밀려 준우승에 그쳤고 원한 섞인 라이벌 관계가 형성됐다.

치열한 신경전 탓에 양 팀은 만나면 주먹다짐도 불사했다. 서먼 먼슨과 칼튼 피스크는 1970년대 양 팀의 라이벌전을 상징한다. 먼슨은 뜨거운 승부욕으로 똘똘 뭉친 양키스의 포수이자 주장이었다. 레드삭스의 포수였던 피스크는 그런 먼슨과의 대거리를 마다하지 않았다. 두 선수는 툭하면 싸움을 벌였는데, 한번은 홈으로 쇄도하던 피스크가 수비하던 먼슨과 일부러 충돌했다. 두 선수는 서로의 얼굴에 주먹을 날렸고 곧바로 벤치 클리어링이 일어났다.

2000년대 이후에도 양키스와 레드삭스의 오랜 라이벌전은 메이저리그에서 가장 손꼽히는 흥행 카드 1순위였다. 2004년 보스턴 레드삭스가 아메리칸리그 챔피언십 시리즈에서 뉴욕 양키스에 3연패를 했고, 많은 사람들이 양키스의 우승을 예상했다. 그러나 라이벌전의 백미는 그때부터 시작이었다. 보스턴이 3연패 뒤에 데이비드 오티스의 연장 끝내기 홈런과 커트 실링의 호투에 힘입어 내리 4연승을 했다. 보스턴의 4-3의 대역전극이었다. 파죽지세의 보스턴은 아메리칸리그 우승에 이어 월드 시리즈에서도 세인트루이스를 만나 4연승으로 월드 시리즈 챔피언 자리에 올랐다. 메이저리그에서 양 팀은 구단 가치와 수입에서 줄곧 1, 2위를 지키고 있다.

LA 다저스 vs 샌프란시스코 자이언츠

2017년 황재균이 내셔널리그 서부 지구 샌프란시스코 자이언츠와 계약해 류현진의 소속 팀인 LA 다저스와의 라이벌전이 새롭게 조명되었다. 샌프란시스코 자이언츠와 LA 다저스는 단순한 지역 라이벌이 아니다. 샌프란시스코가 북부 캘리포니아의 자존심이고 LA가 남부 캘리포니아의 중심이기는 하지만, 라이벌전을 더욱 강렬하게 만드는 요소는 '역사'와 '스토리'다. 양 팀이 써 내려온 라이벌전의 역사는 100년이 넘고 이들이 쌓아 올린 풍성한 스토리와 전통은 뉴욕 양키스와 보스턴 레드삭스 이상이라는 평가를 듣는다.

두 팀은 1883년에 나란히 뉴욕에서 창단했다. 샌프란시스코는 뉴욕 고담스로 출발해 1886년에 팀명을 뉴욕 자이언츠로 개명했고, LA 다저스는 1883년 브루클린 다저스로 창단했다. 이들은 1958년에 나란히 캘리포니아 주로 이전해 샌프란시스코와 LA에 터를 잡았다. 뉴욕에서부터 둘도 없는 앙숙이었던 양 팀은 같은 내셔널리그 서부 지구에 속해 더 치열한 자존심 대결을 펼치게 됐다.

태평양 연안에 자리 잡은 두 팀의 라이벌전은 종종 과열 양상으로 치달았고, 서부극을 방불케 하는 벤치 클리어링이 벌어졌다. 1965년에는 유혈 사태로 번진 사례도 있다. LA 다저스의 전설적 좌완 투수 샌디 쿠팩스와 샌프란시스코의 후안 마리첼이 선발 맞대결을 펼친 날이었는데, 다저스 타자 2명이 마리첼의 투구에 맞은 것에 발끈한 쿠팩스가 마리첼을 향해 보복 투구를 하면서 격렬한 몸싸움이 촉발됐다. 흥분한 마리첼은 가까이에 있던 포수 조니 로스보로와 말다툼을 벌이다 마스크를 벗은 로스보로의 머리를 배트로 내리쳐 부상을 입혔다. 2016년에는 샌프란시스코의 에이스 투수 매디슨 범가너와 LA 다저스의 '열혈남아' 야시엘 푸이그가 그라운드에서 격돌해 양 팀 선수들이 1루를 향해 달려 나오는 모습이 연출됐다.

양 팀의 라이벌 관계가 살인 사건으로 이어지기도 했다. 2013년 9월 26일 샌프란시스코 AT&T 파크에서 다저스와 자이언츠의 경기가 열렸는데, 경기가 끝난 뒤 구장 인근에서 살인 사건이 벌어졌다. 패싸움이 벌어졌는데 안타깝게도 다저스 팬 한 명이 흉기에 찔려 사망했다.

메이저리그 기초 지식 쌓기

드디어 메이저리그의
3대 저주가 풀리다

3대 저주란?

메이저리그에는 대표적인 '3대 저주'가 있다. 108년 동안 월드 시리즈 우승을 못한 시카고 컵스의 '염소의 저주', 86년 동안 보스턴 레드삭스를 괴롭혔던 '밤비노의 저주' 그리고 시카고 화이트삭스를 80년 넘게 울린 '블랙삭스의 저주'다.

염소의 저주

시카고 컵스는 1945년 '염소의 저주'에 걸렸다. 당시 월드 시리즈 4차전이 열린 리글리 필드에 샘 지아니스라는 관객이 '머피'라는 이름의 애완 염소를 데리고 왔다. 그런데 염소한테 악취가 난다는 이유로 입장을 거부당했다.

그는 머피의 입장권까지 2장을 샀지만, 들어가지 못하게 되자 "다시는 이곳에서 월드 시리즈가 열리지 않을 것이다"라고 저주를 퍼붓고 떠났다. 이후 시카고 컵스는 샘 지아니스의 저주처럼 월드 시리즈 무대를 밟지 못했다. 1908년 이후 100년 넘게 월드 시리즈 우승컵을 들어 올리지 못했다.

컵스가 월드 시리즈 진출에 번번이 실패할 때마다 염소(머피)의 저주가 사람들 입에 오르내렸다. 〈월스트리트저널〉은 '머피'와 관련된 6가지 사실을 가십으로 전하기도 했다.

머피-1945년 샘 지아니스가 리글리 필드에 데리고 온 애완 염소의 이름

찰스 머피-1908년 컵스가 마지막으로 월드 시리즈 우승을 했을 당시 컵스 단장의 이름

잭 머피-1969년 메츠가 첫 월드 시리즈 우승을 차지했을 당시 메츠 단장의 이름

밥 머피-1969년 메츠가 첫 월드 시리즈 우승을 차지했을 당시 메츠 전담 아나운서의 이름

잭 머피 스타디움-1984년 내셔널리그 챔피언십 시리즈에서 컵스의 탈락이 확정된 샌디에이고 홈구장 이름

대니얼 머피-2015년 포스트시즌에서 6경기 연속 홈런으로 컵스를 완파한 뉴욕 메츠의 중심 타자 이름

108년 만에 풀린 저주

'염소의 저주'와 '와후 추장의 저주'가 2016년 격돌했다. 과연 어느 저주가 더 강한지 세간의 이목이 집중됐다. 시카고 컵스는 1945년 염소의 저주에 걸렸고, 클리블랜드 인디언스는 1951년 팀 마스코트인 와후 추장의 피부색을 노랑에서 빨강으로 바꾼 뒤 68년째 우승하지 못하고 있었다. 승자는 시카고 컵스였다. 월드 시리즈에서 가장 오랫동안 저주에 시달린 컵스가 7차전 연장 승부 끝에 클리블랜드를 제압하며 마침내 한을 풀었다. 우승 퍼레이드가 시카고에서 열리자 시카고 인구 280만 명보다 훨씬 많은 500만 명이 운집하며 축제를 즐겼다.

86년 만에 깨진 '밤비노의 저주'

염소의 저주와 함께 메이저리그의 최악의 저주로 손꼽히는 게 보스턴 레드삭스를 괴롭힌 '밤비노의 저주'다.

레드삭스는 1920년에 베이브 루스를 뉴욕 양키스로 트레이드하면서 저주에 걸렸다. 당시 루스는 팀 분위기를 해치는 행동을 자주 했고, 연봉을 1만 달러에서 2만 달러로 올려달라고 구단에 조르고 있었다. 투자 실패로 허덕이던 구단주 프레이지는 루스를 양키스에 넘기며 그를 향해 "인격 파탄자"라고 비난했다.

그러나 그 시대 최고 선수인 루스가 떠나자 보스턴의 관중 수가 절반 이하로 줄어들며 흥행 성적도 뚝 떨어졌다.

재정난에 시달린 보스턴 구단은 선수를 팔아 연명하게 됐고 그 여파로 오랜 암흑기에 접어들었다. 반면 메이저리그 초기에 약체였던 양키스는 루스를 영입한 이후 총 27번의 월드 시리즈 우승을 차지하며 명문 구단으로 우뚝 섰다.

보스턴은 1918년 우승 이후 86년이 지난 2004년이 되어서야 월드 시리즈에서 우승하며 저주의 속박을 풀 수 있었다. 보스턴이 걸려 있던 '밤비노의 저주'를 깬 엡스타인 단장은 2016년 시카고 사장으로 부임해 '염소의 저주'까지 깨뜨렸다.

그런데 '밤비노의 저주'라는 말은 베이브 루스가 뛰던 시대에 붙은 게 아니라 후세에 붙어졌다. 1990년에 스포츠 저널리스트였던 댄 쇼너시가 《밤비노의 저주》라는 책을 펴낸 뒤 본격적으로 쓰이기 시작했다. 그 이전에는 거의 사용되지 않았다.

화이트삭스를 울린 '블랙삭스의 저주'

염소의 저주, 밤비노의 저주와 함께 메이저리그 3대 저주로 꼽히던 것이 시카고 화이트삭스를 계속해서 울린 '블랙삭스의 저주'다.

메이저리그의 대표적인 '흑역사'인 '블랙삭스 스캔들'은 1919년 월드 시리즈에서 화이트삭스 선수들이 도박사와 짜고 고의로 패배한 사건인데, 여기에 가담했던 화이트삭스 선수 8명이 영구 제명을 당했다.

그중에는 베이브 루스가 "내가 본 최고의 타자"라고 극찬한 조 잭슨도 있었다. 주전급 선수들을 한꺼번에 잃어버린 화이트삭스는 이후 80년이 넘게 월드 시리즈 우승을 차지하지 못했다.

같은 시카고 지역을 연고로 하는 컵스와 화이트삭스 중에 누가 먼저 월드 시리즈 우승을 달성할지 자주 도마 위에 올랐는데, 시카고 화이트삭스가 먼저 저주에서 풀려났다.

화이트삭스는 86년 만에 블랙삭스의 저주를 극복하며 2005년 월드 시리즈에서 휴스턴 애스트로스를 시리즈 전적 4승 무패로 제압하고 우승을 차지했다. 시카고 컵스는 2016년이 되어서야 월드 시리즈 우승을 차지했다.

메이저리그 기초 지식 쌓기

하늘이 허락한
시카고 컵스의 우승

시카고 컵스의 기사회생

시카고 컵스는 2016년 월드 시리즈 정상에서 미끄러지는 듯했지만 끝내 승부를 7차전까지 끌고 갔다. 시카고 컵스는 시리즈 전적 1승 3패로 수세에 몰렸지만 연승으로 기사회생했다. 6차전까지 양 팀은 3승 3패를 주고받았고 승부는 원점으로 돌아갔다. 1승 3패에서 3연승으로 월드 시리즈 우승을 차지한 사례는 4번에 불과하다. 1985년에 캔자스시티가 세인트루이스를 상대로 기록한 게 마지막이다.

108년 묵은 '염소의 저주'가 풀릴지 말지 결정될 7차전의 좌석은 천정부지로 뛰었다. 입장권 평균 가격이 2,800달러에 달했다. 프로그레시브 필드의 시카고 컵스 더그아웃 뒤 첫째

줄 좌석은 한 개당 2만 4,500달러까지 치솟았다.

운명의 날, 시카고 컵스는 마침내 클리블랜드 인디언스를 8-7로 제압하며 우승컵을 들어 올렸다. 1승 3패로 수세에 몰렸던 컵스는 이날 7차전 승리를 포함해 3연승으로 챔피언 자리에 올랐는데, 108년 만의 우승으로 미국 프로 스포츠 역사상 가장 오랫동안 정상에 오르지 못한 오명도 씻었다. 반면 클리블랜드는 '와후 추장의 저주'에서 벗어나지 못했다.

하늘이 도운 연장전

양 팀의 한풀이 대결이 펼쳐진 2016년 월드 시리즈는 역대 최고의 명승부로 기록되었다. 각각 108년과 68년이라는 장구한 세월 동안 우승에 굶주려온 팀 간의 맞대결은 뜨거울 수밖에 없었다.

7차전이 천당과 지옥을 오가는 백미였다. 피 말리는 접전 속에 경기 중반까지는 컵스의 완승이 점쳐졌다. 이후 컵스 코치진의 이해하기 어려운 투수 운용과 저주에 걸린 듯한 실책으로 컵스가 흔들리자, 클리블랜드는 8회 말 2사에 3점을 폭발하며 6-6 동점을 만들었다. 컵스 팬들은 염소의 저주가 얼마나 질긴지 두려움에 떨어야 했다.

그러나 컵스의 우승에는 하늘이 감춰놓은 변수가 숨어 있었다. 9회 갑자기 내린 폭우로 경기가 중단됐다. 20분이 지나 연장 10회가 열렸는데, 경기 후반 날벼락 같은 동점타를 맞으며 휘청거린 컵스 선수들이 그사이 전열을 재정비할 수 있었다. 클럽 하우스 미팅에서 이제부터 승부라는 점을 서로에게 환기시키며 격려했다.

경기가 재개되자 컵스 선수들의 방망이가 불을 뿜어 2점을 뽑아내며 최후의 승리에 다가갔다. 클리블랜드가 10회 말에 1점을 추격했지만, 기적 같은 3연승으로 저주의 사슬을 끊어 냈다.

메이저리그 기초 지식 쌓기

메이저리그를 떠받치고 있는
마이너리그란?

마이너리거의 3%만이 메이저리그에 들어간다

마이너리그에는 어린 시절부터 주목받았던 7,000여 명의 선수들이 최종 목적지인 메이저리그를 향해 고군분투하고 있다. 그러나 부와 명예를 보장하는 메이저리그는 그들 중에 단 3%만 들어갈 수 있다. 나머지 97%는 끝내 메이저리그에 도달하지 못한다. 희망을 꿈꾸는 마이너리거의 현실은 고달프다. 비행기 1등석이 아닌 좁아터진 버스에 몸을 싣고 10시간 넘게 중소 도시를 오가야 한다. 내일을 보장하는 약속도 없다.

마이너리그 4단계

메이저리그를 떠받치고 있는 마이너리그는 4개의 단계로 나뉘어 있다. 가장 하위 단계는 루키 리그로 여기에는 고교를 갓 졸업한 어린 선수들이 즐비하다. 루키 리그를 거치면 싱글 A로 올라간다. 그 위 단계는 더블 A이다. 이 단계부터는 프로야구의 분위기가 느껴진다. 더블 A와 메이저리그 사이에는 트리플 A가 있다. 그곳에는 메이저리그로 승격되기를 기다리고 있는 엄선된 유망주들이 있다. 메이저리그에서 부상이나 결원이 생기면 트리플 A에서 최우선적으로 올라간다. 이때 메이저리그에서 제대로 실력을 보여주면 메이저리거로 머물 수 있다. 트리플 A에는 재활 중인 메이저리그 선수들도 있다. 만년 트리플 A 선수들도 있다. 이들은 트리플 A 리그에서 팀을 유지하고 경기한다.

마이너리그 팀 240개

메이저리그는 6개 지구 5개 팀씩, 총 30개 구단으로 구성되어 있다. 각 구단은 트리플 A와 더블 A 구단과 계약 관계를 유지하고 있다. 트리플 A에는 멕시코 리그도 포함되는데 총 46개 팀이 있다. 트리플 A는 인터내셔널리그와 퍼시픽코스트리그라는 양대 리그로 나뉘어 있다. 30개 팀으로 구성된 더블 A는 3개 리그로 나뉘어 경기를 한다.

싱글 A로 내려가면 구단 수가 82개로 늘어난다. 도미니카와 베네수엘라의 서머리그도 포함하고 있는 루키 리그에도 82개 팀이 있다. 30개 구단 아래 줄에 서 있는 마이너리그 팀을 모두 더하면 240개에 달하고, 선수는 7,000명을 넘어간다. 메이저리그와 계약 관계인 마이너리그 각 구단은 독자적으로 운영된다.

마이너리그의 경기 수는 하위 리그로 내려갈수록 줄어든다. 어느 정도 팬층을 보유하고 있는 트리플 A는 연간 144경기를 치른다. 올스타전도 있고 플레이오프로 챔피언도 뽑는다. 더블 A는 142경기고, 싱글 A는 절반 이하인 70경기다. 루키 리그는 60경기를 치른다.

억울하면 출세해라?

한번 메이저리그에 올라간 선수들은 다시는 마이너리그로 떨어지길 원하지 않는다. 대우와 환경이 천지차이라 그렇다. 빅리그 선수들은 전세기로 이동하지만 마이너리그 선수들은 버스를 타고 밤새도록 달린다.

연봉 격차도 심하다. 메이저리그의 최저 연봉은 풀타임 기준 50만 달러 수준이다. 마이너리그 트리플 A에는 10만 달러 이상을 받는 선수가 있지만, 더블 A 선수들은 월급으로 3,000달러 정도를 받고, 싱글 A 선수들은 1,000달러 수준에 그친다.

메이저리그 기초 지식 쌓기

스프링캠프에서
선수들이 여유로운 이유

스프링캠프란?

메이저리그 30개 팀은 플로리다와 애리조나로 나뉘어 2월 중순부터 스프링캠프를 차린다. 그리고 3월 말까지 시범 경기로 컨디션을 끌어올리게 되는데, 지역 특징에 따라 플로리다의 시범 경기는 특산 과일인 자몽의 이름을 따서 그레이프푸르트 리그(Grapefruit League)라고 하고, 애리조나는 사막의 명물인 선인장에서 기인한 캑터스 리그(Cactus League)를 치른다.

그레이프푸르트 리그

스프링캠프는 1913년 2월 시카고 컵스가 플로리다의 탬파에서 훈련한 게 시작이다. 탬파의 D. B. 맥케이 시장은 훈련 경비를 부담하며 당시 가장 인기 있던 컵스의 스프링캠프를 유치했고, 많은 관중이 따뜻한 플로리다에 모여 선수들의 시즌 준비 과정을 지켜보게 됐다.

컵스는 자체 청백전뿐 아니라 쿠바 팀과도 경기를 펼치며 구름 관중을 모았다. 현재 그레이프푸르트 리그에는 뉴욕 양키스와 메츠, 보스턴 레드삭스와 볼티모어 오리올스, 필라델피아 필리스 등 15개 팀이 참가하고 있다.

캑터스 리그

캑터스 리그는 1946년에 클리블랜드 인디언스와 뉴욕 자이언츠가 애리조나에서 스프링캠프를 차리며 출발했다. 그레이프푸르트 리그보다 33년 늦게 시작했지만, 그만큼 시설 면에서 현대적이었고, 무엇보다 캠프 간의 거리가 플로리다 지역에 비해 훨씬 가깝다는 장점을 내세워 메이저리그 팀을 불렀다. 캑터스 리그는 LA 다저스와 에인절스, 시카고 컵스와 화이트삭스, 샌프란시스코 자이언츠, 텍사스 레인저스 등 15개 팀으로 구성되어 있다.

메이저리그 팬들의 로망

스프링캠프에서 선수들은 기록에 신경 쓰지 않으면서 훈련하고 경기를 치르기에 무척 여유롭다. 많은 팬들은 빅 리그 경기장에 비해 훨씬 작은 구장에서 매우 가깝게 선수들에게 다가갈 수 있고 사인을 받는다. 메이저리그 팬들의 로망 중에 하나가 스프링캠프 투어다.

코리아 빅 리거 살펴보기

2 이닝

한국인 메이저리거는 1994년 박찬호를 시작으로 2016년 기준으로 총 18명이다. 그 중에 광주일고 출신이 4명이다. 그야말로 광주일고 만세다. 한국인 메이저리거를 두 명 이상 배출한 고교는 광주일고 외에 2명의 부산고(추신수, 백차승)뿐이다.

코리아 빅 리거 살펴보기

광주일고,
메이저리그의 산실

서재응, 김병현, 최희섭, 강정호의 공통점은?

4명 모두 미국 메이저리그 경험자라는 점이다. 또 하나 더 있다. 이들은 광주일고 동문이다. 메이저리그 관계자들은 한국의 한 고등학교에서 무려 4명에 달하는 메이저리거가 배출됐다고 하면 쉽게 믿지 못한다. 깜짝 놀라는 표정이다.

메이저리그는 야구를 하는 선수들이 바라는 최종 목적지인데, 그 좁은 문을 통과하기 위한 전 세계적인 경쟁은 어마어마하다. 정말 출중한 기량에 선택받은 선수만 그 무대에 올라간다. 미국 본토에서도 여러 명의 메이저리거를 배출하는 학교는 많지 않다. 그런데 아시아에 있는 야구 주변국인 한국이라는 나라에서, 그것도 한 고등학교에서 4명의 빅 리거가 나왔다는 건 아주 의심스러우면서도 엄청난 뉴스다.

메이저리거를 4명 배출한 곳은 아시아에서 광주일고와 일본 오사카의 PL학원고밖에 없다. PL학원고는 일본에서도 손꼽히는 야구 명문 고등학교다. 일본에는 4000개가 넘는 고교 야구부가 있다. 그곳이 모두 프로야구에 진출하기 위한 특기생 야구나 엘리트 야구를 하는 건 아니지만, 한국과는 비교할 수 없을 정도로 많은 숫자다. 국내 고교 야구부는 채 60개가 안 된다. 그래서 광주일고와 일본 내 산재한 무수히 많은 고교와는 수치적으로 비교가 안 된다. 일본과도 그 정도이니, 미국 본토의 고교 야구팀과는 게임 끝이다. 그런 열악한 상황을 듣고 나면 광주일고에서 4명의 메이저리거가 배출됐다는 점이 불가사의에 가깝다. 광주일고는 빅 리거와 더불어 한국 야구의 전설을 많이 배출했다. 1949년 철완 김양중을 시작으로 선동열, 이강철, 김기태, 이종범, 박재홍, 이호준, 서건창 등 셀 수 없을 정도다.

무등산 정기를 받은 광주제일고

서재응은 1997년 뉴욕 메츠와 계약한 뒤 2002년 빅 리그에서 데뷔해 2007년까지 메츠와 탬파베이에서 활약하면서 '컨트롤 아티스트'로 불렸다. 최희섭과 김병현은 1999년에 각

서재응

각 시카고 컵스, 애리조나와 계약했다. 김병현은 1999~2007년 애리조나, 보스턴, 콜로라도를 거치면서 'BK'를 빅 리그 역사에 아로새겼다. '빅초이' 최희섭은 2002~2005년 시카고 컵스와 LA 다저스에서 왼손 거포로 활약했다. 세 선수는 투타에서 그 나름대로 뚜렷한 족적을 남겨 미국 야구사에 한국 야구의 우수성을 알렸. 강정호는 2015년 피츠버그에 장타력을 갖춘 멀티 내야수로 입단해 광주일고 선배들의 뒤를 이으며 새 도전에 나섰다.

미국의 〈뉴욕타임스〉는 "무등산 정기를 받은 광주제일고"라는 제목으로 특집 기사를 실었는데, 메이저리그 데뷔 첫해 인상적인 활약을 한 강정호의 모교를 집중 조명했다. 강정호를 소개하기 앞서 신문이 먼저 언급한 선수가 서재응과 최희섭이었다. 〈뉴욕타임스〉는 "서재응과 최희섭, 김병현은 10년 전 메이저리그에서 성공적인 길을 찾아가고 있었다. 강정호는 이들과 김병현의 뒤를 이어 네 번째 광주일고 출신 메이저

최희섭

리거가 됐다"고 소개했다.

특히 서재응, 김병현, 최희섭은 광주일고 1년 선후배 사이다. 서재응이 맏형, 김병현이 중간, 최희섭이 막내다. 서재응과 김병현은 선발과 불펜, 최희섭은 1학년 때부터 4번 타자로 뛰었다. 당시 광주일고는 전국 최강팀으로 우승을 밥 먹듯이 했다. 미래의 메이저리거 3인방이 뭉쳤으니 고교 야구 정상은 식은 죽 먹기였다. 광주일고 트리오는 고교 졸업 후 19년 만에 광주 연고의 KIA 타이거즈에서 뭉치며 다시 한솥밥을 먹었다.

최희섭은 "광주일고는 전통적으로 군기가 셌다. 그러나 재응이 형은 달랐다. 3학년이 되면서 야구부의 분위기를 바꿔놓았다. 기합이 아닌 말로 후배를 아우르는 스타일이었다. 지금처럼 분위기 메이커 역할을 했다"고 회상했다. 광주일고가 메이저리그의 화수분이 된 이유에 대해서는 "러닝과 웨이트 트레이닝에 많은 시간을 할애했다. 병현이 형이 '광주일고의 훈련 덕에 메이저리그 생활을 버틸 수 있었다'고 했는데, 나도 동감한다"고 말했다. 철저한 규율도 덧붙였다. "야구부 생활은 엄격했다. 감독님이 쉬는 날 집으로 전화를 하면 선수가 직접 받아야 했다. 한 명이 받지 않으면, 야구부 전체 휴식일이 없었다. 선수 기량이 좋았지만 관리도 철저했다"고 했다.

광주일고 만세

한국인 메이저리거는 1994년 박찬호를 시작으로 2016년 기준으로 총 18명이다. 그중에 광주일고 출신이 4명이다. 그야말로 광주일고 만세다. 한국인 메이저리거를 두 명 이상 배출한 고교는 광주일고 외에 2명의 부산고(추신수, 백차승)뿐이다. 광주 연고의 메이저리그 출신 선수는 한 명 더 있다. 14번째 한국인 빅 리거 임창용이다. 그는 2013년 시카고 컵스에서 오랜 재활 기간을 거쳐 6경기에 등판한 기록을 남기고, 지난해 삼성으로 돌아와 통합 4연패에 힘을 보탰는데, 광주 진흥고 출신이다. 광주에서 고교 시절을 보낸 선수가 18명 중 5명이다. 광주일고 만세에 이어 '광주 만세!'라고도 불러야 할 것 같다.

코리아 빅리거 살펴보기

포스팅 시스템, 꽃길 아닌
흙길을 선택한 선수들은?

포스팅 시스템이란?

포스팅 시스템은 1998년 메이저리그 사무국과 일본프로야구 기구(NPB)가 미일 선수 이적 협정을 개정하면서 도입했다.

1994년 LA 다저스에 입단한 노모 히데오가 일본에서 은퇴를 선언한 뒤 메이저리그에 입단하며 논란이 발생했다. 당시 노모의 에이전트가 미일 선수 협정의 허점을 이용했다.

그 과정을 살펴보면, 당시 노모는 소속 팀인 긴테쓰 구단에 장기 계약을 요구했고 거절당하자 메이저리그 진출 의사를 밝혔다. 노모의 소유권을 가지고 있던 구단은 이를 거부했다.

이에 노모는 일본 프로야구에서 "선수가 은퇴하면 소속 구단에서 그 선수에 대한 권리를 더 이상 가지고 있지 않다"는 조항을 이용했다. 그는 은퇴를 선언하며 자유의 몸이 되었고 미국으로 나아가 LA 다저스와 계약한 뒤 신인왕을 차지했다.

노모의 미국행은 큰 논란을 불러일으켰다. 긴테쓰 구단은 이적료를 받지 못했고 다저스 외 메이저리그 구단은 영입 시도조차 못했기 때문이다.

그래서 일본 프로야구와 메이저리그는 포스팅 시스템을 도입하며 구단에게는 이적료를, 선수에게는 모든 구단과 계약할 수 있는 권리를 안겼다.

가장 먼저 KBO의 울타리를 뛰어넘은 이상훈

야생마 이상훈이 가장 먼저 KBO의 울타리를 뛰어넘었다. LG 트윈스 소속의 이상훈은 1997년 시즌이 끝난 뒤에 메이저리그 진출에 도전했다. 보스턴 레드삭스가 임대료 250만 달러를 제시해 빅 리그 진출이 눈앞에 열렸다. 그러나 메이저리그 사무국이 보스턴의 독점 계약에 제동을 걸었고 이상훈은 미국으로 건너가 전 구단 상대 공개 테스트를 했다. 공개 입찰에서도 보스턴이 최고액을 써냈는데, 금액은 60만 달러로 대폭 줄어 있었다.

이상훈은 국내 선수 중에 처음으로 포스팅 시스템으로 해외 진출을 노렸지만, 애초에 제시받은 조건의 4분의 1 수준에

이상훈

낙담해 거부권을 행사했다. 결국 이상훈은 LG의 자매 구단인 일본 프로야구 주니치와 2억 엔의 임대 계약을 맺었다. 이상훈은 일본에서 2년을 보내고 2000년에 다시 메이저리그에 도전해 총액 535만 달러에 보스턴 유니폼을 입었다. 메이저리그에서는 통산 9경기에 등판해 11.2이닝을 던졌다. 한국과 일본에서 보여준 실력에 비하면 초라한 성적표를 손에 쥐었지만, 그의 첫걸음은 후배 선수의 도전에 많은 영향을 끼쳤다.

길은 열렸지만, 목적지에 도착하기는 여전히 어려웠다. 진필중이 2001년 포스팅 시스템에 나섰다가 '무응찰' 굴욕을 맛봤다. 그는 2003년 다시 나섰지만 최고액이 2만 5,000달러에 불과해 메이저리그행을 접었다. 임창용은 2002년 포스팅 시스템으로 최고 응찰액 65만 달러를 제시받은 뒤 잠시 꿈을 접었다가 2012년 시카고 컵스로 2년간 500만 달러에 입성했다. 그러나 2013년 6경기 5이닝에 그쳤다.

포스팅 시스템을 통해 미국 무대에 진출한 한국인 선수 1호는 최향남이다. 그는 2009년 롯데가 조건 없이 풀어주자 포스팅 시스템을 통해 세인트루이스에 입단했다. 당시 세인트루이스가 써낸 최고 낙찰가는 불과 101달러였지만, 최향남은 이를 받아들여 태평양을 건넜다. 트리플 A에서 좋은 성적을 냈으나 끝내 메이저리그 마운드의 부름을 받지는 못했다.

류현진, 빗장을 풀다

한국 선수들은 메이저리그의 포스팅 시스템을 통해 이렇다 할 성과를 내지 못했다. 그러다가 2012년 겨울, 류현진이 활짝 열어젖혔다. LA 다저스가 류현진을 영입하기 위해 2,573만 7,737달러 33센트라는 거액을 써내며 단독 협상권을 따냈다. 빅 리그로부터 인정받은 류현진은 2013~2014년 2년 연속 두 자릿수 승리를 따내며 위상을 높였다.

류현진에 이어 강정호, 박병호가 포스팅 시스템으로 메이저리그에 진출했다. FA 자격을 갖춘 선수들도 속속 메이저리그에 데뷔했다. 김현수, 오승환, 이대호가 빅 리그에 합류했다. 2016년 시즌에는 무려 7명의 한국인 선수들이 빅 리그에서 활약했다. 한국인 메이저리거 최다 진출 시즌이었다. 황재균은 2015년 말 포스팅 시스템 무응찰 수모를 겪었으니 2016 시즌을 마치고 FA로 미국 땅을 밟았다. 메이저리그에 도전한 선수들은 하나같이 한국이나 일본에서의 보장된 기회와 연봉을 버리고 세계 최고의 경쟁 무대로 향했다.

강정호, 한국인 최초 야수 메이저리거

강정호는 2015년에 포스팅 시스템을 통해 야수로는 한국인 최초로 메이저리그가 됐다. 그는 국내 팬들에게 다소 생소하던 피츠버그 파이리츠를 LA 다저스에 버금가는 국민 구단으로 끌어올렸다. 그럴 만도 했던 게, 2015년 4월 한 달간 주로 백업으로 메이저리그를 경험한 뒤 5월부터 존재감을 과시하더니 피츠버그 내야진의 줄부상을 틈타 주전 내야수로 도약했다.

7월에는 25경기에서 홈런 3개를 포함해 33안타 9타점 타율 0.373로 내셔널리그 '이달의 신인'을 수상했다. 출루율 0.443와 장타율 0.621뿐만 아니라 유격수와 3루수를 오가며 물 샐 틈 없는 수비로 피츠버그의 대약진을 이끌어냈다.

한국인 야수가 '이달의 신인'을 수상한 것은 2003년 4월 당시 시카고 컵스 소속이던 최희섭 이후 12년 만에 처음이었다. 강정호는 빅리그에 완벽히 적응했지만, 9월 18일 컵스와 홈경기에서 크리스 고글란의 깊은 태클에 왼쪽 무릎을 가격당해 수술대에 올랐다. 시즌 종료까지 16경기를 남겨뒀고, 포스트시즌 진출이 유력한 시점에 크게 부상을 입어 아쉬움을 남겼다.

수술 후 귀국 대신 미국에 잔류하면서 재활에 매진한 강정호는 2016년 5월 7일 세인트루이스전을 통해 복귀했다. 복귀전에서 홈런 두 방을 쏘아 올리면서 건재를 과시한 그는 103경기에서 21홈런 62타점 타율 0.255로 성공적인 시즌을 치렀다. 21홈런은 빅 리그에서 뛴 아시안 내야수 중 최고 기록이었다. 데뷔 두 번째 시즌, 그것도 부상에서 돌아와 전체 시즌의 60%가량만 출전하면서도 20홈런 이상 때려내어 클린트 허들 감독으로부터 "시즌 100타점을 돌파할 수 있다는 재능을 입증했다"는 칭찬을 받았다.

시즌 중반인 6월에는 미국 시카고에서 성폭행 사건 의혹에 휘말리기도 했지만, 크게 흔들리지 않는 모습을 보였다. 경찰에 접수된 내용에 따르면, 강정호가 남녀 미팅 앱을 통해 알게 된 23세 백인 여성을 호텔로 초대해 알콜성 음료를 내놓았는데, 그 여성이 마신 뒤 15분쯤 지나 정신을 잃었고 성폭행을 당했다는 것이었다. 강정호는 무죄 추정의 원칙에 따라 잠재적 혐의자로 분류됐고 구단에서는 엔트리에서 빼지 않고 평소대로 경기에 출전시켰다.

강정호를 진짜 나락으로 떨어뜨린 사건은 성공적인 2016년 시즌을 마친 뒤 국내에 돌아와 발생했다. 새벽에 혈중 알코

올 농도 0.084의 음주 상태에서 BMW 차량을 몰고 가다가 삼성역 사거리에서 가드레일을 들이받고 도주했다. 면허정지 수치에서 낸 사고였다. 그는 후속 처리 없이 숙소인 삼성동 호텔로 들어갔다. 이후 출동한 경찰에게 강정호의 동승자는 자신이 운전했다고 거짓 진술했다. 그러나 경찰은 차량 블랙박스를 확인해 운전자가 강정호라는 사실을 파악했다. 소위 운전자 바꿔치기였다. 사고를 숨기려 거짓말을 한 강정호의 신뢰는 바닥으로 떨어졌다. 자신을 믿고 응원한 팬들에게 큰 상처를 남겼다.

사고 당시 CCTV를 보면 대형 사고로 이어질 만큼 아찔했다. 강정호가 운전한 차량은 삼성동 네거리에서 빠르게 우회전하면서 주변 시설물을 할퀴고 지나갔다. 다행히 횡단보도 주변에 보행자가 없었다. 차량은 가드레일이 설치된 교통섬을 넘어 반대 차선까지 질주했다. 파손된 시설물이 인근 차량으로 튀었는데, 속도를 제어하지 않은 차량은 중앙선을 넘은 상태에서 마지막 순간에 핸들을 돌렸다. 그대로 달렸다면, 반대 차선에서 신호 대기하던 차량과 충돌할 수 있었다.

사고가 알려지자 소속 구단인 피츠버그는 프랭크 쿠넬리 사장 명의의 성명을 발표했다. 구단은 "강정호의 음주운전 행위와 도주한 일에 대해 극도로 실망했다. 음주운전은 매우 어리석고 위험하다. 다친 사람이 없는 게 천만다행이다"라고 유감을 보였다. 변호사 출신의 쿠넬리 사장은 아주 강렬한 어휘를 사용했다. "극심하게(extremely) 실망해서", "어리석은(foolish) 행동" 같은 표현은 웬만한 공식 코멘트에는 잘 쓰지 않는 단어다. 특히 자기 팀 선수의 행동에 대해서는 극히 이례적이었는데, 그만큼 공개적으로 실망감을 피력했다.

2017년 시즌에 앞서 피츠버그는 재판 중인 강정호를 대체할 선수로 애리조나 다이아몬드백스에서 트레이드로 내야수 필 고셀린을 영입했다.

메이저리그에서 뺑소니는 매우 심각한 범죄로 본다. 2008년도 세인트루이스 소속이던 스캇 스피지오는 캘리포니아에서 음주 사고를 내고 도망가다가 경찰에 체포되었는데, 카디널스 구단은 뺑소니뿐 아니라 이전에 약물 같은 다채로운 전과로 수차례 사고를 친 그에게 즉각 방출 통보를 내렸다.

코 리 아 빅 리 거 살 펴 보 기

'코리안 특급'
박찬호는 '먹튀'였나

메이저리그의 선구자

코리안 특급 박찬호는 메이저리그의 선구자다. 박찬호는 150km대 강속구와 낙차 큰 커브를 앞세워 LA 다저스에서 선발의 한 축을 맡았다. 한국인 최초로 100승을 돌파했고 통산 124승을 거두며 아시아 최다승 기록을 세웠다. 2위는 일본인 투수 노모 히데오(123승)다. 타석에서는 한국인 선수로 1호 홈런을 때린 타자이기도 하다.

LA 다저스의 개막전 선발로 나오기도 하며 크게 인정받았던 박찬호는 1997년부터 2001년까지 5년간 75승 49패 방어율 3.79를 기록하며, 약물의 시대에 한국 선수의 명예를 단단하게 지킨 점도 높게 평가받는다.

특히 2000년에는 18승 10패 방어율 3.27를 기록하면서 탈삼진 2위(217개), 후반기 방어율 1위(2.23)를 작성해 사이영상 후보에도 올랐다. 2001년에는 234이닝을 소화하며 15승 11패 방어율 3.50으로 생애 첫 올스타에 선발되기도 했다.

본격적으로 선발로 나선 1997년부터 LA 다저스에서 보낸 마지막 해인 2001년까지 5년간의 기간이 박찬호의 전성기였다. 5년 동안 총 165경기에서 선발로 등판해 평균 200이닝을 던졌다. 1,000이닝을 던져도 부상을 당하지 않았을 만큼 건강한 시기였다. 강속구를 앞세워 매년 193.2개의 삼진을 솎아내며 5년간 966개를 기록했다.

기복 없이 안정감 있는 투구 내용도 돋보였는데, 선발로 나선 165경기에서 108번의 퀄리티 스타트를 기록했다. 그 결과 박찬호는 2001년 텍사스와 5년간 7,100만 달러의 대형 계약을 체결하며 제2의 전성기를 기대했다.

그러나 LA 다저스에서 보여주었던 임팩트를 텍사스에서는 보여주지 못했다. 부상과 부진이 꼬리를 물며 그의 발목을 잡았다. 약물의 시대를 이겨낸 박찬호였지만, 고질적인 허리 통증은 전성기 시절의 강속구를 빼앗아갔다. 텍사스 유니폼을 입고 4년간 340이닝을 던지며 22승 23패에 그쳤다. 박찬호는 텍사스에서의 실패로 인해 메이저리그 FA 계약 '먹튀' 사례에

박찬호

서 빠지지 않고 등장하게 됐다.

그는 이후 텍사스를 떠나 샌디에이고, 뉴욕 메츠, LA 다저스, 필라델피아, 뉴욕 양키스를 거치며 저니맨 생활을 했고 2010년 피츠버그를 마지막으로 메이저리그에서 은퇴했다.

메이저리그 통산 기록은 17시즌 동안 476경기(선발 287경기)에 출전해 124승(10완투 2완봉) 98패 20홀드 2세이브 방어율 4.36을 작성했다. 잡아낸 삼진은 모두 1,715개였다.

박찬호는 텍사스 레인저스에서는 '먹튀' 소리까지 들었지만, 전성기 시절만 놓고 보면 메이저리그 최고의 별 중의 하나라는 사실도 틀림없다.

그리고 박찬호는 메이저리그에서 남긴 기록으로만 평가할 수 없다. 한국인 메이저리그를 상징하는 투수이며 새로운 영역을 개척한 선구자로서 후배 야구인들에게 많은 유산을 남겼다.

박찬호의 성공은 한국 야구계에 미국 진출 바람을 불러일으켰다. 많은 선수들이 메이저리거로 성공하기 위해 도전 길에 나섰다. 성공과 실패가 반복됐고, 생각보다 쉽지 않은 길이라 유망주들의 미국행이 잠시 시들어지기도 했다.

그러나 박찬호는 은퇴 후에 "유학파들이 해외에서 많은 공부를 하고 배우듯 한국 야구도 좋은 선수들이 많이 해외로 나가야 한다. 그곳에서 배운 것들을 우리나라로 가져와 공유해야 한다. 그래야 야구가 발전한다. 한국 야구가 오랫동안 갇혀 있었지만 내가 먼저 나간 후부터 메이저리그에 관심을 갖고 더 많이 알게 됐다. 능력이 되는 선수는 나가야 한다. 가서 야구의 글로벌화를 이끌어야 한다"며 실패하더라고 도전하라고 역설했다.

최고 선수들이 모여 있는 꿈의 무대에 가서 뛰는 것만으로도 많은 걸 배울 수 있다는 것이다. 박찬호는 자신의 경험을 바탕으로 메이저리그에서의 진정한 도전과 성공에 대해서도 이야기했다. 그는 "메이저리그에 진출하는 게 성공이 아니다.

그곳에서 오랫동안 꾸준하게 활약하는 것이 진짜 성공이다. 철저하게 공부하고 준비해야 한다"고 했다. 꿈을 실현시키기 위한 기량과 준비를 착실히 하라고 하는 조언이다.

박찬호 등 번호 16번의 의미

박찬호는 미국, 일본, 한국에서 모두 61번 등 번호를 달았다. 공주고와 한양대 시절에는 16번을 달았다. 박찬호는 LA 다저스에서도 16번을 그대로 달고 싶었지만, 이미 주인이 있었다. 팀 내 투수 코치인 론 페로나스키의 등 번호가 16번이었다. 그래서 박찬호는 16번의 앞뒤를 바꿔 61번을 선택했다. 그리고 은퇴할 때까지 자신의 분신처럼 아꼈다. 페로나스키 코치는 박찬호가 입단하고 이듬해 다른 팀으로 떠났는데, 16번을 노모 히데오가 이어받았다. 그때 박찬호는 마이너리그에 있었다.

17번째 메이저리그 직행

박찬호는 한양대 재학 중인 1994년 LA 다저스와 계약하며 곧바로 메이저리그에 직행했다. 아마추어가 마이너리그를 거치지 않고 빅 리그에 직행한 것은 역대 17번째 진기록이었다. 그러나 아직 아마추어 티를 벗지 못한 박찬호는 1994년 4월 8

일 애틀랜타 브레이스와의 홈경기에 9회 구원 등판해 1이닝 2실점으로 신고식을 치렀다. 데뷔전을 마친 박찬호는 더블 A로 강등되어 2년간 마이너리그 생활을 하고 1995년 9월 다시 메이저리그로 승격되었다. 박찬호는 1996년 4월 7일 시카고 원정 경기에서 구원승을 따내며 역사적인 첫 승을 거뒀다. 첫 선발승은 4월 12일에 플로리다 말린스와의 홈경기에서 기록했다.

메이저리그 첫 홈런

박찬호는 타석에서도 꽤 날카로운 타격 실력을 보였다. 메이저리그에서 한국인 1호 홈런 타자이기도 하다. 박찬호는 LA 다저스 시절인 2000년 8월 25일 몬트리올 엑스포스와의 경기에서 상대 선발 하비어 바스케스의 상대로 선제 솔로포를 때려냈다. 메이저리그 첫 홈런이었다. 이 경기에서 박찬호는 홈런과 함께 승리 투수까지 됐다. 두 번째 홈런은 그해 9월 30일 샌디에이고 파드리스와의 경기에서 때려냈다. 박찬호는 이날 경기에서는 데뷔 첫 완봉승을 따냈다. 3호 홈런은 9년 뒤에 나왔다. 박찬호는 2009년 4월 26일 마이애미 돌핀 스타디움에서 열린 플로리다 말린스와 원정 경기에 선발 등판했는데, 3회 첫 타석에서 상대 선발 크리스 볼스태드로부터 우월 솔로 홈런을 뽑아냈다. 홈런은 아니었지만, 샌디에이고 시절인 2006년 5월 16일 애리조나와의 경기에서는 매 타석에서 안타를 꼬박꼬박 쳐내며 한 경기 3안타를 때려내기도 했다.

배리 본즈와의 악연

샌프란시스코 자이언츠의 배리 본즈는 2001년 LA 다저스와의 홈경기에서 박찬호를 상대로 시즌 71호 홈런을 기록하며 메이저리그 한 시즌 홈런 신기록을 새로 썼다. 종전 기록은 1998년 마크 맥과이어의 70홈런이었다. 배리 본즈는 이날 경기에서 71홈런에 이어 72호 홈런까지 기록했다. 박찬호는 4이닝 8실점을 했는데, 그중에 2점이 배리 본즈에게 연달아 헌납한 솔로 홈런 2방이었다. 그러나 이날 경기는 다저스 타선도 터지며 11-10으로 승리했고 박찬호는 패전을 면했다.

일본을 거쳐 한국에서 은퇴

메이저리그를 떠난 박찬호는 2011년 이승엽이 몸담고 있던 일본 프로야구 오릭스 버팔로스에 입단했다. 4월 20일 시즌 두 번째 선발 등판해서 일본 진출 첫 선발승을 따냈다. 그러나 이승엽과 동반 부진에 빠지며 2군 강등의 수모를 겪기도 했다. 10월 24일 햄스트링 부상으로 퇴단했다. 일본에서는 7경기 출전해 1승 5패에 방어율 4.29를 기록했다. 박찬호는 이듬해 2012년 한국으로 돌아와 고향 팀 한화 이글스에서 1년을 뛰고 나서 현역에서 물러났다. 한국에서는 23경기 5승 10패 방어율 5.06을 기록했다.

코리아 빅 리거 살펴보기

추신수,
1억 3,000만 달러의 사나이

아시아 선수 출신 최초의 기록

프로는 몸값으로 자신의 존재 가치를 증명한다고 하는데, 한국인 메이저리그 중에 최초로 1억 달러를 돌파한 선수가 있다. 아시아 선수 출신으로도 최초의 기록

추신수

이었다. 박찬호나 이치로도 넘지 못한 그 벽을 추신수가 훌쩍 뛰어넘었다. 추신수는 부산고 3학년이던 2000년 캐나다에서

열린 세계청소년야구대회에 출전해 우승컵을 들어올렸다. 이대호, 김태균, 정근우, 이동현 등과 함께 출전했는데, 추신수는 이 대회에서 주로 투수로 활약하며 MVP를 차지했다. 그는 결승전이 끝난 뒤, 8월 14일 계약금 135만 달러에 미국 메이저리그 시애틀 매리너스와 입단 계약을 맺었다.

2006년에 클리블랜드 인디언스로 이적하며 메이저리그 선수로 두각을 나타냈다. 2012년 시즌을 마치고 신시내티 레즈 유니폼으로 갈아입었다. 추신수는 신시내티에서 뛴 2013년에 자신의 커리어 하이 시즌을 보냈다. 개인 통산 세 번째 20홈런-20도루를 달성했고 출루율 0.423을 작성했다. 그 기록을 바탕으로 추신수는 2013년 12월 텍사스 레인저스와 7년간 1억 3,000만 달러의 FA 잭팟을 터뜨렸다. 혈혈단신 태평양을 넘어간 18살 소년이 13년 만에 일궈낸 초대형 계약이었다.

추신수는 에이전트 스콧 보라스로부터 텍사스와의 계약 성사 소식을 듣고 눈물이 났다. 그가 흔들릴 때마다 잡아준 아내 하원미 씨도 함께 눈물을 흘렸다. 추신수는 "처음 소식을 듣고 5분 정도의 짧은 시간 동안 13년간 있었던 수많이 일이 스쳐 지나갔다. 아내와 그동안 고생한 이야기를 하며 눈물이 났다. 아내에게 '여기까지 오느라 고생했다'고 말해줬다"고 당시의 기뻤던 상황을 돌아봤다.

1억 3,000만 달러는 4,000만 명에게 짜장면 한 그릇을 돌릴 수 있는 금액이다. 어린아이를 제외하면 대한민국 사람들이 모두 짜장면을 먹을 수 있다. 2,500명 도시 근로자 연봉과 맞먹으며 중형차를 5,000대 이상 뽑을 수 있는 엄청난 금액이기노 하나.

그리고 박찬호가 텍사스와 계약한 5년 6,500만 달러의 두 배 수준이며 스즈키 이치로가 시애틀과 맺은 5년 9,000만 달리도 기볍게 넘는다. 연봉으로 계산하면 당시 환률로 200억 원 정도가 되는데 이는 맨체스터 유나이티드에서 박지성이 받던 80억 원의 2.5배에 달한다.

추신수의 FA 계약은 일본인 투수 다나카 마사히로가 2014년 뉴욕 양키스에 7년 1억 5,500만 달러에 입단하면서 깨졌다. 재미있는 사실은 추신수 역시 텍사스와 계약하기 전에 뉴욕 양키스로부터 초대형 계약 조건을 제시받았는데, 이를 거부했다는 점이다. 당시 양키스는 추신수에게 1억 4,000만 달러를 제안했다. 텍사스보다 1,000만 달러 많은 금액이다.

그러나 추신수는 메이저리그 최고 명문 구단이 내민 계약 조건을 외면했다. 이유는 두 가지다. 추신수는 전력상 우승이 가능한 팀에서 뛰고 싶었다. 확실한 자리도 보장되어야 했다. 양키스의 외야는 클리블랜드에서 추신수의 앞길을 막았던 이치로까지 있기에 포화 상태였다. 추신수가 능력을 발휘하기에 양키스의 외야가 너무 붐볐다. 반면 확실한 자리가 보장된 텍사스는 매년 우승이 가능한 팀이었다. 세금도 문제였다. 주세금이 없는 텍사스와 달리 뉴욕은 10% 세금을 걷어갔다. 계산기를 두드려보면 텍사스의 계약 조건이 양키스보다 1,000만 달러가 적었지만, 실소득 면에서 큰 차이가 없었다. 추신수는 실보다 득을 선택했다.

사람의 인생은 건물을 만드는 것과 같다

추신수가 메이저리그를 대표하는 고액 연봉자가 되기까지 걸어간 길은 험난했다. 시작부터 꼬였다. 투수로 성공하기 위해 태평양을 건넜는데 시애틀 구단은 그에게 투수 전향을 권유했다. 그들은 추신수가 가진 정교한 타격과 힘, 빠른 발과 넓은 수비 범위, 강한 어깨에 주목하며 5툴(5-Tool) 플레이어의 가능성을 알아봤다. 추신수에게 투수를 하면 스타가 될 수 있고 타자를 하면 슈퍼스타가 될 수 있다고 말했지만, 어린 나이의 추신수는 혼란스러웠다. 타자로 전향했지만 '신수(身手)'가 훤하진 않았다.

추신수가 힘든 시절을 이겨내고 본격적으로 이름을 알린 시기는 팔꿈치 수술과 재활을 마치고 돌아온 2008년이었다.

그해 타율 0.309에 14홈런 66타점을 기록하며 주전 우익수를 꿰찼다. 이듬해인 2009년에도 준수하게 활약하며 수준급 외야수로 인정받았다. 2010년엔 광저우 아시안게임에 태극 마크를 달고 출전해 금메달을 목에 걸었다. 그가 시상대에서 금메달을 보면서 눈물을 글썽이자 옆에 있는 대표팀 동료들이 놀리기도 했는데, 추신수에게 병역을 면제해준 금메달은 그만큼 값졌다.

메이저리그 팬들은 추신수를 '추추열차(Choo Choo Train)'라고 불렀다. 추추는 우리말로 하면 '칙칙폭폭'쯤 된다. 추신수는 약속의 땅 클리블랜드에서 날개를 달았다. 멈추지 않는 기차처럼 달리고 또 달렸다. 신시내티를 지나 텍사스까지 질주했다. 그러나 추신수는 대박 직후 부진했다. 발목과 팔꿈치 수술로 시즌도 일찍 접었다. 주변에서 연봉 값을 못한다는 비난이 쏟아졌다. '먹튀' 논란이 일었다. 2014년부터 텍사스 유니폼을 입고 부진했다.

아내 하원미 씨가 흔들리는 추신수를 다시 잡아주었다. 그녀는 추신수에게 "사람의 인생은 건물을 만드는 것과 같다. 사람들은 건물을 빨리 높게 만들려고 한다. 그런데 만약 그 건물을 모래 위에 쌓는다면 흔들리고 결국 무너질 것이다. 당신은 이미 튼튼한 건물을 만들었다. 약간 흔들려도 토대가 탄탄

하기 때문에 바꿀 필요가 없다. 굳건하게 버틸 수 있다"며 손을 꼭 잡았다. 조급함을 버린 추신수는 자신의 장점인 정밀한 선구안과 극도의 인내심을 되찾았다.

추신수가 야구 선수로 성공하는 데 부친의 영향력도 컸다. 그는 아들을 강하게 키우려고 태어난 뒤 한 번도 안아주지 않았다. 추신수를 운동선수로 만들기 위해 한 살 때부터 손목을 단련시켰다. 자신의 엄지를 잡게 하고 매달았다. 조금 큰 다음엔 담력을 키운다고 새벽에 자는 아이를 깨워 공동묘지로 보냈다. 추신수를 드럼통에 넣고 뚜껑을 닫기도 했다. 초등학교 때부터 발목에 모래주머니를 차게 했다. 잘 때도 차고 잘 정도였다. 한 몸처럼 지냈다. 오죽하면 비행기를 탈 때도 잊어버리고 있어 경찰이 출동하기도 했다. 키가 크기 위해 역기를 달고 철봉에 매달렸다. 그리고 세상에 좋다는 건 모두 구해다가 먹였다. 추신수는 "장어는 밥 먹듯이 먹었다. 뱀은 한 200마리 이상 먹은 거 같다. 토할 것 같은 음식도 있었지만, 한 번도 토하지 않고 뱃속으로 밀어 넣었다"라고 했다. 야구만 잘할 수 있다면 뭐든지 한 것이다.

코리아 빅 리거 살펴보기

류현진,
다시 도전 길에 오르다

한국 프로야구에서

메이저리그로 직행한 첫 번째 선수

류현진은 한국 프로야구에서 메이저리그로 직행한 첫 번째 선수다. 2012년 말 LA 다저스와 6년간 총 4,200만 달러에 입단 계약해서 2013년에 14승 8패 방어율 3.00의 좋은 성적을 기록하며 성공적인 데뷔 시즌을 보냈다. 총 30경기에 등판했고 192이닝을 소화했다.

류현진

평균 속구 구속은 145km 정도였으나 주 무기인 체인지업과 슬라이더가 메이저리그에서 통했다. 특히 체인지업은

2013년 시즌 후에 내셔널리그 2위에 선정될 만큼 위력을 떨쳤다. 2014년에는 시즌 초반에 어깨 부상으로 잠시 이탈하기도 했지만, 14승 7패에 방어율 3.38로 소포모어 징크스 없이 선발의 한 축을 지탱했다.

그러나 2015년 시즌에 앞서 시범 경기 도중 어깨에 통증을 느꼈고, 검사를 했으나 특별한 사항이 나오지 않았다. 하지만 통증과 구속 저하가 계속되며 60일 부상자 명단(DL)에까지 올랐고 결국 5월 22일 정밀 검진 결과 어깨 관절 와순(어깨뼈 주위를 둘러싸고 있는 섬유질 연골) 파열 진단을 받았다.

류현진은 왼쪽 어깨 관절경 수술로 손상된 관절 와순을 봉합한 뒤 어깨 염증을 깨끗하게 청소했다. 수술은 성공적으로 끝났지만 복귀를 장담하긴 힘들다는 평가가 주를 이뤘다. LA 다저스의 돈 매팅리 감독은 "내년 스프링캠프 때 류현진의 투구 모습을 볼 수 있을 거라 기대한다"고 말했지만, 관절 와순 파열은 해당 부상을 입은 선수 중 재기에 성공한 선수가 극히 드물 정도로 치명적인 부상이다.

메이저리그에서 관절 와순 수술을 받은 뒤 재기에 성공한 투수는 단 2명뿐이다. 커트 실링, 마이클 피네다를 제외하면 모두 구위를 잃거나 제구력이 급격히 떨어졌다. 국내 프로야구에서는 이대진, 손민한, 박명환이 재기를 한 뒤에도 이전 구위를 잃어버렸다.

류현진은 1년 내내 재활에 전념했다. 그리고 2016년 7월 8일 복귀해 샌디에이고 파드리스전에 선발 등판했다. 결과는 4.2이닝 동안 89구를 던져 8안타 6실점으로 부진했다. 최고 구속은 경기 초반에 92마일까지 나왔는데, 경기 후반에 80마일 중반으로 뚝 떨어졌다. 다행히 수술 부위인 어깨에는 아무런 이상 징후가 감지되지 않아 다음 등판에 대한 기대감을 가지게 했다.

그런데 얼마 지나지 않아 불펜 피칭을 하다 팔꿈치 이상을 느꼈다. 검진 결과 왼쪽 팔꿈치에 건염이 발견되었고 괴사 조직을 제거하는 관절경 수술을 받으며 시즌 아웃됐다. 2016년 단 한 경기 출전해 0승 1패 방어율 11.57을 기록했다. 재활로 시작해 수술로 끝난 시즌이 됐다.

류현진은 2017년 시즌에 선발로 복귀하기 위해 다시 재활에 매달렸다. 그러나 2년 동안 어깨와 팔꿈치 수술을 연달아 받으며, 5선발 후보로 꼽히지 못할 정도로 팀 내 입지가 좁아졌다. 2017년 다저스 선발진은 클레이튼 커쇼, 마에다 겐타, 리치 힐, 훌리오 유리아스 그리고 나머지 한 자리를 놓고 스캇 카즈미어, 알렉스 우드, 호세 드레온 등이 류현진과 경쟁을 펼친다.

코리아 빅 리거 살펴보기

한일 야구를 평정한
'빅 보이'의 꿈

이대호

일본의 러브콜

이대호가 2015 시즌을 마치고 미국행을 공식 선언하자 재팬 시리즈 3연패를 노리는 소프트뱅크의 러브콜도 더욱 거세졌다. 구단 실세들이 직접 나서 이대호의 잔류를 요청했다. 소프트뱅크의 고토 사장은 "이대호의 잔류 교섭과 함께 새 외국인 선수 보강을 진행 중이다. 이대호가 다시 계약해주면 행복할 것이다. 러브콜은 계속 보내고 있다"고 밝혔다. 일본의 각 스포츠 매체는

"소프트뱅크는 이대호에게 연봉 5억 엔 이상, 다년 계약을 제시했다. 이를 뛰어넘는 메이저리그 구단은 없을 것"이라고 타전했다. 이대호는 배수진을 치고 미국 애리조나에 위치한 롯데 자이언츠의 스프링캠프로 향했다. 일본에서 제시하는 빅머니에 눈길 한 번 주지 않고 태평양을 건넜다.

그럼에도 불구하고 소프트뱅크의 구애는 멈추지 않았다. 오 사다하루(왕정치) 소프트뱅크 구단 회장까지 나섰다. 일본의 전설적인 레전드인 그는 "이대호가 소프트뱅크에 남는 것이 최선이라고 생각한다"며 "그는 지난 2년 동안 우리와 함께 했기 때문에 팀에 적응해 있다. 스프링캠프 시작부터 합류하지 않아도 될 것 같다"라고 말했다. 소프트뱅크의 스프링캠프 시작인 2월 1일에 맞춰서 오지 못하더라도 기다릴 테니 돌아오라는 메시지였다. 그러자 일본 현지의 각종 스포츠 매체들은 "이대호가 메이저리그 진출을 추진해도 소프트뱅크는 시간에 연연해하지 않고 그의 복귀를 기다린다"는 내용을 타전했다.

곧이어 소프트뱅크가 3년간 18억 엔의 대규모 탄환을 장전했다는 보도가 쏟아졌다. 금액도 놀라울 정도였지만, 1, 2년이 아닌 3년의 장기 계약을 내걸었다. 이쯤 되면 아무리 돈을 돌처럼 본다고 해도 마음이 흔들릴 수 있다. 더군다나 미국처럼 새롭게 적응해야 하는 곳이 아닌 익숙한 일본이라면 더 군침을 흘릴 만하다. 과연 이대호의 마음은 흔들렸을까. 그는 "메이저리그 도전에 대해 가족과도 많은 이야기를 나눴다. 가장을 믿고 따르겠다고 해서 도전을 결정하게 됐다"라고 했다. 세상에서 가장 중요하게 생각하는 가족과 이미 미국행 이야기를 마친 이대호는 끝내 흔들리지 않았다.

소프트뱅크의 구도 기미야스 감독은 "30홈런 100타점을 해주는 이대호가 떠나는 게 아쉽다. 구단도 이대호 잔류에 최선의 노력을 했다. 하지만 꿈의 무대인 메이저리그에 도전하는 것이다. 이대호가 꿈을 향해 가는 것을 응원한다"고 밝혔다. 구도 감독은 1982년 프로에 입문해 2010년 은퇴하기까지 무려 29년 동안 현역으로 뛴 살아 있는 전설로 통한다. 통산 성적은 224승 142패 방어율 3.45이다. 오랜 선수 생활을 한 그는 이대호가 더 큰 무대를 향해 도전하는 마음을 이해했다. 그래서 아쉬움과 함께 선전을 기원했다.

한일 야구를 평정한 '빅 보이'의 초라한 시작

현실은 냉정했다. 만으로 34세라는 적지 않은 나이, 큰 몸집으로 인한 부상 우려와 수비에 대한 미심쩍은 눈길. 이대호는 일본 최고 대우를 마다하고 꿈을 선택했지만 시애틀이 내놓은 계약은 기대 이하였다. 이대호는 2016년 2월 4일 시애틀 매리너스와 1년간 총액 400만 달러의 스플릿 계약에 합의했다. MLB.com은 "시애틀이 계약 조건을 공개하지 않았지만 이대호가 메이저리그에 입성하면 최대 400만 달러를 받을 수 있다. 주전 1루수인 좌타자 애덤 린드와 함께 백업 우타자 이대호는 플래툰 시스템을 구축할 수 있다"며 계약 내용과 백업이라는 점을 부각시켜 보도했다.

스플릿 계약은 소속에 따리 연봉에 차이가 발생한다. 즉 선수 신분에 따라 대우가 천지 차이가 된다. 개막전 25인 로스터에 들어가 옵션을 채우면 총액 400만 달러를 받을 수 있다. 그러나 마이너리그로 떨어지면 50만 달러대로 급격히 떨어진다. 문제는 이대호의 경쟁 상대가 팀 내에 너무 많다는 것이다. 지명타자를 내정받고 미네소타에 입성한 박병호나 볼티모어의 외야수 한 자리를 보장받은 김현수와는 처한 현실이 달라도 너무 달랐다. 시애틀에는 확실한 주전 1루수가 있고 유망주도 줄줄이 대기 중이다. 낯선 메이저리그에서 30대 중반의 루키가 넘어야 할 산은 높고 험했다.

그러나 이대호는 메이저리그에서 첫 안타를 홈런으로 장식하며 시선을 모았고 며칠 뒤에는 대타 연장 끝내기 2점 홈런을 때려내며 확실하게 눈도장을 찍었다.

이대호의 대타 끝내기 홈런은 한국인 메이저리거 중에 처음 나온 기록이다. 최희섭이 LA 다저스 시절인 2005년 6월 11일 미네소타전에서 5-5로 맞선 9회 말 끝내기 솔로포를 기록했고, 추신수가 클리블랜드 시절인 2011년 8월 24일 시애틀과의 경기에서 더블헤더 1차전 4-5로 뒤진 9회 말에 역전 3점 홈런을 때려낸 적은 있다. 대타 끝내기 홈런은 이대호의 소속 팀인 시애틀 구단 역사상 3번째일 정도로 보기 드문 진기록이다. 또한 만 34세의 이대호는 1950년 당시 만 35세였던 루크 이스터(클리블랜드) 이후 메이저리그 최고령 신인 끝내기 홈런 타자가 됐다.

'신인 톱 10'

2016년 시즌 초반, 이대호의 활약이 계속되자 미국 스포츠 전문 매체인 ESPN은 '신인 톱 10'에 이대호와 오승환을 각각 9위와 10위에 올렸다. ESPN은 "이대호에게 장타에 대한 의심은 없었지만 수비, 적응, 타율에 대한 걱정은 있었다. 그러나 기대 이상의 활약을 하고 있고 시애틀은 지난해보다 더 전략적으로 라인업을 짤 수 있다. 오승환은 내셔널리그 최정상급 구원투수다. 148~150km 정도의 패스트볼을 던지는데 컷 패스트볼 혹은 싱킹 패스트볼처럼 변화가 심하다. 시속 138km

고속 슬라이더와 견고한 스플리터까지 갖췄다. 디셉션의 왕이다"라고 선정 이유를 밝혔다. 많은 사람들이 메이저리그와 마이너리그의 갈림길에 서 있던 그를 보며 걱정했다. 이구동성으로 시애틀 매리너스와 스플릿 계약을 맺은 이대호가 메이저리그에 입성하는 건 '하늘의 별 따기'라고까지 말했다. 그러나 자존심을 버리고 꿈을 좇은 이대호는 성큼성큼 뛰어가더니 그 별을 따냈다. 짧은 기간이었지만 그 여정은 이대호의 야구 인생 전부를 건 만큼 압축된 도전이었다.

나만의 필살기, 인사이드 아웃 스윙

성공한 사람은 무림의 고수처럼 자신만의 필살기를 가지고 있다. 세계적인 쿵후 스타 이소룡은 '절권도'라는 자신만의 무술을 창시했다. 그는 짧고 간결하지만 타격에 집중한 이 무술로 브라운관을 누볐다. "세상 사람들이 축구는 몰라도 베컴은 안다"는 말이 유행할 만큼 잘생긴 외모에 매너까지 겸비한 베컴은 자신의 일대기를 다룬 각종 서적에 영화까지 제작될 만큼 인기를 누렸다. 인기 그룹 스파이스걸스의 멤버 빅토리아와의 결혼도 세간의 화제를 뿌렸다. 그러나 그를 세계적인 스타로 만든 것은 외모나 결혼이 아닌 '택배 크로스', '마법의 프리킥' 등으로 불린 날카로운 패스 능력에 있었다.

메이저리그 투수 랜디 존슨은 100마일을 넘나드는 광속구로 한 시대를 풍미했는데, 그의 전매특허는 '빅 유닛'이라는 별명처럼 208cm의 큰 키와 긴 팔에서 뿜어져 나오는 빠른 공과 슬라이더였다. 위압적인 풍채만으로 타자를 벌벌 떨게 만들었던 그는 빅 리그에서 303승 166패(승률 0.646)에 방어율 3.29의 뛰어난 기록을 남겼다. 반면 신장 182cm의 그렉 매덕스는 랜디 존슨처럼 강속구를 가지고 있지 않았지만, 최상급 제구력을 앞세워 메이저리그에서 355승 277패 방어율 3.16을 작성했다. 그는 17년 연속 15승 이상을 기록한 유일한 투수이고 1992년부터 1995년까지 4년 연속 사이영 상을 수상했으며 골든글러브를 18차례 받았다. 사람들은 그를 향해 '제구력의 마술사', 또는 '아트 피처'라고 불렀다. 그의 필살기는 바로 정밀기계와 같은 제구였다.

이대호의 필살기는

그렉 매덕스

두 가지다. 자신감과 인사이드 아웃 스윙이다. 그의 유별난 자신감은 그의 메이저리그 출사표에 그대로 나타난다. 그는 "어차피 똑같은 야구공이다. 제대로 맞으면 안 넘어갈 공은 없다"라고 말하며 태평양을 건넜다. 기술적으로는 어떤 공도 자신의 타이밍과 타격 존에서 때려낼 수 있는 게 인사이드 아웃 스윙이다.

 인사이드 아웃 스윙은 방망이가 몸 안에서 바깥으로 나가는 타격이다. 이대호와 같은 우타자라면 오른쪽 팔꿈치가 몸통에 붙어 회전한다. 이때 방망이 헤드는 아직 뒤쪽에 남아 있는 상태기 때문에 정밀 타격이 가능해진다. 롯데 자이언츠 시절, 김무관 타격 코치와 함께 완성한 이대호의 인사이드 아웃 스윙은 회전할 때 팔이 겨드랑이에 붙어 나가는 스피드가 엄청났다. 또한 두 손목이 투수 쪽으로 많이 향하는 이대호만의 특징 때문에 방망이와 공이 콘택트 하는 순간, 몸 뒤에 있던 방망이가 용수철처럼 휙 튀어 나왔다. 버드나무 회초리처럼 타구를 날렸다. 이런 회초리 타법은 투수가 던지는 여러 구질을 공략할 수 있고 타구의 비거리가 많이 나오는 특징이 있다. 이대호의 스윙이 굉장히 부드럽지만 장타가 많이 나오는 비결이다. 이대호는 메이저리그의 괴물 같은 투수들을 상대하면서도 자기 스윙으로 안타를 뽑아냈다. 그의 인사이드 아웃 스윙은 누구나 알지만 아무나 따라 할 수 없는 기술이다.

1년간의 외유, 황재균과 배턴터치

이대호는 메이저리그 첫 해에 한 포지션에 기량이 비슷한 두 선수를 번갈아 기용하는 플래툰 시스템으로 출전 기회를 제한받으면서도, 104경기에서 타율 0.253에 14홈런 49타점을 기록했다. 특히 스플릿 계약의 불리함을 딛고 치열한 경쟁에서 살아남아 빅 리그 무대를 누볐다. 그러나 그의 빅 리그 도전사는 1년 만에 끝이 났다. 2017년 친정 팀인 롯데와 4년 150억 원에 계약하며 귀향했다.

이대호가 돌아오자 그의 팀 후배인 황재균이 메이저리그를 향해 떠났다. 황재균은 샌프란시스코 자이언츠와 스플릿 계약을 맺었다. 메이저리그에 올라가면 연봉 150만 달러가 보장되는 계약이다. 황재균은 2016년 스플릿 계약을 맺고 시애틀에서 살아남은 선배 이대호를 보며 희망을 밝혔다.

코리아 빅 리거 살펴보기

KBO 홈런왕
박병호의 도전장

박병호

메이저리그를 준비하다

박병호는 KBO 리그에서 외국인 선수들과 무척 가깝게 지냈다. 언젠가는 미국 메이저리그로 가고 싶다는 열망을 품고 있었다. 박병호는 팀 내 외국인 선수와 자주 식사하는 등 활발한 교류를 하며 타 리그에 대한 궁금증을 풀었다. 영어 공부도 열심히 했다.

    KBO 리그 홈런왕으로 우뚝 선 박병호는 2016년 메이저리그 미네소타 트윈스의 일원이 됐다. 계약 조건은 4년 순수 연봉 1,200만 달러에 5년째 구단 옵션을 포함하면 5년 최대 1,800만 달러였다.

포스팅 시스템을 통해 메이저리그에 입성한 야수 중에서는 일본인 선수 스즈키 이치로에 이어 역대 2번째 금액이었다. 이치로는 2000년 시애틀로부터 포스팅 금액 1,313만 5,000달러를 제시받았고, 계약 조건은 3년간 1,400만 달러였다. 미네소타는 박병호를 영입하자마자 40인 로스터에 포함시켰다. 계약서의 사인이 마르기도 전에 박병호를 주전급으로 분류한 것이다.

박병호의 메이저리그 성공 여부는 빅 리거 투수들이 던지는 '빠른 공'과의 싸움이었다. KBO 리그에선 95마일(153km) 이상의 빠른 직구를 접하기 힘들었다. 메이저리그의 평균 직구 구속은 91.4마일(약 147km)이다. KBO 리그 투수들의 직구 평균 구속은 143km정도다. 약 4km 정도의 차이가 있다.

그런데 메이저리그 투수들의 직구 구속 편차는 심한 편이다. 에이스급 투수들의 평균 직구 구속은 150km 이상이고 150km대 후반의 빠른 공도 쉽게 던진다. 이뿐만이 아니다. 투심 패스트볼, 싱킹 패스트볼 등 변종 직구를 많이 구사해 볼끝 변화가 심하다. 이 때문에 많은 아시아 출신 타자들은 타격 폼

변화를 모색했다. 강정호는 볼카운트에 따라 앞발을 들어 올리고 치는 레그 킥과 두 발을 땅에 붙이고 치는 두 가지 자세를 병행했다. 스즈키 이치로도 미국 진출 후 레그 킥을 버렸다.

박병호는 데뷔 초반엔 승승장구했다. 시범 경기에서는 2경기 연속 홈런을 치며 순조롭게 적응하는 모습이었다. 시즌에 들어가서도 팡팡 장타를 때려냈고, 더그아웃에서도 동료들과 자연스럽게 어울렸다. 그러나 위기는 바로 찾아왔다. 박병호가 적응하는 만큼 상대도 그의 약점을 파악해 집중 공략했다.

부진에 빠진 그는 1할대 타율을 기록하며 마이너리그로 강등됐고 곧이어 수술대에 올라 첫 시즌을 마감했다. 손등 힘줄을 바로잡는 수술을 받았다. 오른손 중지와 손등이 이어지는 손목 쪽에 문제가 생겼다. 수술대에 올라 다음 시즌을 준비할지, 통증을 참고 시즌을 마친 뒤 수술할지를 놓고 고민하다가 수술을 선택했다.

박병호는 2017년 시즌을 마이너리그 신분으로 시작했다. 미네소타 구단은 박병호를 '지명 양도 조치'를 했으나 데려가려는 팀이 나오지 않았다. 미네소타의 스프링캠프에 초청 선수로 참가하게 된 박병호는 실력으로 다시 한 번 메이저리그 도전 길에 나섰다. 3년간의 계약 기간은 보장되어 있다.

코리아 빅 리거 살펴보기

김현수, 신고 선수에서
메이저리거가 되기까지

김현수

신고 선수에서

메이저리거가 되다

김현수는 KBO 리그에서 육성 선수라고 불리는 신고 선수 출신이다. 김현수는 실력이 모자라서 연습생으로 프로 생활을 출발한 것은 아니다. 중학교 시절부터 랭킹 1위를 다투는 타자였고 청소년 대표로 활약했으며 아마추어 최고 타자에게 주어지는 이영민 타격상도 수상했을 정도로 실력이 좋았다. KBO 리그 신인 드래프트에서 지명받지 못한 건 타격이 아니었다. 발이 느려 수비를 못한다는 평가 때문이었다. 고교 시절 때리기만 하면 2루타였기 때문에 굳이 스타트를 일찍 끊을 이유가 없었다. 그러다 보니 전력을 다해 1루로 뛰지 않는 것처럼 보였다.

연습생으로 힘들게 프로 유니폼을 입은 김현수에게 뜻밖의 기회가 찾아왔다. 두산은 2006년 포스트시즌 진출에 실패했고 당시 사령탑인 김경문 감독은 국내에서 남들의 가을 잔치를 지켜보는 대신 일본 미야자키로 교육 리그를 떠난 신인 선수들을 지켜보기로 했다. 그곳에서 배트 컨트롤이 절묘하고 몸을 사리지 않는 과감한 수비로 김 감독의 눈을 단숨에 사로잡은 선수가 있었다. 바로 김현수였다.

김경문 감독의 눈에 든 김현수는 시범 경기에서부터 과감하게 투입했다. 그는 두산의 중심 타자를 거쳐 메이저리그 무대까지 진출하며 김경문 감독의 '눈'과 '감'이 틀리지 않았음을 증명했다.

2016년 볼티모어 멤버가 되었지만, 시작부터 기로에 섰다. 볼티모어 댄 듀켓 단장은 개막을 앞두고 시범 경기에서 극심한 부진에 허덕인 김현수의 25인 로스터 제외를 밝혔다. 김현수는 마이너리그로 내려가는 압박을 받았지만, 이를 거부했다. 계약서에 명시된 마이너리그 거부권을 사용했다. 마이너리그의 설움을 누구보다 잘 알고 있는 선배 메이저리거 추신수는 "한 번 마이너리그로 내려가면 쉽게 올라오지 못한다"며 그의 마이너리그행을 극구 반대했다.

김현수는 메이저리그에서 살아남기 위해 처절하게 노력했고 불과 몇 개월 사이에 시즌 초반 드러냈던 속구에 대한 약점을 극복하며 첫 시즌을 3할 타율로 마무리했다. 홈 개막전에서 쏟아진 팬들의 야유는 박수로 바뀌었다.

김현수는 〈스포츠서울〉과의 인터뷰에서 자신의 5년 후 모습에 대해 "미래를 꿈꾸는 그런 스타일은 아니지만 매일 충실히 보낼 것이고 5년 후에도 야구를 하고 있을 것이다. 어디서 하고 있을지는 모르겠지만 열심히 야구 하는 선수이고 싶다. 나중에 몸을 아끼지 않은 선수로 기억되고 싶다"라고 했다.

코리아 빅 리거 살펴보기

가을 잔치에 참가한
한국인 선수들은?

포스트시즌 경험 1호는 김병현

한국인 메이저리거 중에 가장 먼저 포스트시즌에 진출한 선수는 2001년 애리조나 다이아몬드백스에서 뛰고 있던 '핵 잠수함' 김병현이다.

1999년 약관의 나이에 225만 달러 계약으로 애리조나 유니폼을 입은 그는 첫 시즌에 25경기 27.1이닝을 소화해 1승 2패 2홀드 1세이브 31삼진을 기록했다.

두 번째 시즌에는 61경기 70.2이닝을 던져 6승 6패 14세이브 111삼진에 방어율 4.46으로 활약했다. 그리고 빅 리그 3년차인 2001년에도 5승 6패 19세이브 113삼진으로, 2년 연속 두 자릿수 세이브와 100삼진을 기록했다. 김병현은 꾸준하게 자기 역할을 하며 애리조나가 내셔널리그 디비전 시리즈에 진출하는 데 큰 공을 세웠다.

김병현의 첫 포스트시즌 경기는 2001년 10월 10일 세인트루이스 카디널스와의 디비전 시리즈 3차전이었다. 애리조나가 3-2로 앞선 8회 등판해 1.1이닝 무실점으로 세이브를 올렸다. 첫 테이프를 잘 끊은 김병현은 애틀랜타 브레이브스와의 챔피언십에서도 등판했다. 2~4차전에 차례로 등판하면서 5이닝 무안타 3삼진에 방어율 0의 행진으로 2세이브를 거뒀다. 팀은 월드 시리즈에 진출해 양키스와 마지막 결전을 치르게 됐다.

생애 첫 월드 시리즈에서 마무리 투수로 등판한 김병현은 4차전에서 동점 투런홈런을 맞았고 연장 10회에서도 홈런을 허용해 패전 투수가 됐다. 마운드에서 김병현은 홈런을 직감하고 주저앉았다.

5차전에서도 홈런이 김병현을 울렸다. 2사 이후 동점 투런홈런을 내주면서 월드 시리즈에서 이틀 연속 블론 세이브를 기록했다. 팀도 연장 접전 끝에 패했다. 그러나 애리조나는 6~7차전을 잡아 양키스를 꺾고 정상에 올랐고 김병현은 한국인으로서 처음으로 월드 시리즈 반지를 손가락에 꼈다. 우승 직후 그는 인터뷰에서 "애리조나가 우승을 못했다면 은퇴까지 고려했다"라고 말하며 당시 느낀 엄청난 심적 부담감을 토로했다. 그러나 커트 실링이 김병현에게 "앞으로 애리조나를 이끌어갈 젊은 투수"라고 그를 위로하기도 했다. 실링의 예고처럼 그는 이듬해 36세이브로 내셔널리그 올스타에도 뽑히면서 최고의 한 해를 보냈다.

김병현은 2004년에는 보스턴 레드삭스 소속으로 월드 시리즈 우승에 공헌해 아시아 선수로는 최초로 양대 리그에서 월드 시리즈를 우승한 경험지기 됐다.

박찬호

1994년 LA 다저스 유니폼을 입으면서 메이저리그에 입문한 박찬호는 아시아 최다승 투수에 빛나지만, 포스트시즌과는 쉽게 인연을 맺지 못했다. 데뷔 12년차인 2006년 샌디에이고 시절에 처음으로 가을 잔치 무대에 올랐다. 그해 7승 7패로 나쁘지 않은 성적을 거뒀으나 시즌 후반 부상으로 수술해 남은 시즌이 불투명했다. 그런데 포스트시즌 직전에 복귀했고 세인트루이스와의 내셔널리그 디비전 시리즈 1차전에 출전했다. 최고의 컨디션은 아니었으나 2이닝 무실점으로 호투했다.

박찬호는 2008년 LA 다저스로 돌아와 생애 두 번째 포스트

커트 실링

시즌 마운드에 올랐다. 필라델피아 필리스와의 챔피언십 시리즈 1~2차전과 4~5차전에 출전했다. 많은 이닝을 소화하지는 않았으나 안정감 있는 투구 내용을 보였다. 팀은 시리즈에서 패했는데, 박찬호는 그때 보여준 무실점 호투로 이듬해 필라델피아 필리스로 이적했다.

박찬호는 필라델피아에서 한 번 더 가을 무대를 경험했다. 불펜 투수로 변신한 그는 뉴욕 양키스와 치러진 월드 시리즈에 등판해 프로 데뷔 처음으로 마지막 무대의 분위기를 느낄 수 있었다. 박찬호는 월드 시리즈 2차전과 4~6차전에 등판해 3.1이닝 2안타 3삼진 무실점으로 자신의 역할을 다했다. 아쉽게도 필라델피아가 2승 4패로 양키스에 무릎을 꿇어 우승 반지 획득에는 실패했다. 그러나 이듬해 피츠버그 소속으로 아시아 최다승인 124승을 수확하는 기쁨을 누렸다.

류현진

류현진은 다저스 유니폼을 입은 2013년에 선발의 한 축을 맡으면서 14승 8패 방어율 3.00으로 신인으로서는 좋은 성적을 거뒀다. 그해 팀이 내셔널리그 서부 지구 우승을 확정 지어 류현진은 포스트시즌에서도 선발 등판했다. 그러면서 그는 데뷔한 시즌에 가을 무대를 경험한 첫 번째 한국인이 됐다.

애틀랜타 브레이브스와 경합한 내셔널리그 디비전 시리즈 3차전에 선발로 나오며 생애 첫 메이저리그 포스트시즌 경기를 경험했다. 이 경기에서 류현진은 3이닝 6안타 4실점으로 강판됐다. 디비전 시리즈의 중압감 때문인지 난조를 보였다. 그러나 세인트루이스와의 챔피언십 시리즈에서는 3차전 선발로 출전해 7이닝 3안타 4삼진 무실점의 완벽에 가까운 투구로 승리 투수가 됐다. 류현진은 2013년에 이어 메이저리그 2년차인 2014년에도 포스트시즌 무대를 밟았다. 세인트루이스와의 디비전 시리즈 3차전에 선발 출전해 6이닝 5안타 4삼진 1실점으로 잘 던졌다. 이 경기에서 양 팀은 6회까지 1-1로 팽팽한 승부를 펼쳤고, 류현진은 승패를 기록하지 못했다.

추신수

메이저리그에서 가장 성공한 한국인 타자로 손꼽히는 추신수는 3차례 포스트시즌 무대에 올랐다. 2005년 데뷔한 뒤 8년이 흐른 신시내티 시절에 포스트시즌을 경험했다. 신시내티가 내셔널리그 와일드 카드 2위를 기록했고, 추신수는 포스트시즌에 진출한 한국인 야수 1호가 됐다. 추신수는 피츠버그와의 내셔널리그 와일드 카드 경기 8회 타석에서 솔로홈런을 쏘아 올리는 등 3타수 1안타 1홈런 1타점으로 화려한 신고식을 했다. 그러나 신시내티가 2-6으로 패하며 추신수의 포스트시즌은 한 경기로 끝났다.

그러나 추신수는 2014년 텍사스로 7년 동안 1억 3,000만 달러 FA 계약으로 이적해 다시 가을 무대에 올랐다. 2015년 텍사스는 아메리칸리그 서부 지구 우승을 차지해 디비전 시리즈에 나갔고 추신수는 토론토와의 5경기에 모두 선발 출전했다. 1차전 무안타로 주춤했지만 2차전에서는 1회 1타점으로 팀 승리에 보탬을 줬고 5차전에서는 솔로홈런으로 개인 통상 두 번째 포스트시즌 홈런을 기록했다.

추신수는 이듬해인 2016년에도 포스트시즌을 경험했다. 토론토와의 아메리칸리그 디비전 시리즈 1차전에 선발 출전해 1타점을 기록했다. 그러나 팀은 3연패로 가을 야구의 막을 내렸다.

알고 보면 더 재미있는 메이저리그

★★★

3 이닝

메이저리그의 전설적인 홈런왕 베이브 루스는 메이저리그 역사상 가장 쾌활하고 정감 있는 인물로 알려져 있다. 호탕한 악동으로 유명한 그는 메이저리그 22시즌 동안 통산 714개(1915~1935년)의 홈런을 쳤다. 배리 본즈 같은 여러 슬러거들이 스테로이드 복용으로 명예가 실추되자, 라이브 볼 시대를 열어젖힌 루스의 홈런은 더 높은 가치를 인정받고 있다.

알고 보면 더 재미있는 메이저리그

홈런왕,
알고 보면 **투수 출신?**

베이브 루스

메이저리그의 전설적인 홈런왕 베이브 루스는 메이저리그 역사상 가장 쾌활하고 정감 있는 인물로 알려져 있다. 호탕한 악동으로 유명한 그는 메이저리그 22시즌 동안 통산 714개 (1915~1935년)의 홈런을 쳤다. 배리 본즈 같은 여러 슬러거들이 스테로이드 복용으로 명예가 실추되자, 라이브 볼 시대를 열어젖힌 루스의 홈런은 더 높은 가치를 인정받고 있다. 그는 메이저리그 초창기에 홈런으로 미국 야구의 토대를 닦은 주인공이다. 베이브 루스의 홈런 기록은 후배 빅 리거들에 의해 깨진 지 오래지만, 미국인들은 루시안(Ruthian, 장쾌한 또는 비범한)이라는 단어로 그에 대한 경외심을 표현하고 있다.

그런데 루스는 714개의 홈런을 치기 전에 매우 훌륭한 좌완 투수기도 했다. 통산 기록이 100승에 가까운 94승 46패 방어율 2.28라는 준수한 기록을 남겼다. 그는 19살이던 1914년 볼티모어 오리올스에 입단해 좌완 투수로 선수 생활을 시작했는데 첫 스프링캠프에서 한 코치가 덩치 큰 그

베이브 루스

를 보고 '베이브(풋내기)'라고 부르면서 베이브 루스가 됐다. 본명은 조지 허먼 루스 주니어다. 그해 보스턴 레드삭스로 이적해 3년간 마이너리그에서 65승 33패를 기록하며 당시만 해도 희귀했던 좌완 선발로 인정받게 된다. 그는 마이너리그 3시즌 동안 9개의 홈런을 치는 다재다능한 타자이기도 했는데 메이저리그에 올라가서는 1918년 11홈런을 치며 뜨거운 타격감을 분출하기 시작했다.

보스턴 구단에서도 루스가 4경기 중에 3경기를 벤치에 앉아 있게 하기엔 너무 아까운 선수라는 사실을 인지했다. 그래서 선발 투수가 아닐 때는 외야수나 1루수로 내보냈고, 루스는 11홈런에 3할을 기록했다. 마운드에서의 활약은 계속 이

어졌다. 그해 월드 시리즈에서 두 번 선발 출전해 방어율 1.06의 짠물 투구를 기록했다. 이듬해인 1919년부터는 130경기에서 17번 투수로 등판했고, 대부분 타자로 활동하며 29홈런에 타율 0.322를 기록했다.

그리고 1920년 양키스에 팔려간 이후부터 타격에 주력하게 된다. 핀 스트라이프 유니폼을 입고서는 투수로 딱 한 번 마운드에 올랐고 타석에서는 괴력을 발휘하며 54홈런을 쳤다. 1921년엔 59홈런으로 팀을 동부 지구 우승으로 이끌었다.

오 사다하루

세계 홈런 신기록은 일본의 오 사다하루가 가지고 있다. 그는 외다리 타법이라는 독특한 타격 폼으로 개인 통산 868개의 홈런을 기록했고 이는 세계 신기록이다. 메이저리그에서는 오 사다하루의 기록을 인정하지 않는 분위기인데, 수치만 놓고 보면 배리 본즈의 메이저리그 최다 홈런 기록인 762개를 100개 가까이 넘는다.

그런데 오 사다하루 역시 베이브 루스처

오 사다하루

럼 투수에서 타자로 전향해 성공했다. 요미우리 자이언츠에 투수로 입단했는데, 당시 미즈하라 시게루 감독이 고졸 신인인 그를 향해 "너는 투수로 성공하지 못한다"라고 했다. 폼은 부드러웠지만, 투수로 성공할 만한 확실한 장점이 없다는 평가였다. 투수로 성공하고 싶었던 오 사다하루는 잠시 절망했지만, 타석에서 자신의 진가를 화려하게 발휘했다. 타자로서 홈런왕 15회, 타점왕 13회를 차지하며 최고 타자의 반열에 올랐다. 50홈런 이상을 3회 쳤고 만 35세의 나이인 1977년에도 50홈런을 때려내며 선수의 황혼기에도 홈런 쇼를 멈추지 않았다.

김성한

국내에도 베이브 루스처럼 투타에서 뛰어난 재능을 갖춘 선수가 존재했다. 고교 시절에는 투타 겸업이 흔하지만 프로에서 투수와 타자 양쪽에서 두각을 보이기는 어려운데 예외가 있었다. 해태 타이거즈의 김성한이 그랬다. 그는 프로에서 뛴 14시즌(1982~1995년) 동안 타점왕 2회, 홈런왕 3회, 최다 안타 2회를 기록했다. KBO 최초 20홈런-20도루를 작성했고 KBO 최초 30홈런을 돌파했다. 그는 프로야구 원년인 1982년에 13홈런 3할 타율에 69타점으로 타점왕을 거머쥐며 첫해부터 거포로서 인정받았다. 놀라운 점은 같은 해인 1982년에 투수로서 10승을 기록했다는 점이다. 투수와 타자의 경력이 모두 화려하다. 김성한은 1985년까지 투타를 겸업했는데, 해태가 프로야구 원년에 14명이라는 초미니 선수단으로 출발한 탓에 타석과 마운드를 번갈아 서야 했다.

투수 출신 타자가 성공하는 이유

투수 출신이 타자로 성공할 수 있는 것은, 할 수 있다는 타고난 자신감이 장 큰 이유가 되겠지만, 그 외에 몇 가지 이유가 더 있다. 어릴 때 보면, 대개 체격 조건이 좋고 운동신경이 뛰어난 선수가 투수가 된다. 투수로 성공할 정도면 타자로서도 성공할 만한 기본적인 하드웨어를 갖추고 있다. 그리고 투수의 경우, 어깨가 좋을뿐더러 중심 이동에 능숙하고 하체 밸런스가 좋다는 점도 타석에서 공을 멀리 쳐 보내는 데 유리하다. 그래서 150km 이상 던지는 강속구 투수는 장타자의 소질도 함께 가지고 있다.

메이저리그 역사상
가장 극적인 홈런의 비밀

세상에 울려 퍼진 한 방

세상에 울려 퍼진 한 방(Shot Heard Round the World)으로 회자되는 홈런이 1951년 뉴욕 폴로 그라운드에서 나왔다. 이 홈런은 메이저리그 역사상 가장 극적인 홈런으로 기억된다.

그해 브루클린 다저스(현 LA 다저스)는 시즌 중반까지 숙적인 뉴욕 자이언츠(현 샌프란시스코 자이언츠)를 10경기 이상 앞서고 있었다. 개막 초반부터 11연패에 허덕였던 자이언츠는 8월 들어 16연승으로 다저스를 맹렬하게 추격하더니 끝내 동일한 승률로 시즌을 마쳤다. 결국 양 팀은 내셔널리그 우승을 놓고 플레이오프 3연전을 치르게 됐다.

플레이오프도 치열하게 치러졌다. 양 팀이 1승씩을 나눠

랄프 브랑카와 바비 톰슨

가지며 3차전에서 우승의 향방이 갈리게 됐다. 운명의 3차전에서는 다저스가 9회 말 1사까지 4-2로 앞서며 우승컵을 거의 손에 쥐는 듯했다. 다저스의 찰리 드레센 감독은 9회 말 1사 2, 3루로 쫓기게 되자 마운드에서 돈 뉴캄을 내리고 랄프 브랑카를 올렸다. 타석에서는 바비 톰슨이 방망이를 움켜잡고 마운드를 노려보고 있었다. 톰슨은 1구 스트라이크를 지켜본 뒤, 2구째 몸 쪽 높은 공을 통타해 왼쪽 담장을 넘겨버렸다. 끝내기 역전 3점 홈런이었다. 톰슨은 극적인 홈런으로 영웅이 되었고 자이언츠는 내셔널리그 우승을 차지했다.

반면 투수 브랑카는 홈런을 허용하며 다잡은 우승을 떠나 보냈다. 그렇게 메이저리그 역사상 가장 극적인 홈런을 맞은 패전 투수로 남게 됐다. 시즌 중에 자이언츠보다 한때 13.5경기까지 앞섰던 다저스는 9회 언어맞은 한 방으로 월드 시리즈 진출 티켓을 내줬다. 브랑카는 1990년 〈AP통신〉과의 인터뷰에서 "만약 살인을 저질러 종신형을 선고받더라도 20년을 복역한 뒤 가석방될 수도 있겠지만, 나는 절대 가석방될 수가 없다"며 홈런을 맞은 이후의 엄청난 자책감을 고백하기도 했다.

그런데 '세상에 울려 퍼진 한 방'이 훔친 사인의 결과라는 주장이 나왔다. 2001년 〈월스트리트저널〉은 "1951년 당시 자이언츠 선수들이었던 몬테 어빈, 살 이바스, 알 게틀이 포수의 사인을 훔친 것을 시인했다"며 뉴욕 자이언츠가 폴로 그라운드 외야에서 망원경과 버저 시스템을 활용해 포수 사인을 조직적으로 훔쳐봤다는 폭로 기사를 실었다. 〈월스트리트저널〉은 톰슨의 홈런도 브랑카의 구종을 미리 알고 있었기 때문에 가능했다는 의혹도 제기했다.

그러나 톰슨은 "팀에서 사인을 보냈을지 몰라도 나는 받지 못했다"라고 결백을 주장하고는 2010년 세상을 떠났다. 그는 14시즌 동안 활약하며 통산 타율 0.270에 264홈런, 1,026타점을 기록했다. 비운의 투수가 된 브랑카는 "엎질러진 우유를 놓고 울어봐야 뭐하나. 사인을 훔쳤다고 다 홈런을 치는 것도 아니다. 톰슨이 사인을 훔쳐서 홈런을 쳤다면 그는 평생 거짓말과 함께 살아가야 할 것"이라고 했다. 브랑카는 2016년 타계했고 메이저리그 12시즌 동안 88승 68패 방어율 3.79를 기록했다.

알고 보면 더 재미있는 메이저리그

투수의 탄생

투수가 없다?

야구에서 처음에 투수는 없었다. 투수는 단지 타자가 공을 칠 수 있게 공을 던져주는 역할이었다. 그래서 야구 초창기에 투수는 오버핸드가 아닌 언더핸드로 던졌다. 손목으로 스냅을 주는 것도 금지였다.

당시 투구는 강하게 던지는 'throw'가 아닌 목표점에 공을 나르는 'pitch'였다. 타자는 타석에서 투수가 던질 위치를 지정했고, 투수는 최대한 가깝게 던졌다. 투수가 'thrower'가 아닌 'pitcher'가 된 이유다. 공을 던진 거리는 18.44m(60피트 6인치)가 아닌 13.72m(45피트)였는데, 사실 투수가 세게 던질 수도 없었다. 포수에게 오늘날과 같은 안전 장비가 없었기 때문이다.

투수와 타자의 승부

투수가 타자와 제대로 된 승부를 펼친 건 1858년부터다. 뉴욕의 크레이턴이라는 투수가 손목을 이용해 빠른 공과 변화구를 던지며 타자를 속수무책으로 만들었다. '야구의 아버지' 헨리 채드윅이 그의 투구에 대해 두뇌 피칭이라고 인정하며, 변방에 있던 투수가 야구의 중심으로 이동했다.

투수의 위치가 바뀌며 야구 규칙에도 변화의 바람이 불었다. 1872년 투수의 손목 사용을 허용했고 1884년에는 오버핸드로 속구를 던지게 됐다.

1888년부터 3스트라이크 아웃과 볼넷이 적용되며 지루했던 야구가 투수와 타자의 본격적인 맞대결로 변했다. 투수가 진화하며 불리해진 타자와의 균형을 맞추기 위해 1893년에는 투수 마운드에서 홈 플레이트까지의 거리가 18.44m로 확정됐다.

최초의 커브

최초의 변화구는 커브다. 발명자는 두 명으로 모아진다. 브루클린 익셀시어스의 투수였던 윌리엄 아서 커밍스는 자신의 왜소한 체격을 극복하기 위해 타자를 잡아낼 수 있는 마구 개발에 매달렸다. 그는 손목을 비틀어 던지면 공이 휘는 걸 우연히 발견했고 많은 연습 끝에 커브의 제구에 성공했다. 1867년 케임브리지 하버드와의 경기에서 처음 커브를 던졌다고 전해진다. 그는 마구를 앞세워 성공을 거뒀고, 1876년 내셔널리그 신시내티에 입단해 21승을 거뒀다.

프레드 골드스미스는 자신이 커브를 발명했다고 주장했다. 그는 1870년에 커브 시범을 보였다. 마운드와 홈 플레이트 사이에 말뚝을 박고 투구를 했는데, 공이 말뚝 옆으로 휘면서 포수에게 날아가게 해 사람들을 놀라게 했다. 그런데 커밍스와 골드스미스 외에도 커브를 던졌다는 여러 기록이 있어 최초 발명자는 정확히 알 수 없다. 결국 헨리 채드윅의 지지를 받은 커밍스에게 커브 발명의 영예가 돌아갔다.

데드 볼 시대

초기의 야구공은 작은 돌이나 고무를 실로 감은 뒤에 가죽이나 천으로 감싸 제작했다. 19세기 중반까지 투수가 던질 공을 자기 손에 맞게 직접 만들었다. 당시 공은 현대 야구공에 비해 가볍고 말랑말랑했다. 그래서 피구처럼 공을 던져 주자를 맞추면 아웃시킬 수 있었다.

야구공의 규격은 1876년 현재 사용 중인 크기와 무게로 통일되었는데, 성질은 달랐다. 반발력이 약해 타구가 멀리 날아가지 않았다. 타자는 홈런과 같은 장타가 아닌 땅볼을 치고 나가 도루를 통해 득점을 올리는 데 주력했다.

잘 날아가는 공은 실을 느슨하게 감아 반발력을 약하게 했다. 공 하나를 가지고 경기 내내 쓰다 보니 반발력이 자연스럽게 약해지기도 했다. 그러다 보니 깨끗한 공을 보기 힘들었다. 투수는 씹는 담배나 침을 뱉어 공을 일부러 더럽게 만들었다. 던지는 공이 지지분해질수록 투수가 유리했는데, 타자 입장에서는 점점 검게 변하는 공이 잘 보이지 않았기 때문이다.

또한 이 시대에는 침을 바르는 스핏 볼과 샤인 볼, 사포로 문지르는 에머리 볼, 진흙을 바르는 머드 볼처럼 공에 변형을 주거나 이물질을 바르는 게 불법이 아니었다.

사이 영

메이저리그 최다승 투수는 19세기에 267승, 20세기에 244승을 거두며 통산 511승이라는 업적을 쌓은 덴턴 트루 영이다. 그가 사이 영으로 불리게 된 것은, 오하이오의 마이너리그 팀 캔턴에서 배터리를 이룬 포수가 "공이 사이클론처럼 빠르다"라고 감탄했고 이를 기자들이 사이라고 줄여 쓴 데서 유래한다. 사이는 시골뜨기라는 뜻도 있는데 영이 오하이오의 농부 아들로 태어나 얻은 별명이라는 설도 있다.

사이 영의 강속구는 태풍 소리를 내며 날아갔고 타자들은 공을 제대로 보지도 못했다는 소문 그리고 포수는 포구하는 손이 얼얼해 미트에 고기 덩어리를 넣

사이 영

고 받았다는 이야기가 전설처럼 전해 내려온다. 사이영이 현대 야구에서 불가능한 511승을 기록할 수 있었던 이유는, 데드 볼 시대를 살았기 때문이다.

1893년까지는 투수판과 홈 플레이트 간 거리가 13.72m(45피트)로 짧았고 마운드의 높이는 1903년이 되어서야 38.1cm(15인치)로 통일됐다. 사이 영을 비롯해 19세기 초까지 뛴 투수들은 야구 규칙이 현대화되기 전까지 많은 도움을 받은 게 사실이다.

라이브 볼 시대

데드 볼 시대가 가고 1921년부터 라이브 볼 시대가 열렸다. 말랑말랑한 느낌의 죽은 공이 아닌 단단하게 살아 있는 공을 사용하게 됐다. 야구공 안의 심을 미국산보다 강한 호주산 실로 꽉 조이며 반발력이 대폭 향상됐다. 그러자 타율은 1921년을 기점으로 0.263에서 0.291로 올라갔고 평균 득점도 7.75에서 9.71로 뛰었다. 라이브 볼 시대는 이전에 비해 3가지 변화를 가져왔는데 첫째, 빈볼이 불법의 범위에 들어가며 고의적 빈볼은 퇴장 명령을 받았다. 1920년 8월 17일 뉴욕 양키스의 투수 칼 메이스가 던진 스핏 볼에 레이 채프먼이 머리를 맞아 사망한 게 큰 영향을 끼쳤다. 둘째, 채프먼의 사고는 타자가 공을 잘 볼 수 있게 깨끗한 공을 사용하게 했다. 셋째, 스핏 볼과 에머리 볼과 같은 변칙구가 금지됐다. 그리고 이러한 변화는 메이저리그의 호황기를 부른 베이브 루스의 탄생으로 이어졌다.

알고 보면 더 재미있는 메이저리그

삼진왕 놀런 라이언이 밝히는
승리의 비법

마운드에서 타자를 압도하는 비결

놀런 라이언

놀런 라이언은 마운드에서 타자를 압도하는 비결은 집중력이라고 했다.

"빠른 공을 늘 원하는 곳에 꽂아 넣기 위해서는 무시무시한 집중력이 필요하다. 단 1초의 해이함도 용납되지 않는다. 투수를 조기 은퇴로 내모는 주범이 정신력 탈진이다."

라이언은 타자와의 싸움에서 유리한 고지를 점유하기 위해 공격적으로 투구했다. 그 핵심은 타자의 몸 쪽으로 공을 던지는 것이다. 언제라도 몸 쪽을 던질 수 있다는 것을 보여주면 타자가 투수를 대하는 자세가 달라진다. 투수가 홈 플레이트 안쪽을 지배하면 바깥쪽까지 지배할 수 있다.

하지만 몸 쪽 공은 양날의 검이다. 가운데로 몰리면 타자에게 공략당하고 안쪽으로 쏠리면 몸에 맞는 공을 허용하게 된다. 따라서 매우 신중하게 던져야 한다.

그리고 빠른 공의 위력을 배가시키기 위해서는 변화구와 조화를 이뤄야 한다. 강속구로만 밀어붙이면 타자가 대응할 수 있다. 라이언은 커브와 체인지업을 갈고닦았고, 단순한 강속구 승부가 아닌 여러 구종을 효율적으로 구사하는 전략을 활용했다.

그 전략의 핵심은 볼카운트 싸움이다. 초구부터 스트라이크를 던질 수 있다면 타자를 요리하는 게 훨씬 수월하다. 투수가 유리한 볼카운트를 확보하면 구종의 선택지가 넓어진다. 반대로 타자의 머릿속은 더 복잡해진다. 라이언은 "대부분의 타자는 1볼 2스트라이크나 2스트라이크로 몰리면 자신감을 잃고 원래의 타격 스타일을 포기한다"고 했다.

마지막으로 놀런 라이언은 "투수가 던질 수 있는 최고의 공이 공략당해도 절대 자신감을 잃으면 안 된다"고 강조했다. 경기를 하다보면 모든 상황이 자신에게 불리하게 치닫는 시점이 찾아오는데, 그럴수록 여유를 갖고 마음을 가다듬어야 한다는 것이다. 감정에 사로잡혀 통제력을 잃지 말고, 공 하나 때문에 다음 공까지 실투가 되지 않게 막아야 한다.

알고 보면 더 재미있는 메이저리그

볼 배합이란 타석의 타자가 여러 생각을 하게 만드는 것

제이슨 켄달에게 볼 배합이란?

야구의 진정한 공격자는 타자가 아닌 투수다. 그리고 그 투수를 조종하는 선수가 마크스를 쓴 포수다. 그라운드의 야전 사령관인 포수는 볼 배합으로 투수를 리드한다. 16년간 메이저리그에서 안방을 지킨 제이슨 켄달은 자신의 경험담을 녹여 쓴 《이것이 진짜 메이저리그다》를 통해 메이저리그의 볼 배합에 대해 설명했다.

그는 "투수와 포수의 볼 배합은 타석의 타자가 여러 생각을 하게 만드는 것"에서 시작한다고 밝히며 "타자가 두 달 전에 2스트라이크 상황에서 체인지업에 당했다면 그는 이번에는 체인지업을 기다릴 것이다. 여기서 볼 배합의 묘미가 발생한다.

포수는 그날 투수의 컨디션을 고려해 다시 한 번 체인지업을 던질지 말지를 선택한다. 이때 노련한 타자라면 지난번과 달리 체인지업이 아닌 싱커가 들어올 수 있다는 가능성을 열어 놓는데 그것까지 고려해 볼 배합을 해야 한다"고 했다.

켄달은 상황에 맞는 가장 좋은 볼 배합은 이미 정해져 있다고 했다. 이전 기록이 차곡차곡 축적되어 데이터로 나와 있기에 그렇다. 그러나 막상 포수 마크스를 쓰면 데이터가 알려주는 대로 볼 배합을 하지 않는다고 했다. 그는 "경기 상황, 투수 구위, 타자 노림수가 모두 녹아 들어가 새로운 볼 배합이 탄생한다"라고 했다. 특히 메이저리그 최상급 타자에게는 볼 배합 공식이 존재하지 않고, 타석마다 순간적으로 볼 배합을 바꿔야 한다고 강조했다.

켄달은 노련한 포수의 가치에 대해 논하며 "포수는 타자의 미세한 변화를 감지한다. 스탠스 폭의 변화, 발의 위치 변화를 살핀다"고 했다. 다음 공에 대비하는 타자의 심리을 잡아내는 것이다. 타자가 앞발을 홈 플레이트 쪽으로 1cm 정도 이동하면 바깥쪽을 노리는 것이기에 이때는 몸 쪽 공을 요구하고, 반대로 1cm 홈 플레이트에서 떨어진다면 이때는 타자가 몸 쪽에 대비하는 것이기에 볼 배합은 바깥쪽으로 낮게 들어간다.

타자의 손 높이 변화도 중요하다. 투수가 빠른 공을 여러 개 던지면 타자의 손 높이가 자연스럽게 내려온다. 몸이 강속구를 준비하는 것인데, 이때는 반대로 브레이킹 볼을 던져 요리하는 식이다. 그러나 켄달은 볼 배합의 핵심은 타자의 강점을 생각하기보다는 투수의 강점에 바탕을 둬야 한다고 했다. 어느 리그든 안타의 90%는 홈 플레이트 가운데 몰리는 공에서 나오기 때문이다.

알고 보면 더 재미있는 메이저리그

마운드의 높이가
낮아진 이유

유일하게 볼록하게 솟아 있는 곳

평평한 그라운드에서 유일하게 볼록하게 솟아 있는 곳이 있다. 투수가 공을 던지는 마운드가 그렇다. 그곳만 흙을 쌓아 높게 만든 건, 투수들을 위한 어드밴티지다. 투수는 높이가 채 30cm가 안 되는 그곳에서 절대 고독을 느끼기도 하지만, 마운드가 높을수록 타자가 치기 힘든 각을 만들어낼 수 있다.

장신 투수가 공을 던지면 타석의 타자는 마치 공이 2층에서 떨어지는 듯한 느낌을 받는다. 타자는 날아오는 공의 궤적을 보기 힘들어진다. 선이 아닌 점을 찾아 스윙해야 하는 상황에 직면한다. 그래서 타자 입장에서는 투수가 지면으로 내려올수록 고맙다.

타격을 할 때 다운 스윙, 레벨 스윙, 어퍼 스윙 등 여러 타격 방식이 있다고 해도, 타격 순간에는 투수가 던진 공에 수평으로 방망이가 맞아야 양질의 타구가 나온다. 마운드가 낮아질수록 공의 궤적은 점이 아닌 선으로 보이고, 수평으로 타격하기가 수월해진다.

투고타저의 결과

야구 초창기에는 마운드가 솟아 있지 않았고 투수 박스만 그려져 있었다. 메이저리그에서는 1903년에 처음으로 마운드 높이를 15인치(38.1cm)로 규정했다. 이후 투고타저 현상이 심해지자 마운드의 높이가 낮아졌다.

1968년에 한 시즌 팀 최다 득점이 신시내티 구단이 기록한 4.5점에 그치고, 타격왕도 보스턴의 칼 야스트렘스키가 0.301의 역대 최저 타율을 기록한 게 결정적 계기가 됐다.

결국 메이저리그는 마운드 높이를 15인치에서 10인치(25.4cm)로 하향 조정했다. 그 높이가 지금까지 이어지며 국제 대회에서도 적용되고 있다.

그런데 마운드가 높다고 모든 투수가 좋아하지는 않는다. 낮은 궤적을 그리는 언더핸드 투수는 오버핸드와 달리 마운드가 낮을수록 유리하기 때문이다.

알고 보면 더 재미있는 메이저리그

메이저리그
최악의 실책은?

불가능한 플레이를 평범하게 보이게 하는 능력

메이저리그에서 뛰고 있는 선수들은 지구상에서 운동신경만 놓고 보면 타고난 존재다. 일반인들의 운동 능력을 초월한다.

이들이 평범한 사람과 다른 점은 불가능한 플레이를 평범하게 보이게 하는 능력이다. 너무나 어려운 타구를 손쉽게 처리한다.

그래서 한 수 아래 리그에서는 무척 어렵게 처리할 타구가 메이저리그에서는 평범한 타구로 둔갑한다. 그들의 플레이를 보면 야구가 참 쉬워 보인다.

그러나 메이저리거도 사람이다. 사람은 실수를 한다. 고로 메이저리거도 실수를 범한다. 굳이 소크라테스의 3단 논법을 들먹이지 않더라도 날고 기는 빅 리그 선수들도 실수를 한다.

결국은 실수를 줄이는 게 선수 평가의 기준이 되고, 실책을 최소화하는 팀이 승리한다.

경기의 향방을 가르는 실책

실수와 실책은 포스트시즌과 같은 큰 경기에서 도드라진다. 실책 하나가 경기의 향방을 가르기 일쑤다. 유격수는 땅볼을 잡으려다가 알을 까고 포수는 블로킹한 공을 눈앞에 두고 다른 곳을 찾는다. 외야수가 포구한 공이 다시 튕겨 나오기도 한다. 조금이라도 빨리 잡아 송구하려는 마음이 실책을 부른다.

딱 하나의 결정적 실책으로 희비가 갈린다. 2016년 아메리칸리그 디비전 시리즈에서는 실책으로 인해 역대 최초의 진기록이 나왔다.

토론토는 홈구장인 로저스 센터에서 열린 텍사스 레인저스와의 아메리칸리그 디비전 시리즈 3차전에서 연장 승부 끝에 승리하며 아메리칸리그 챔피언 시리즈에 진출했다. 메이저리그 역대 최초의 끝내기 실책이 양 팀의 운명을 갈랐다.

토론토는 6-6으로 맞선 연장 10회 1사 1, 2루 기회에서 러셀 마틴이 내야 땅볼을 쳤다. 병살타로 이닝이 끝날 수 있는 상황이 만들어졌다. 그런데 2루수 오도르의 1루 악송구로 인해 타자가 살았다. 그 사이 2루 주자 조쉬 도날드슨은 3루를 돌아 홈까지 파고들었다.

텍사스의 1루수 모어랜드가 급히 홈으로 송구했지만, 홈 플레이트를 향해 슬라이딩을 한 도널드슨의 손이 더 빨랐다. 토론토가 아메리칸리그 챔피언 시리즈 진출이 확정되는 순간이었다.

텍사스는 포스트시즌에서 끝내기 실책으로 시리즈에서 패배한 최초의 팀이 되었다. 공 하나가 부른 결과였다.

알고 보면 더 재미있는 메이저리그

WAR이란
뭘까

야구는 기록의 스포츠다

선수들이 기록하는 세세한 수치 하나가 통계화되고 있다. 그 통계를 기반으로 세이버매트릭스가 발전하며 여러 지표가 파생되었는데, 그중에서도 WAR은 일괄적 평가가 가능한 통합 지표라고 볼 수 있다. 선수 능력을 측정하는 여러 가지 수치를 여러 지표로 나눠서 보지 않고, WAR이라는 하나의 통계로 전체적인 가치를 가늠할 수 있다는 의미다.

WAR은 'Wins Above Replacement'의 줄인 말로, 대체 선수와 비교해 팀 승리에 기여한 정도를 산출한다. 여기서 대체 선수의 범위는 평균 이하의 성적에 시장에서 쉽게 구할 수 있고 많이 뛸수록 팀 성적에 악영향을 끼치는 선수다. WAR

은 대체 선수에 비해 얼마나 승리에 기여했는지 나타내는 수치로 WARP(Wins Above Replacement Player)라고도 한다. WAR은 한마디로 '승리 공헌도'다. WAR이 0과 1사이에 있으면 대체 수준의 선수이고, 1~2는 백업, 2~3은 주전급, 3~4는 우수 선수, 4~5는 올스타급, 5~6은 전국구 스타, 6 이상은 최우수 선수에 해당한다. 만약 추신수의 WAR이 4.5라면 팀에 4.5승 정도를 더 안겨주었다는 것이다. 메이저리그 선수들 대부분이 WAR -1에서 +1 사이에 위치한다. 1,000여 명의 선수 중에 WAR 4를 넘어가는 선수는 채 10%가 되지 않는다.

WAR은 종합 기록으로 그 선수의 포지션과 소속 리그, 구장 환경까지 포함해 산정한다. 다양한 기록을 상황에 따라 계산하고 보정해야 하기 때문에 산출 방식이 복잡하고 평가자에 따라 수치가 다르게 나올 수 있다. 문제점은 더 있다. 특히 포수의 수비 역량에 대해서는 연구가 진행 중이라 '평균치'를 대입해 계산하는 맹점이 있다. 또한 어떤 선수의 WAR이 3이라고 하면 3승을 보태주었다는 것인데, 그 3승의 가치가 팀에 따라 달라진다. 그럼에도 WAR가 각광받는 이유는, 일반적인 공격 지표인 타율이나 홈런처럼 한쪽 부분에 치우치지 않고 선수의 공수주(공격, 수비, 주루) 데이터를 모두 포함해 계산하기에 전체적 가치를 분석할 수 있는 장점 때문이다.

알고 보면 더 재미있는 메이저리그

메이저리그의
도미니칸 파워

메이저리그의 보물 상자

쿠바의 동쪽이며 푸에르토리코의 서쪽에 히스파니올라 섬이 있다. 중미에서 쿠바 다음으로 큰 섬인데, 한국 면적의 80% 정도 된다. 아름다운 카리브 해에 위치한 이 섬에는 두 개의 나라가 함께 있는데, 서쪽의 아이티와 동쪽의 도미니카가 국경을 맞대고 있다. 인구는 각각 1,000만 명쯤 된다. 오랜 세월 외세에 시달리며 두 나라는 무척이나 달라졌는데, 아이티는 프랑스어를 쓰고, 도미니카는 스페인어를 사용하고 있다.

아이티는 2010년에 진도 7의 대지진으로 이재민이 150만 명 발생해 전 세계 뉴스를 탔고, 도미니카는 잘 알려진 것처럼 메이저리그의 최대 젖줄이다. 메이저리그 올스타를 뽑으면

새미 소사

대부분 도미니카 출신일 정도다. 페드로 마르티네스, 블라디미르 게레로, 새미 소사, 데이비드 오티스, 매니 라미레스, 앨버트 푸홀스, 호세 레이예스, 호세 바티스타 등 도미니카 출신은 셀 수 없을 만큼 많다. 도미니카는 경제적으로 빈곤한 나라지만, 메이저리그에는 보물 상자와 같다. 메이저리그 30개 각 구단은 도미니카에 야구 아카데미를 열어 원석 발굴에 신경을 많이 쓰고 있다. 도미니카의 아이들은 가난에서 벗어나기 위해 어릴 때부터 야구공을 잡고 있다.

현재 메이저리그 로스터의 10% 이상이 도미니카 출신이고 마이너리그는 30%에 육박하고 있다. 도미니카 전체 인구에 비해 재능 있는 야구 선수가 많이 배출되는 이유는 조기 교육과 성공에 대한 열망이라고 볼 수 있다. 앞으로도 작고 가난한 이 섬에서 미래의 메이저리그 스타들은 계속 등장할 것이다.

알 고 보 면 더 재 미 있 는 메 이 저 리 그

사치세가
뭘까

'샐러리 캡'과 '사치세'

메이저리그에서는 '샐러리 캡'이 없는 대신 '사치세'가 있다. 샐러리 캡은 선수들의 연봉 총액을 정해놓고 그 이상을 넘지 못하게 제한하는 제도다. NBA에서 처음 시작됐는데, 부자 구단이 좋은 선수를 싹쓸이하자 샐러리 캡이 마련됐다. 팀 간 실력 차가 너무 벌어지는 것을 방지하는 안전장치가 샐러리 캡이다. 이를테면 샐러리 캡이 1억 달러면 그 한도 내에서 소속 선수들이 연봉을 나눠 가져야 한다. 이 제도가 정착되며 최고 기량의 선수 여러 명을 한 팀이 독점하기 어렵게 됐다.

 메이저리그에서는 유명 선수들의 계약 자유 원칙을 위반하는 요소가 있는 샐러리 캡을 도입하지 않고 사치세를 신설했

다. 사치세는 팀 전체 연봉이 일정액을 초과하면 내는 세금이다. 샐러리 캡과 마찬가지로 리그 전체의 전력 평준화를 유지하기 위해 고안됐다. 그래서 사치세는 균등 경쟁세라고도 불린다.

사치세의 기준은 만들 당시에 연봉 5위 팀과 6위 팀의 중간 금액으로 삼았다. 사치세는 메이저리그 시장의 규모가 커지면서 덩달아 올라가고 있는데, 2017년 기준은 1억 9,500만 달러다. 2019년이면 2억 달러를 넘게 되고 2021년이면 2억 1,000만 달러까지 상승하게 된다.

사치세를 강화하기 위해 부과 세율도 증가한다. 이전에는 기준치를 넘기면 해마다 22.5% → 30% → 40%로 상승했고 3년 이후부터는 40%로 고정됐는데, 2017년부터는 20% → 30% → 50%로 조정됐다.

별도의 부가세도 내야 한다. 초과액이 2,000만 달러 이상이고 4,000만 달러 이하면 해당 금액의 12%를 추가로 내야 한다. 4,000만 달러가 넘어가면 부가세가 42.5% 이상으로 치솟는다. 드래프트 지명 순번에서도 10단계 하락하는 불이익까지 보게 된다.

즉 뉴욕 양키스의 연봉 총계가 2억 5,000만 달러라고 가정하면, 2017년 사치세 1억 9,500만 달러를 기준으로 양키스의 위반 금액은 5,500만 달러가 된다. 그렇다면 사치세는 5,500만 달러의 50%인 2,750만 달러를 내야 한다. 신설된 부가세도 납부해야 하는데, 5,500만 달러에서 4,000만 달러를 뺀 1,500만 달러의 42.5%인 637만 5,000달러를 추가로 내야 한다.

결국 양키스의 사치세는 3,387만 5,000달러(2,750만 달러 +637만 5,000달러)가 된다. 양키스는 실제 2016년에 2,740만 달러를 메이저리그 사무국에 사치세로 냈다. 1위는 최근 들어 고액 연봉자를 많이 보유한 LA 다저스로, 2015년 4,360만 달러에 이어 2016년에는 3,180만 달러를 토해냈다. 2위 양키스에 이어 3위 보스턴(450만 달러), 4위 디트로이트(400만 달러), 5위 샌프란시스코(340만 달러), 6위 시카고 컵스(296만 달러)였다. 총 6개 팀이 7,406만 달러의 사치세를 납부했다.

사치세로 거둬들인 세금은 메이저리그 선수들의 복리 후생과 리그 발전 기금 등으로 쓰인다. 사치세의 최고 타깃은 거대한 자금력으로 우수 선수들을 싹쓸이해왔던 뉴욕 양키스였다. 2003년 사치세 제도가 생긴 후 양키스는 한 해도 빠지지 않고 사치세를 내고 있다. 14년 연속으로 낸 사치세는 3억 2,500만 달러에 이른다. 이런 엄청난 세금에도 불구하고 양키스가 매년 적극적인 투자를 마다하지 않는 것은 우승이라는 달콤한 결과 때문이다.

알고 보면 더 재미있는 메이저리그

스포츠 스타
역대 수입 '톱 20'은?

수입 1위는 누구?

미국의 경제 전문지 〈포브스〉는 스포츠 스타 역대 수입 '톱 20'를 매년 발표한다. 연봉과 상금, 보너스, 광고 수입을 합한 총액으로 순위를 매겼다. 2016년 기준으로 1위는 '농구 황제' 마이클 조던으로 17억 달러를 벌어들였다. 한화로 계산하면 2조가 넘는 금액이다. 조던은 2003년 은퇴했지만, 여전히 전 세계에서 가장 많은 돈을 끌어모으고 있으며 수입은 더 증가할 것으로 보인다.

조던이 현역 시절 연봉으로 벌어들인 수입은 9,300만 달러로 1억 달러에 미치지 않는다. 그러나 스포츠 브랜드 나이키를 비롯해 게토레이, 맥도날드, 코카콜라 등 12개가 넘는 글로벌 기업과 광고 계약을 체결하며 엄청난 부를 축적하고 있다. 나이키로부터는 연간 1억 달러의 보너스를 받고 있다.

조던은 현재 NBA 샬럿 호네츠의 지분을 90% 보유하고 있는 구단주이기도 하다. 은퇴한 지 13년이 됐지만 여전히 나이키로부터 연간 1억 달러 안팎의 보너스를 받고 있다. 인종 차별의 벽을 깨고 흑인의 롤모델인 조던은 막대한 부를 얻었으면서 흑백 갈등을 해소하는 데도 큰 힘을 쏟고 있다. 인권 운동에 참가하며 왕성한 기부 활동을 펼친다.

20명 중 메이저리거는?

'톱 20'에 메이저리거는 딱 한 명 올라 있다. 배리 본즈에 이어 최고의 타자가 될 것이라고 기대를 한 몸에 받았던 알렉스 로드리게스가 6억 달러 수입으로 16위에 올라 있다. 그러나 배리 본즈에 이어 그 역시 약물 복용으로 애물단지로 전락하고 말았다.

알렉스 로드리게스는 메이저리그에서 FA 몸값이 폭등하던 2001년 텍사스로 이적하며 10년 2억 5,200만 달러 계약으로, 연봉 2,000만 달러 시대를 열었다. 메이저리그에서 총액 1억 달러 이상의 대형 계약은 1999년 케빈 브라운 이후 약 70건에 이르고, 최대 규모는 메이저리그를 대표하는 거포 중에 한 명인 지안카를로 스탠튼이 2014년 시즌을 마치고 마이애미 말린스와 맺은 계약 기간 13년간의 총액 3억 2,500만 달러다.

메이저리거는 1명

'톱 20'에 메이저리거는 1명이지만 프로 골퍼는 5명, 농구와 복싱 선수는 각각 4명이 포진되어 있다. 조던에 이어 역대 수입 2위는 '골프 황제' 타이거 우즈다. 1996년에 데뷔한 우즈는 16억 5,000만 달러의 수익을 올렸다. 우즈의 통산 우승 상금은 1억 1,000만 달러이고 나머지는 마이클 조던과 마찬가지로 광고 수입이다. 3위는 아놀드 파머로 13억 5,000만 달러를 기록했다.

4위도 프로 골퍼로 11억 5,000만 달러를 벌어들인 잭 니클라우스다. 5위는 F1의 마이클 슈마허다. 그는 10억 달러를 벌었다. 톱 5에 골프 스타가 3명이다. 8위 필 미켈슨(7억 6,000만 달러)과 12위 그레그 노먼(6억 8,000만 달러)을 포함하면 20명 중 골프 선수가 5명에 달한다.

농구 선수로는 1위 조던과 함께 6위 코비 브라이언트(7억 7,000만 달러), 10위 샤킬 오닐(7억 달러), 13위 르브론 제임스(6억 4,000만 달러)가 이름을 올렸다.

복싱 선수도 20명 중에 4명이 있다. 플로이드 메이웨더 주니어(7억 6,500만 달러)와 마이크 타이슨(6억 8,500만 달러)이 각각 7위와 11위에 올랐다. 오스카 델 라 호야(5억 1,000만 달러)와 매니 파퀴아오(4억 9,000만 달러)는 19위와 20위를 차지했다.

데이비드 베컴(7억 3,000만 달러)이 9위로 역대 축구 선수 중에 가장 많은 수입을 올렸다. 레알 마드리드의 크리스티아누 호날두(6억 2,000만 달러)와 FC 바르셀로나의 리오넬 메시(5억 2,000만 달러)는 각각 14위, 17위다.

알고 보면 더 재미있는 메이저리그

메이저리그
공인구의 비밀

박스에서 막 꺼낸 공을 바로 사용하지 않는다

메이저리그에서는 공식적으로 헌 공 같은 새 공을 쓴다. 앞뒤가 안 맞는 말이지만 사실이다. 메이저리그 경기에서는 박스에서 막 꺼낸 공을 바로 사용하지 않는다. 특수한 진흙을 공인구에 바른 '러빙 머드(rubbing mud)'를 심판이 검사한 후 경기에서 사용한다.

초콜릿 푸딩처럼 진득한 러빙 머드를 사용하는 이유는 공의 광택을 없애고 미끄러움을 방지하기 위해서다. 그 진흙을 바르면 가죽 표면에 손상을 주지 않으면서 시각적으로는 중고 제품 같은 느낌을 준다.

러빙 머드를 처음 발견한 사람은 시카고 화이트삭스에서

선수 생활을 했고, 필라델피아 애슬레틱스에서 코치 생활을 한 레나 블랙번이다. 그는 3루 코치로 활동하던 1938년 뉴저지 주 델라웨어 강에서 낚시를 하다가 우연히 발견한 고운 진흙을 야구공에 발라보았는데, 상처 없이 광택만 사라지는 것을 알아냈다.

이후 블랙번은 아메리칸리그에 델라웨어 강에서 채취한 진흙을 상품화한 '레나 블랙번 베이스볼 러빙 머드'를 독점 공급하기 시작했다. 1950년부터는 내셔널리그도 이것을 쓰기 시작했다. 레나 블랙번 베이스볼 러빙 머드 이전에는 야구장의 흙과 물을 반죽해 공을 닦았는데 가죽 표면이 상했다.

메이저리그 공인구는 1977년부터 롤링사 제품이 공식적으로 사용되고 있는데, 코스타리카에 있는 공장에서 수제품으로 생산되어 전량 수입되고 있다.

최고의 선수들이 한계에 도전하다

★★★★

4
이닝

강속구 투수는 선망의 대상이다. 흔히 150km대 강속구는 노력으로 도달할 수 없다고 말한다. 타고나야 한다는 것이다. 이제는 그렇게 타고난 선수들이 꾸준한 웨이트 트레이닝을 통해 점점 더 빠른 공을 던지고 있다. 2000년대 초반까지만 해도 100마일 이상을 던진 투수는 한두 명에 불과했다. 10년이면 강산도 변한다고 하지만, 이제는 100마일 투수가 속출하고 있다.

최고의 선수들이 한계에 도전하다

좌완 파이어 볼러는
지옥에서도 데려온다

메이저리그 최고 강속구는?

마운드의 투수가 100마일 이상을 던지면 관중들이 일어나 박수를 보낸다. 타자를 압도하는 강속구에 야구팬들은 열광한다. 스카우터는 빠른 공을 던지는 선수를 찾기 위해 늘 혈안이다.

메이저리그에서 기록된 최고 구속은 2017년 양키스로 이적한 '쿠바 미사일' 아롤디스 채프먼이 신시내티 레즈 소속이던 2011년 4월 18일 샌디에이고 파드리스전에서 기록한 시속 107마일(172km)짜리 공이다. 시속 170km는 인간이 던질 수 있는 구속의 최고치라고 여겨졌지만, 채프먼에 의해 깨졌다.

그는 쿠바 대표 팀 시절부터 100마일을 던지는 투수로 명성이 자자했다. 메이저리그 데뷔전에서도 103마일(166km)짜리 공을 포수 미트에 꽂아 넣으면서 화제를 모았고, 데뷔하고 얼마 지나지 않아 105.1마일을 기록하며 종전 조엘 주마야의 104.8마일(약 168.6km)을 뛰어넘었다.

채프먼은 메이지리그에서 100마일(160km)을 가볍게 넘는 빠른 공으로 최고 마무리 투수로 활약 중이다. 2016년 7월에는 한 경기 투구 수 18개 중에 15개를 100마일 이상의 광속구로 뿌리기도 했다. 그런 공을 받는 포수 입장을 어떠할까. 양키스의 포수 브라이언 매켄은 "투수의 구속이 100마일이 넘으면 공은 제대로 보이지도 않는다. 투수의 공이 미트 안에 들어오기만을 바라게 된다"고 밝히기도 했다.

2017년에는 비공식적 기록이지만 한 야구 유망주가 110마일, 즉 177km의 초광속구를 기록했다. 2016년 말 시카고 화이트삭스는 좌완 에이스 크리스 세일을 보스턴에 내주며 4명의 젊은 투수를 받았는데, 그중에 약관의 우완 투수 마이클 코페치가 연습 도중에 177km를 찍었다. 이 구속은 측정 장비와 기후에 따른 오차가 발생할 수 있어 공식 기록으로 인정받지는 못했지만, 과연 사람이 얼마나 빠른 공을 던질 수 있는지 그 한계에 다시 한 번 의문을 던지게 했다.

한일 최고 강속구

일본에서는 투타를 겸업하는 괴물 오타니 쇼헤이가 있다. 그는 홈런 타자이면서 160km대 강속구를 자유자재로 구사하는 투수다. 2016년 시즌에 165km를 기록하며 2년 전 자신이 세운 163km의 벽을 넘었다. 그는 세계 최고 구속에 도전하겠다는 의사를 드러내어 앞으로 시속 170km의 벽을 돌파하겠다고 밝힌 상태다.

한국 프로야구에서는 2006년 KIA 타이거즈에 입단하며 역대 신인 최고 계약금 10억 원을 받은 한기주가 2008년 기록한 159km가 최고 구속이다. 한국인 최고 구속은 코리안 특급 박찬호가 1996년에 161km를 찍었다. 임창용은 2009년 일본 프로야구 야쿠르트 시절 161km를 기록한 바 있다.

왜 강속구에 열광하나?

강속구 투수는 선망의 대상이다. 흔히 150km대 강속구는 노력으로 도달할 수 없다고 말한다. 타고나야 한다는 것이다. 이제는 그렇게 타고난 선수들이 꾸준한 웨이트 트레이닝을 통해 점점 더 빠른 공을 던지고 있다. 2000년대 초반까지만 해도 100마일 이상을 던진 투수는 한두 명에 불과했다. 10년이면 강산도 변한다고 하지만, 이제는 100마일 투수가 속출하고 있다. 메이저리그 투수들의 평균 구속도 계속 빨라지고 있다.

그러나 강속구가 성적에 비례하진 않는다. 투수에게 빠른 공과 제구력 중에 하나를 고르라고 하면 모두 제구력을 선택하는 것처럼, 성적은 강속구보다는 컨트롤에 달려 있다. "야

톰 글래빈

구를 향한 나의 열정은 스피드건에 찍히지 않는다"라고 설파한 메이저리그의 대표적 기교파 투수인 톰 글래빈이 성적으로 증명했다.

그는 140km대 전후의 평범한 구속으로 20승 이상을 5차례, 완투와 완봉을 81회, 200이닝 이상을 14회 기록하며 22년 동안 통산 305승 203패를 기록했다. 심판의 스트라이크존을 쥐락펴락하는 제구력을 앞세워, 당대의 강속구 투수 랜디 존슨과 함께 좌완 투수의 양대 산맥으로 군림했다.

좌완 파이어 볼러는 지옥에서도 데려온다

그럼에도 '좌완 파이어 볼러는 지옥에서도 데려온다'는 말이 여전히 유효한 것처럼, 메이저리그 각 구단은 강속구 투수에 목말라 있다. 제구력이 불안정하고 거친 면이 있어도 이들은 대부분 상위 라운드에서 호명된다.

그 이유는 무엇일까. 투수들은 타자를 상대하기 위해 많은 변화구를 연마하지만, 가장 강력한 구종은 빠른 공이다. 레너드 코페트는 타격의 본질에 대해 '두려움'이라고 했다. 타자를 윽박지르는 빠른 공은 일단 타석의 타자를 위축시킨다. 빠른 공을 상대해야 하는 타자는 심한 압박감을 느낀다.

또한 100마일에 육박하는 강속구는 몸이 반응해서 치기 힘들다. 투수가 공을 던지는 순간에 맞춰 몸이 미리 움직여야 하기에 타격 정확도가 떨어지게 마련이다. 여기에 하나 더. 빠른 공을 가지고 있으면 변화구 위력도 덩달아 올라간다. 변화구를 염두에 두고 있는 타자는 인체 반응상 빠른 공에 전혀 대처할 수 없다. 어쩔 수 없이 빠른 공에 중점을 두면서 변화구에도 대비해야 하는데 강속구 투수들은 이를 역이용하면서 경기를 쉽게 풀어나간다.

타자의 방망이를 압도하며 시원하게 삼진을 잡아내는 빠른 공은 투수들의 영원한 로망일 수밖에 없다.

최고의 선수들이 한계에 도전하다

최초의 퍼펙트게임,
최초의 노히트노런은?

퍼펙트게임이란?

퍼펙트게임은 한 명의 투수가 단 한 명의 타자도 진루시키지 않고 경기를 매조지는 것이다. 1회부터 9회까지 이닝당 3명씩 총 27명의 타자가 1루 베이스를 밟지 못하는 상황을 뜻한다. 안타, 볼넷, 몸에 맞는 공, 수비 실책 등이 나와선 성립되지 않는다. 퍼펙트게임은 투수라면 누구나 꿈꾸는 기록으로 최초 달성자는 1880년 6월 12일 내셔널리그 워체스터 루비 레그스의 존 리치몬드가 기록했다.

대학을 갓 졸업한 변화구 투수였던 그는 클리블랜드 포리스트 시티스를 상대로 퍼펙트게임이라는 대기록을 작성했다. 5회에 딱 한 번 우전 안타를 맞았는데, 우익수의 1루 송구로 아웃을 잡아내며 위기에서 탈출했다. 이후 9회까지 27명의 타자를 차례차례 돌려세우며 최초의 퍼펙트게임을 완성했다.

그리고 5일 뒤에 메이저리그 역사상 두 번째 퍼펙트게임이 나왔다. 5년에 한 번 나올까 말까 한 퍼펙트 기록이 금세 또 나온 것이다. 당대 최고의 투수로 인정받고 있던 프로비던스 그레이스의 존 몬테 워드가 6월 17일 버펄로를 상대로 27명의 타자를 연속해서 잡아냈다. 수비에서도 단 한 개의 실책이 나오지 않으며 몬테 워드의 퍼펙트게임 달성을 도왔다.

최초의 노히트노런

메이저리그에서 최초의 노히트노런은 1876년 7월 15일 하트포드 다크 블루스와 세인트루이스 브라운 스타킹스의 경기에서 나왔다.

홈팀인 세인트루이스의 에이스인 조지 워싱턴 브래들리는 이날 2-0의 완봉승을 거뒀는데, 단 한 개의 안타도 허용하지 않았다. 그때는 야수들이 글러브를 끼지 않아 실책이 무수히 나오던 시절이었다.

포수는 주자가 있을 때만 홈 플레이트 뒤에서 포구를 했고 전체 실책의 절반 정도를 범했다. 당연히 노히트노런은 꿈도 꾸지 못했다.

그러나 브래들리의 놀라운 호투로 노히트노런이 달성됐고 그는 이후 '노히트의 아버지'로 불리게 됐다. 메이저리그에서는 브래들리의 노히트노런 기록이 나오고 4년 뒤 존 리치몬드가 최초로 퍼펙트게임을 달성했다.

최 고 의   선 수 들 이   한 계 에   도 전 하 다

조막손 투수
짐 애보트

서울 올림픽 야구 결승전

"희망이 사라질 때까지 결코 불가능이란 없다. 장애는 목표를 이루기 위한 하나의 관문에 지나지 않다."

짐 애보트

1988년 서울 올림픽 야구 결승전에서는 미국과 일본 대표팀이 잠실구장에서 격돌했다. 미국 대표팀의 선발은 좌완 투수 짐 애보트였다. 그는 왼손으로 공을 던진 뒤에 재빨리 오른손에 있던 글러브를 왼손으로 옮기며 수비를 했다. 투구와 수비를 모두 왼손으로 했다. 애보트는 결승전에서 9회까지 완투하며 미국에 금메달을 안겼다.

애보트는 장애를 극복한 대표적인 인물이다. 태어날 때부

터 오른손이 팔목까지만 자라는 조막손 장애를 가지고 있었다. 그러나 불굴의 의지로 메이저리그 선수가 됐고 1993년 뉴욕 양키스 시절 클리블랜드를 상대로 노히트노런까지 기록하며 한계를 뛰어넘는 모습으로 감동을 선사했다.

애보트는 고교 시절 0점대 방어율을 기록하며 투수로서 자질을 인정받았고 미식축구에서는 쿼터백을 보며 다재다능함을 보였다. 그러나 장애 때문에 메이저리그 드래프트에서는 36라운드 후순위로 지명되지 애보트는 대학 진학을 선택했다. 그리고 대학 재학 중 참가한 서울 올림픽에서 혁혁한 성과를 내자, 메이저리그에서 그를 보는 눈이 달라졌다.

그는 재수 끝에 1988년 1라운드 전체 8위라는 높은 순위로 캘리포니아 에인절스에 입단했고, 곧바로 승격되어 메이저리그 역사상 16번째로 마이너리그를 거치지 않은 빅 리거가 됐다. 제구력 투수인 그는 체인지업과 슬라이더이 주 무기였고, 뛰어난 디셉션으로 변화구 위력을 배가시켰다. 투구 후에는 한손으로 수비를 했지만, 수비와 송구에서 준수하다는 평가를 받았다.

애보트는 내셔널리그 밀워키 소속이었던 1999년에는 안타 2개에 타점 3개를 기록했는데, 그중 하나는 양키스의 수호신 마리아노 리베라에게 때려내며 주목받기도 했다.

애보트는 에인절스에서 4년을 뛰었고 이후 뉴욕 양키스, 시카고 화이트삭스, 밀워키 브루어스 유니폼을 입었다. 메이저리그에서는 통산 11년 동안 263경기에 출전해 1,674이닝을 던져 87승 108패 방어율 4.25를 기록했다. 1999년 시즌을 마지막으로 은퇴한 뒤에는 장애인들을 위한 강연 활동으로 꿈과 용기를 전하고 있다.

최고의 선수들이 한계에 도전하다

강속구 투수에서
너클볼러로 변신한 R. A. 디키

R. A. 디키

너클볼러로 변신해 일궈낸

인간 승리

R. A. 디키는 2012년에 20승 8패 방어율 2.73을 기록하며 내셔널리그 사이영 상을 수상했다. 외롭고 절박한 너클볼러로 변신해 일궈낸 인간 승리였다. 디키는 마이너리그 시절 너클볼 투수로 전향한 뒤 당시 상황에 대해 자신의 자서전 《어디서 공을 던지더라도(Wherever I wind up)》에서 이렇게 말했다.

"내가 얼마나 절박한 심정이었는지 어떻게 설명할 수 있을까. 나는 마치 머리 두 개 달린 거북이나 수염을 기른 여자처럼 눈에 띄게 온갖 노력을 다했다. 나는 못난 서자 같은 공으로 살아남으려고 발버둥 치는 선수였다. 시합에서 너클볼을 인정해주는 사람은 별로 없었다."

디키는 2006년 디트로이트 타이거즈와의 경기에 선발 등판해 너클볼을 처음 선보였다. 결과는 예측 불허의 너클볼 궤적보다 처참했다. 한 경기 6홈런을 맞으며 1900년 이후 등판한 선발 투수 중에 가장 많은 홈런을 맞은 선수가 됐다. 3.1이닝 8안타 6홈런 7실점을 기록했다. 배팅 볼처럼 날아간 그의 너클볼은 안타를 맞으면 홈런이었다.

강속구 투수에서 너클볼러로

디키는 원래 미국 대표로 1996년 애틀랜타 올림픽에도 출전한 강속구 투수였다. 메이저리그에서는 텍사스 레인저스가 그를 1라운드에서 지명하는 등 앞날이 창창했다. 그런데 입단을 위해 신체검사를 받다가 척골 측부 인대가 없다는 게 드러났다. 디키는 아무런 통증이 없이 강속구를 뿌렸기에 그 사실을 믿을 수 없었지만, 텍사스 구단은 그에게 약속했던 80만 달러를 7만 달러로 재조정했다. 디키는 자신의 팔에 들어둔 100만 달러짜리 보험금 대신 마이너리그 생활을 택했다. 그의 첫 번째 시련이었다. 5년간의 마이너리그 생활을 거쳐

2001년 메이저리그에 데뷔했지만, 강속구가 사라진 평범한 투수로 전락한 상태였다. 이유 없이 구속이 나오지 않았다.

텍사스 레인저스의 벅 쇼월터 감독과 오렐 허샤이저 코치는 그에게 너클볼 투수가 될 것을 주문했다. 디키가 가끔 너클볼을 던지는 것을 알고 있었고 그의 남다른 승부 근성이라면 충분히 성공할 것이라고 판단했다. 나이 서른이 넘어 너클볼러 제안을 받은 디키는 만약 변신하지 않으면 더 이상 자리가 없다는 점을 알고 있었다. 그는 집으로 돌아가 너글볼을 넌지는 방법이 아닌, 너클볼러 투수들이 서른 넘어 몇 승을 했는지부터 확인했다. 필 니크로 287승, 찰리 허프 182승, 필에게 너클볼을 전수받은 동생 조 니크로는 163승. 톰 캔디오티는 122승, 윌버 우드는 105승. 팀 웨이크필드는 여전히 던지고 있었다. 웨이크필드는 46세까지 마운드에서 너클볼을 던졌고 개인 통산 200승을 넘겼다. 너클볼은 제구가 어렵다는 단점이 있으나 공에 억지로 회전을 줄 필요가 없어 팔에 무리가 가지 않기에 투수 생명이 길다는 장점이 있다.

찰리 허프, 필 니크로와의 만남

너클볼 투수들 간에는 보이지 않는 끈끈함이 있다. 만나면 서로에게 아낌없이 자신의 노하우를 전하는 데 거리낌이 없다.

한 배를 탄 동지와 같다. 그래서 너클볼 투수들은 다른 선수들이 누리지 못하는 친밀함을 가진다. 너클볼 선수로 변신한 디키는 필 니크로에게 배우고, 찰리 허프로부터 제구력을 얻었다. 니크로를 찾아간 디키는 가장 잘 던진 경기 영상을 보여줬다. 그러자 니크로는 가장 못 던진 경기를 보여달라고 했다. 그리고 불펜에서 던지는 모습을 지켜본 뒤 이렇게 조언했다.

"디키, 엉덩이를 홈 플레이트로 충분히 밀지 않고 있어. 너클볼은 힘이 아닌 엉덩이로 밀어야 해. 단순하게 압축해서 몸을 앞쪽으로 쭉 미는 것. 그래야 회전을 먹지 않으며 30cm가 떨어지는 너클볼이 되지."

디키에게 가장 먼저 너클볼의 비밀을 알려준 투수는 찰리 허프였다. 텍사스 레인저스 구단이 디키의 성공 가능성을 타진하며 그와의 만남이 이뤄졌다. 며칠 동안 허프와 디키는 많은 이야기를 나눴다.

허프는 디키에게 "너클볼은 하루 만에 던질 수도 있지만, 그 공을 스트라이크존에 던지는 데는 평생이 걸리더군. 세상에서 가장 현란한 너클볼을 던져도 공이 홈 플레이트 위로 날아가지 않으면 쓸모가 없어"라고 말하며 제구 노하우를 전했다.

"너클볼은 총알이 아니야. 조준이 불가능해. 그냥 놓아버리는 거라네. 제구를 잡기 위해서는 계속 던지는 수밖에 없어. 하루도 빼놓지 않고 매일. 담장을 향해 던지더라도, 어떤 일이 있어도 계속 던져야 해."

허프는 디키가 팔다리를 뻗으며 와인드업 하자, 문틀을 예로 들이 제구를 잡아주있다. "디키, 이제 사그마한 출입구에 들어간다고 상상해봐. 팔과 다리의 모든 동작이 문 밖으로 벗어나지 않는다고 생각하면서. 만약 손이 문틀을 건드리면 회전을 먹겠지. 너클볼러에게 회전은 가장 큰 적이야. 너클볼러는 모든 걸 단순화해야 돼."

디키가 며칠에 걸쳐 조언을 받으며 던지는 모습을 본 허프는 "자네, 기회를 잡은 거 같네"라고 말하며 그의 성공을 예언했다. 디키는 여러 너클볼러 선배들에게 도움을 받으며 자신만의 너클볼을 만들었다.

강하고 더 빠르게 전개되고 있는 메이저리그에서 디키는 시대를 역행하는 느림의 미학으로 성공했다. 2011년까지 14차례 1년짜리 계약을 맺으며 37번이나 마이너리그와 메이저리그를 왔다 갔다 한 그는 2011년 말에 처음으로 다년 계약을 맺었고 나이 마흔이 된 2014년에는 토론토와 4년 최대 4,100만 달러 계약을 맺었다.

49번은 너클볼러의 상징적인 등 번호다. 49세까지 던질 수 있기 때문이다. 니키의 야구 인생은 여전히 진행 중이다.

디키의 한국행

R. A. 디키는 메이저리그에서 너클볼러로 성공하기 이전에 한국 프로야구로 올 뻔했다. 2007년 시즌이 끝난 뒤 삼성 라이온즈는 디키에게 관심을 보이며 연봉 30만 달러를 제안했다. 한화 이글스도 영입 의사를 보였다. 한 가정의 아버지로서 디키는 안정된 생활과 짧은 기간에 목돈을 챙길 수 있는 한국행을 진지하게 고민했다. 30만 달러는 그가 메이저리그에서 몇 년간 번 금액보다 많았다. 게다가 디키는 당시 마이너리그에서 올해의 선수에 뽑혔지만, 메이저리그로부터의 콜은 없었다. 그의 아내는 "한국에 가는 게 당신 야구 인생에서 최선의 선택이라면 반대하지 않겠다. 아이들이 새로운 문화를 접해보는 것도 좋을 것 같다"라고 찬성했다. 디키의 마음은 80% 대구로 향했다. 이미 30대 중반의 나이로 한국에 가면 다시 메이저리그로 돌아올 확률은 거의 제로였다. 디키는 결정의 마지막 순간, 안정보다 기쁨을 추구하는 삶을 살겠다며 한국행을 접었다.

최고의 선수들이 한계에 도전하다

훌리오 프랑코,
나이를 잊은 최고령 홈런 타자

최고령의 사나이

나이 든 사람이 젊은이 못지않게 힘을 쓰면 흔히 노익장을 과시한다고 말하는데, 훌리오 프랑코는 오랜 메이저리그 역사에서도 진정한 노익장을 보여주었다. 오십이 다 된 나이에 홈런포를 때려내며 할아버지 타자의 힘을 과시했다. 지천명(知天命)의 나이에 현역 메이저리거로 뛰는 것만 해도 대단한데 프랑코는 홈런을 때려내며 젊은 선수들의 기를 죽일 정도였다.

지천명은 하늘의 명(命)을 안다는 뜻으로, 쉰 살 정도까지 살게 되면 안 될 일에 억지 부리지 않고 쓸데없는 욕심에서 조금은 벗어나게 된다는 의미다. 하늘의 섭리를 알게 되며 세상

훌리오 프랑코

에서 살아가는 뜻을 어렴풋이나마 깨닫게 되는 시기다. 그러나 프랑코는 자신의 의지를 꺾지 않으며 하늘의 일반적인 명에서 벗어났다. 나이를 거꾸로 먹을 만큼 철저한 몸 관리가 가장 큰 힘이었다.

한국 프로야구에 몸담기도 한 프랑코는 100년이 훌쩍 넘은 메이저리그 역사에 한 획을 그은 인물이다. 그는 KBO 리그 삼성 라이온즈를 떠나 다시 메이저리그에 복귀해 진귀한 기록을 세우게 되는데, 뉴욕 메츠 소속이던 2007년 5월 5일 애리조나 다이아몬드백스와의 경기에서 '빅 유닛' 랜디 존슨을 상대로 홈런을 쏘아 올렸다. 바로 메이저리그 역대 최고령 홈런 기록이었다. 당시 프랑코의 나이는 48세 254일이었다.

그는 2006년에도 홈런을 때려내며 이미 종전 최고령 홈런 기록을 세웠는데 1년 만에 자신의 기록을 다시 갈아치웠다. 종전 기록은 자그마치 76년 전인 1930년에 필라델피아 애슬레틱스의 잭 퀸이 기록한 46세 357일이었다.

특별한 관리법

나이를 잊은 프랑코의 활약은 철저한 자기 관리가 있어 가능했다. 그는 식사하는 방식부터 남달랐다. 〈뉴욕타임스〉는 2006년 봄에 신문 지면을 할애해 나이 50이 다 되었지만, 여전히 현역 메이저리그로 뛰며 노익장을 뽐낸 프랑코의 개인 생활을 조명했다.

〈뉴욕타임스〉에 따르면 프랑코는 하루에 5~6끼 식사를 했다. 먹는 즐거움보다 몸이 최상의 컨디션을 유지할 있는 방식이었다. 그는 늘 오전 7시에 전에 일어나 아침 식사로 우선 달걀 흰자위를 14개 먹는다. 바나나와 포도 주스를 먹고 나서 다시 달걀 흰자위 6개를 더 먹으며 20개를 채웠다. 달걀 흰자위를 먹는 이유에 대해선 "좋은 단백질이 풍부하다. 아무리 먹어도 해가 되지 않는다"라고 설명했다.

오전 10시엔 단백질 쉐이크로 불리는 보충제를 섭취했다. 점심은 스테이크나 생선 요리를 먹었다. 점심이 하루 중에 그나마 가장 평범한 식사였다. 야구장에는 오후에 출근해 간단한 요기를 한 뒤 경기가 끝나면 도시락으로 싸간 건강식으로 속을 채웠다. 마지막 식사는 새벽 3시였다. 잠이 들었다가 그 시간이 되면 다시 일어나 단백질 쉐이크를 마시며 꾸준히 에너지를 보충했다.

KBO 리그에서 뛴 프랑코

프랑코는 KBO 리그에서 뛸 때도 자신의 루틴을 꾸준히 지켰다. 이승엽이 탄산 음료수를 멀리하게 된 계기도 프랑코였다. 당시 삼성 선수들은 프랑코를 '주스'라고 불렀는데, 늘 주스를 입에 달고 살았기 때문이다. 프랑코는 탄산음료가 근육을 생성하고 유지하는 데 좋지 않다고 말하며 주스도 생과일주스를 주로 마셨다. 술과 담배는 당연히 하지 않았다. 패스트푸드 또한 먹지 않았고 대신 사탕무, 꽃양배추, 셀러리, 브로콜리, 양파, 마늘, 사과 등으로 만든 혼합 음료를 마셨다. 먹어본 사람은 알겠지만 그 맛은 추천하기 어렵다. 좋은 약은 입에 쓰고 좋은 음식도 입에 달지는 않다.

프랑코는 국내 땅을 밟은 메이저리그 출신 외국인 선수 중에 가장 화려한 경력의 소유자였다. 1982년 필라델피아에서 빅 리그에 데뷔한 그는 텍사스 소속이던 1989~1991년 3시즌 연속 아메리칸리그 올스타에 선정됐다. 실버슬러거 상은 5차례 받았다. 1991년에는 아메리칸리그 타격왕에 오르기도 했다. 한국에서도 2000년에 삼성 라이온즈 유니폼을 입고 타율 0.327에 22홈런 110타점으로 맹활약했다. 프랑코는 1958년생으로 삼성에서 뛸 때 이미 불혹을 넘은 상태였다. 한국 선수들에게 체계적인 몸 관리법을 전수한 그는 2007년 메이저리그에서 은퇴할 때까지 빅 리그 통산 2,527경기 동안 타율 0.298과 2,586안타를 기록하며 프로 선수에게 몸 관리가 무엇인지 온몸으로 증명했다.

프랑코는 〈뉴욕타임스〉를 통해 몸 관리 3대 원칙을 공개했는데, 잘 먹기, 열심히 운동하기, 적절히 쉬는 것이라고 밝혔다. 특별한 게 전혀 없는 원칙이라 실망할 수도 있겠지만, 프랑코는 "마법의 알약은 어디에도 없다"라며 기본에 충실한 노력만이 정답이라고 강조했다.

은퇴 후

프랑코는 메이저리그 은퇴 뒤에도 야구공을 손에서 놓지 않으며 진정한 노익장을 자랑했다. 2014년 미국 독립 리그에서 선수로 뛰었다. 그의 나이만으로 56세였다. 2015년엔 일본으로 건너가 독립 리그인 BC 리그에 속한 이시카와 밀리언 스타스에서 감독 겸 선수로 나섰다. 환갑에 가까운 나이였지만, 마음만은 녹슬지 않은 기량을 장담했다. 프랑코는 그해 일본에서 자신의 마지막 선수 생활을 보냈다.

그리고 프랑코와 한국의 인연이 15년 만에 다시 이어졌다. 이번엔 선수가 아닌 지도자로 연결됐다. 롯데 자이언츠는 2015년 겨울, 프랑코를 2군 타격 코치로 영입했다. 롯데는

1982년 미국 메이저리그에 데뷔해 2007년 은퇴할 때까지 8개 팀에서 23시즌을 소화한 그의 경험을 높이 샀다. 일본 프로야구 지바 롯데에서 1995년과 1998년 뛰었고, 한국 프로야구 삼성에서도 2000년 선수 생활을 하며 아시아 야구에 밝은 점도 장점이라고 판단했다. 무엇보다 그의 특출한 프로 의식이 롯데의 젊은 선수들에게 큰 자극이 될 것이라고 봤다.

롯데 관계자는 "프로 선수로서의 자세와 마음가짐이 우리 젊은 선수들에게 귀감이 될 거라 생각했다"고 영입 사유를 밝혔다. 프랑코는 2016년 시즌에는 1군 타격 코치로도 활동하며 여러 선수들을 지도했다. 타격에서도 몸 관리와 마찬가지로 "공을 잘 보고 좋은 공을 쳐야 한다. 이전에 테드 윌리엄스와 함께 이야기를 나누며 공감한 부분이다"라며 기본을 강조했다. 과연 KBO 리그의 유망주들이 살아 있는 교재 프랑코로부터 무엇을 뽑아낼 수 있을지, 또한 열정과 모범의 표상 프랑코의 야구가 한국 야구에 어떻게 뿌리내릴지 궁금하다.

최고의 선수들이 한계에 도전하다

기계보다 정확한
이치로의 자기 관리

메이저리그의 칸트

메이저리그는 동물적인 감각을 가진 선수들의 집합체다. 그런데 그런 동물적인 감각에 로봇 이상의 정확성을 갖춘 선수가 있다. 바로 일본산 타격 기계 스즈키 이치로다. 그는 타격의 정교함뿐 아니라 생활 자체가 시계처럼 정확하다. 메이저리그의 칸트라고 해도 될 정도다.

독일의 철학자 칸트는 매일 오후 3시 30분이면 산책을 나섰고 동네 사람들이 그를 보고 시계를 맞췄다는 일화가 전해진다. 이치로도 야구장에서 분 단위로 자신의 루틴을 한 치의 오차 없이 지켰다. 너클볼러 R. A. 디키는 시애틀 매리너스에서 함께한 이치로의 그런 모습을 보고 영감을 얻었다고 밝혔다. 너클볼을 잘 던지는 열쇠는 똑같은 릴리스포인트와 마무리 동작에 있는데, 디키는 기계보다 정확한 이치로의 모습을 보며 동일성의 중요성을 깨달았다. 나중에 뉴욕 메츠로 이적한 디키는 2012년 20승 고지를 밟으며 사이영 상을 수상했다. 메이저리그 역사상 너클볼러가 사이영 상을 수상한 것은 디키가 처음이었다.

디키는 이치로의 일과를 지켜보며 이렇게 말했다. "이치로는 경기장 도착부터 욕실 이용 시간까지 분 단위로 정확하다. 배팅 훈련 방식과 스윙을 하는 횟수도 같다. 늘 정해진 시간에 똑같은 음식(연어 주먹밥)을 먹는다. 스트레칭 동작도 너무나 철두철미해 마치 '태양의 서커스'에서 곡예사로 부업을 하는 게 아닌가 의심할 정도였다. 완벽주의자

이치로

이치로는 영어를 꽤 하지만 의사소통에서 조금이라도 실수할까 봐 통역관을 두고 있었다. 이 모든 것은 162경기 내내 전혀 변함이 없었다."

메이저리그에서 가장 정교한 선수를 꼽으라고 하면 많은 이들이 디키처럼 스즈키 이치로를 떠올릴 것이다. 이치로는 2001년 시애틀 매리너스에 입단하며 메이저리그 생활을 시작했는데, 십 년이 지나도 고장 나지 않는 시계처럼 자신의 루틴을 철저히 지키고 있다. 앞서 이치로를 옆에서 지겨본 R. A. 디키가 살짝 설명했지만, 조금 더 덧붙이면 다음과 같다. 백종인 기자의 칼럼 "야구는 구라다"에 서술된 부분을 정리했다.

이치로의 일상

플레이볼은 아직 4시간이나 남았다. 그런데 벌써 시작이다. 일단 라커 앞에 자리 잡는다. 할 일이 무척 많아 보인다. 발 마사지 기계를 꺼내더니 양 발을 넣고 스위치를 켠다. 그게 끝나면 이번엔 바닥에 눕는다. 진동 폼 롤러(vibrating foam roller)로 허벅지 뒤쪽에서 엉덩이까지 한참을 풀어준다. 그렇게 30분 가까이 정성을 들인다. 그다음은 스파이크를 꺼낸다. 쇠 브러시로 징이 박힌 부분까지 구석구석 말끔하게 청소한다. 이어서 유니폼을 꺼내서 무릎 위에 놓고 소형 가위로 도드라진 실밥 하나하나를 모두 제거한다.

이치로는 "깨끗하게 직접 손질한 글러브로 훈련한 것은 몸에 남는다. 그런 기억은 계속 몸에 새겨진다. 하지만 더러운 글러브로 플레이를 하고 있으면 그런 운동은 기억에 남지 않는다. 그런 의미가 크다"라고 의미를 설명했다. 정리가 끝나면 흐트러진 라커 앞을 깨끗이 청소한다. 그리고 그라운드에 나가서 팀 전체가 하는 준비 운동에 참가한다. 다들 끝내고 흩어져도 혼자 남아 20분 정도를 계속한다. 목과 등, 허리, 발목, 무릎 등을 꼼꼼하게 스트레칭 한다.

그걸 마치면 비로소 케이스에서 배트 하나를 꺼내 실내 타격 연습장으로 향한다. 이치로는 배트에 몸 컨디션을 맞춘다. 그의 배트는 미즈노에서도 최고의 장인(匠人)으로 불리는 구보타 이소카즈가 전담 제작한다. 33.5인치, 무게는 31~31.75 온스(약 880~900g)짜리다. 대개의 선수들이 컨디션에 따라 수시로 배트의 무게나 길이를 바꾼다. 하지만 그는 반대다. 항상 똑같은 것을 쓰면서 자신의 몸 상태를 배트에 맞춘다. 제작자도 "평생 그렇게 일정한 것을 쓰는 사람은 없었다"고 감탄한다.

그의 아침 식사 메뉴는 늘 똑같다. 처음 7년간은 카레만 먹었다. 요즘은 페퍼로니 피자로 바꿨다. 한 가지만 고집하는 건, 이것저것 먹다가 혹시라도 탈이 나면 경기를 망칠까 봐서다. 허리에 부담이 갈지 모르는 푹신한 소파도 멀리한다. 라커룸에서는 딱딱한 철제 의자를 사용한다. 스파이크를 신으면 계단도 피한다. 장애인용 슬로프를 이용한다. 발목이 걱정되어서다. 너무나 지독하고 병적일 만큼 집착한다. 그런 몸 관리에 대해서 곁에서 누군가 한마디 했다. 그러자 그의 대답이 이랬다. "내가 지금 얼마를 받고 있나 생각한다. 그 연봉에 대한 책임감, 그리고 팬들에게 최선의 모습을 보여줘야 한다는 의무감에서 벗어날 수 없다."

이치로는 철저한 '직업 야구 선수'다. 162경기에 모두 나간 경우가 4시즌이나 되고 연평균 157.4게임을 치러냈다. 21세기 들어 이렇게 많이 출근한 선수는 없다. '멀쩡한 몸'을 유지하기 위한 그의 일상생활은 강박증이라고 여겨질 만큼 철저하다. 40대 중반이 되었지만, 몸무게의 변화는 고작 1파운드 (454g)가 늘어났을 뿐이다. 매일 똑같은 시간에 일어나고, 똑같은 시간에 잠들고, 똑같은 시간에 밥 먹고, 똑같은 시간에 훈련한다. 야구장에 도착하는 시간은 정확하게 오후 2시. 심지어 출근길 코스는 물론 차선까지도 매일 일정하게 운전한다.

51번 이치로

이치로는 메이저리그 명예의 전당 가입이 확정적인 선수로 평가받는다. 그는 2004년에 메이저리그 한 시즌 최다 기록인 262안타를 기록했다. 그리고 2001년부터 2010년까지 10년 연속으로 3할 타율에 200안타를 기록했고, 2016년에는 대망의 3,000안타를 달성했다. 일본 프로야구에서 9년간 뛰고 미국으로 건너와 세운 기록이라 더욱 놀랍다. 이치로는 2001년 메이저리그에 입성하며 "첫해가 마지막 해가 될지도 모른다는 생각이 든다. 최선을 다해야겠다는 생각만 단단히 하고 있다"라고 출사표를 던졌다. 이치로는 그때 다짐한 초심에서 지금껏 단 한 발자국도 멀어지지 않았다. "51세까지 현역 생활을 하고 싶다"라고 말하는 이치로의 등 번호는 그래서 51번이다.

최고의 선수들이 한계에 도전하다

168cm의 메이저리거가 있다

메이저리그 야수의 평균 신장은 185cm

메이저리그에서 신장이 상대적으로 작은 수비 포지션은 내야수다. 1루수와 3루수에 비해 민첩함과 기민함이 필수인 키스톤 플레이어가 더 작은데, 특히 2루수가 가장 작다. 메이저리그 야수의 평균 신장은 185cm가 넘는데, 2루수는 180cm 정도다.

휴스턴 애스트로스의 주전 2루수 호세 알투베도 키가 작다. 그런데 메이저리그 평균보다 20cm나 작은 165cm 남짓에 불과하다. 메이저리그 최단신 선수인데도 2016년 2루수 부문 1위를 차지하는 등 작은 거인의 위용을 자랑하고 있다. 현역 선수들이 꼽은 최고의 선수에도 선정됐다.

베네수엘라 출신의 알투베는 2008년 메이저리그에 등장했고 2012년부터 풀타임으로 뛰기 시작했다. 2014년부터 2016년까지 3년 연속 리그 최다 안타를 기록했고 2014년과 2016년에는 리그 타격왕에 올랐다. 2014년과 2015년에는 리그 도루왕까지 차지하며 여러 분야에서 맹활약했다. 2016년에는 데뷔 이래 최다인 24홈런을 치며 작은 체구에도 불구하고 장타력까지 점점 올라가고 있다. 잘 치고 잘 달리던 선수가 홈런 기술까지 장착하며 신체의 한계를 뛰어넘고 있는 것이다.

알투베는 "야구는 키와 덩치로 하는 것이 아니다. 열정과 노력으로 하는 것이다. 신체적인 단점이 있어도 최선을 다하면 된다"고 말했다.

호세 알투베

최고의 선수들이 한계에 도전하다

홈런 개수가
늘어나는 이유

폭발적인 증가 추세

2010년대 들어 메이저리그에서 홈런 개수가 상승하고 있다. 2014년 메이저리그에서 나온 홈런은 모두 4,186개였다. 2015년에는 4,909개로 723개가 늘었다. 그리고 2016년에는 5,610개로 집계됐다. 2년 사이에 1,424개나 증가했다. 20% 이상의 폭발적인 증가 추세다. 2016년에 메이저리그 30개 구단의 팀당 평균 홈런 개수도 187개로, 2000년 이후 가장 많은 타구가 펜스를 넘어갔다.

 메이저리그의 역사에서 홈런 수가 대폭 증가한 때는 4차례 있다. 1940년대 후반에 제2차 세계대전이 끝나고 메이저리그 선수들이 복귀했을 때, 1970년대를 전후해 마운드 높이를 지금의 높이로 낮췄을 때, 그리고 1990년대 초반 메이저리그 구단이 28개 팀으로 확대되었을 때, 마지막으로 2016년 즈음이다.

스테로이드 시대에 비해 타자들의 힘이 갑자기 강해지지 않았고, 타격 기술이 확 좋아진 것도 아닌데, 2010년대 들어 홈런 페이스가 가팔라지자 여러 분석이 나왔다. 우선 타자들의 타격 기술이 비약적이지는 않지만, 이전에 비해 확실히 좋아졌다는 주장이다. 또한 타자들이 다양한 분석 기술을 통해 투수 공략 정보를 취득하게 되었다는 점도 영향을 끼쳤다는 분석이다.

세이버메트릭스가 통용되어 타율의 중요성이 약화되었고, 타자들이 삼진을 두려워하지 않게 된 것도 설득력을 얻었다. 여기에 스트라이크존이 좁아지며 홈런이 늘었다는 관측도 나왔다.

음모론자들은 공인구 조작설을 제기했다. 이들은 여러 분석에도 불구하고 최근의 홈런 증가를 제대로 설명할 수 없다며, 공인구에 대한 의혹의 눈초리를 보냈다.

최고의 선수들이 한계에 도전하다

사이클링 히트에 필요한 조건은?

사이클링 히트란?

사이클링 히트의 정확한 표현은 히트 포 더 사이클(Hit for the cycle)이다. 한 경기에서 한 명의 선수가 순서에 상관없이 1루타, 2루타, 3루타, 홈런을 모두 때려내는 것을 말한다. 기록 달성의 어려움 때문에 투수의 노히트노런과 비교된다.

사이클링 히트를 완성하기 위해서는 안타를 치는 능력뿐 아니라 홈런을 칠 수 있는 힘, 3루까지 달릴 수 있는 빠른 발이 필요하다. 운도 물론 필요한 요소임은 틀림없다.

메이저리그 최초의 사이클링 히트는?

메이저리그 최초의 사이클링 히트는 1882년 5월 25일 버팔로 바이슨스 소속의 커리 폴리가 기록했다. 외야와 1루 수비를 봤던 그는 투수를 겸업하며 사이클링 히트 대기록을 세웠다.

사이클링 히트가 하루에 두 번 나온 적도 있었다. 1920년 9월 17일에 보비 비치와 조지 번스가 나란히 기록했고, 2008년 9월 1일에는 애리조나 다이아몬드백스의 스티븐 드루와 시애틀 매리너스의 아드리안 벨트레가 동시에 달성했다. 개인 최다 사이클링은 3회로 존 라일리(1890년), 밥 뮤셀(1928년), 베이브 허만(1933년)이 작성했다.

내추럴 사이클

내추럴 사이클은 13번 나왔다. 사이클링 히트 중에도 내추럴 사이클은 1루타, 2루타, 3루타, 홈런을 순서대로 치는 것을 말한다. 내추럴 사이클의 역순으로 나온 사이클링 히트는 4번 있었다.

아버지와 아들이 사이좋게 사이클링 히트를 기록하기도 했다. 개리 워드는 1980년에 사이클링 히트를 기록했는데, 아들 대럴이 24년 뒤인 2004년에 아버지와 같은 기록을 세웠다.

할아버지와 손자의 사이클링 히트도 메이저리그 역사에서 한 번 나왔다. 거스 벨이 1950년에 기록하자 손자인 데이비드 벨이 2004년에 그 뒤를 이었다.

한 시즌에 두 번의 사이클링 히트를 작성한 선수는 4명으로 존 라일리(1884년), 팀 오닐(1887년) 베이브 허만(1931년)에 이어 81년 만인 2012년에 애런 힐이 기록했다.

추신수는 아시아인 최초로 사이클링 히트를 쳤다. 그는 2015년 7월 22일 쿠어스 필드에서 열린 콜로라도 로키스와의 경기에서 2루타 → 홈런 → 1루타 → 3루타 순으로 대기록을 달성했다.

최고의 선수들이 한계에 도전하다

양손 타자 VS 양손 투수

스위치히터의 장점

복싱 선수가 한손만 중점적으로 사용하는 것보다 양손을 모두 잘 쓴다면 훨씬 유리하다. 스위치히터와 시합하는 상대는 오른손잡이와 왼손잡이를 동시에 상대하는 느낌이 들 것이다. 복싱에서 스위치히터는 그리 많지 않다. 무하마드 알리와 마빈 헤글러가 양손을 모두 잘 썼다고 알려져 있다.

야구에서 스위치히터는 양쪽 타석에 모두 들어가는 타자를 의미한다. 우투수가 나오면 좌타석에 들어가고 좌투수가 나오면 우타석에 들어간다. 일반적으로 우투수에게 좌타자가 유리하고 좌투수에게는 우타자가 유리하기 때문이다.

그 이유는 짧은 순간이긴 하지만, 우투수의 공을 우타자보다는 좌타자가 조금 더 오래 볼 수 있기 때문이다. 공을 오래 본다는 것은 구종 파악에 더 유리하다는 의미이며, 궤적의 변화에 조금이나마 더 잘 대처할 수 있다는 말이다. 슬라이더나 커브의 경우에는 타자 몸 쪽으로 날아오기에 바깥쪽으로 달아가는 것보다 타격하기가 용이하다. 타자는 멀어지는 공보다 자신을 향해 다가오는 공에 상대적으로 더 강하다.

스위치히터가 되는 이유

2017년 시즌, 12년 만에 휴스턴으로 복귀한 카를로스 벨트란은 마이너리그 시절에 스위치히터로 변신했다. 그는 양손 타자의 길을 선택한 것에 대해 "나는 항상 메이저리그에서 매일 경기에 출장하는 것을 목표로 삼았다. 교대로 출장하는 백업 선수가 되지 않겠다고 다짐했다. 스위치히터가 되면 더 많은 경기에 출장할 수 있고 그러면 타석에서 스윙을 할 수 있는 기회와 잘할 기회는 따라서 더 많아진다"고 밝혔다. 벨트란처럼 많은 타자들이 성공을 위해 양손 타자를 선택한다.

주변의 권유로 변신하는 경우도 있다. 치퍼 존스는 아버지 래리 존스가 오른손과 왼손을 번갈아 사용해 테니스공을 치게 하며 스위치히터로 만들었다. 버니 윌리엄스는 벅 쇼월터 감독이 뉴욕 양키스 시절에 양키 스타디움의 오른쪽 펜스가 가깝다는 사실을 강조하며 스위치히터가 될 것을 설득했다.

조금은 색다른 이유도 있다. 뉴욕 양키스에서 1루수로 뛴 토니 클락은 초등학교 시절 너무 크고 힘이 세다고 자신을 끼워주지 않자 "그럼 나는 왼손으로 치겠다"라는 조건을 내걸어 어울리면서 양손 타자가 됐다.

늘어가는 스위치히터들

스위치히터는 1970년 대 이후 본격적으로 메이저리그에 등장했다. 상대 투수 운영에 따라 플래툰 시스템이 가동되자, 타자들은 생존을 위해 스위치 히팅을 고민하게 됐다. 1970년대 이전에는 스위치히터는 다섯 손가락을 꼽을 정도였다. 그러나 1970년대 이후 20명 정도로 늘더니 1990년에는 40명으로 두 배 증가했다. 2000년대 이후에는 30개 구단에 약 40명의 양손 타자가 뛰고 있고 로스터에는 100명 이상이 등록되어 있다. 스위치 히팅은 익숙하지 않은 타석에 적응해야 하고, 좌우 타석에서 달리 보이는 시각적 차이도 극복해야 한다. 그러나 한쪽이 아닌 양쪽 타석에 서면서 찾아오는 더 많은 기회 때문에 여전히 매력적이라고 할 수 있다.

양손 투수의 등장

양손 타자처럼 양손 투수도 있다. 투수들은 몸의 밸런스를 맞추기 위해 양손으로 섀도피칭 훈련을 한다. 그리고 간혹 불펜에서 오른손과 왼손을 모두 사용해 실제로 던지는 투수도 있다. 그러나 실제 마운드에서도 양손으로 던지는 스위치 투수가 있었다.

1882년 토니 멀런이 경기 중에 한 번 시도했다는 기록이 남아 있는데, 그게 스위치 피칭의 최초 기록이다. 그리고 1884년에 래리 코크런이, 1888년에는 엘튼 체임벌린이 경기 중에 양손 투구를 했다고 전해진다. 현대 야구에서는 1995년에 몬트리올 엑스포스의 투수 그레그 해리스가 스위치 피칭을 했다. 원래 투수이지만, 좌타자가 많은 이닝에는 왼손으로 던졌다.

메이저리그에서 풀타임 양손으로 투구한 투수는 팻 벤디트가 유일하다. 그는 2008년 드래프트에서 20라운드로 뉴욕 양키스에 지명되어 프로 생활을 시작했고 2015년 오클랜드 애슬레틱스 소속으로 메이저리그에서 양손으로 투구했다.

그해 보스턴 레드삭스와의 경기에서 4-2로 앞선 7회 마운드에서 좌투수로 나와 좌타자 브록 홀트를 1루 땅볼로 아웃 잡았다. 곧바로 인상적인 장면이 나왔다.

우타자 핸리 라미레스가 타석에 서자 벤디트는 오른손에

낀 글러브를 왼손으로 옮기고 우투수로 변신했다. 그는 라미레스에게는 안타를 내줬지만 후속 타자를 2루 땅볼로 처리하며 빅 리그 데뷔 첫 이닝을 무실점으로 막았다. 벤디트는 이날 2이닝 1안타 무실점으로 스위치 피처의 성공 가능성을 알렸다.

벤디트 룰

스위치 피처와 스위치 타자가 맞대결을 펼치자 재미있는 일이 발생했다. 양손 투수 벤디트와 타석의 양손 타자 사이에 실랑이가 벌어졌다.

벤디트가 우투수로 준비하자 타자가 좌타석에 들어갔다. 벤디트가 글러브를 오른손으로 바꿔 끼고 좌투수로 던지려고 하자, 타자는 홈 플레이트를 건너 우타석에 들어갔다. 벤디트가 어느 손으로 던질지에 따라 타자가 타석을 왔다 갔다 하는 재미있는 장면이 연출됐다.

이 사건으로 벤디트 룰이 생겼다. 투수가 먼저 어느 쪽 손으로 던질지 결정하고 마운드에 오르면 그 손으로만 투구해야 하고, 타자 역시 자신의 타격 방향을 결정하고 타석에 서면 그쪽에서만 타격을 해야 한다는 것이다.

최고의 선수들이 한계에 도전하다

동체 시력이
타격을 좌우한다?

타격은 공을 잘 보는 것에서 출발한다

영화 〈슬로우 비디오〉에 나오는 주인공은 찰나를 놓치지 않는 뛰어난 동체 시력의 소유자다. 천재적인 운동신경을 자랑하는 선수 중에는 탁월한 동체 시력을 가진 경우가 많다. 투수가 던진 공이 남들보다 더 천천히 눈에 들어오기에 그만큼 더 정확하게 칠 수 있다. 선구안은 타자의 생명과도 같다. 타격은 공을 잘 보는 것에서 출발한다.

예일대 물리학과 교수인 로버트 어데어의 저서 《야구의 물리학》에 따르면, 타자의 눈은 투수가 던진 빠른 공이 홈 플레이트까지 날아오는 0.4초 동안 공의 위치 정보를 뇌에 전달한다. 그 짧은 시간 내에 타자는 투수의 구종과 궤적을 파악해 타격 여부를 결정해야 한다. 동체 시력이 좋을수록 타율은 높아질 수밖에 없다.

추신수, 이치로의 동체 시력 훈련

추신수는 빅 리그에서 살아남기 위해 동체 시력 훈련을 많이 했다. 타격 훈련장에서 스윙을 하지 않고 날아오는 공에 적혀 있는 숫자를 읽는 데 주력했다. 메이저리그에서 많은 타자들이 하는 훈련인데, 추신수는 출루율을 높이기 위해 꾸준히 볼의 궤적을 쫓으며 숫자를 읽었다. 그 결과 그는 스트라이크존에 들어온 70%의 공을 스윙했고 스트라이크존 바깥에 형성된 공은 불과 20% 정도만 스윙했다.

국내에서는 이승엽이 동체 시력 테스트에서 0.1초 만에 사라지는 9자리 숫자 중 6개를 읽었다. 일반인 평균인 3개의 두 배 이상이었다.

이치로는 동체 시력을 키우기 위해 어린 시절부터 지나가는 자동차 번호판을 재빨리 읽는 훈련을 했다. 메이저리그에서도 공에 적힌 숫자를 읽는 훈련을 꾸준히 했다. 추신수가 한 것과 같은 훈련이다.

누가 메이저리그의 명인일까

5이닝

쿠팩스와 커쇼의 또 하나 공통점은 황금기를 맞이했을 때 왼팔을 받쳐줄 황금 오른팔이 함께 했다는 것이다. 쿠팩스는 돈 드라이스데일과, 커쇼는 잭 그레인키와 함께 공포의 원-투 펀치로 리그를 지배했다.

누가 메이저리그의 명인일까

시공 초월 라이벌,
쿠팩스와 커쇼

클레이튼 커쇼

"너는 어느 별에서 왔니?"

2000년대 메이저리그를 대표하는 좌완 투수로는 여러 명이 꼽히지만, LA 다저스의 에이스 클레이튼 커쇼를 지목하는 데 이견은 없을 것이다. 그는 2014년 콜로라도 로키스와의 홈경기에서 삼진 15개를 잡아내며 생애 첫 노히트를 작성했는데, 당시 7회 초 선두 타자 코리 디커슨의 땅볼을 유격수 핸리 라미레스가 실책하지 않았다면, 퍼펙트게임도 가능했던 위대한 투구였다. 이날 경기가 끝나자 각 매체에서는 "쿠팩스의 투구를 보는 듯했다"

며 극찬했다. "쿠팩스의 전성기를 보지 못해 아쉽다면, 클레이튼 커쇼의 투구를 지켜보는 것이 차선책은 될 것이다"라고도 했다.

샌디 쿠팩스는 다저스가 브루클린에서 LA로 연고지를 옮긴 뒤에 메이저리그 최강팀으로 거듭날 수 있도록 한 최고의 좌완 투수였다. 50년의 시차를 두고 최고의 투수로 인정받는 두 선수는 시공을 초월하는 라이벌이다.

'신의 왼팔' 쿠팩스, 만장일치로 사이영 상 수상

브루클린에서 태어난 쿠팩스는 다저스 입단 초기에는 공만 빠른 그저 그런 투수였다. 엄청난 공을 뿌리면서도 제구 불안이 늘 발목을 잡아, 1955년부터 3시즌 동안 9승 10패 방어율 4.00(204.2이닝 91실점)에 불과했다. 연고지를 브루클린에서 LA로 이전해 콜리세움 스타디움 시대를 맞은 1958년에 40경기(선발 26경기)에서 11승 11패 방어율 4.48로 처음 두 자릿수 승리를 따냈지만, 부상과 부진 등으로 출장 기회가 줄어들자 1960년 즈음, 야구를 그만둘 결심을 했다.

그러나 구단의 끈질긴 설득 끝에 "딱 한 시즌 만 더"를 외쳤던 쿠팩스는 1961년 42경기(선발 35경기)에 나서 18승 13패 방어율 3.52로 '신의 왼팔'의 탄생을 알렸다. 그는 자서전을 통해 "내가 진짜 열심 히 훈련한 것은 1960 년 겨울이었다. 러닝 을 많이 하기 시작했 고, 올바른 방향을 찾 아 나아가기로 결심 했던 해"라고 밝혔다. 이미 리그를 압도하 는 구위를 갖고 있었 던 쿠팩스는 하체 밸 런스를 활용한 투구

샌디 쿠팩스

메커닉에 눈을 뜨면서 내셔널리그 단일 시즌 최다 탈삼진 신기록(269개)을 세우기도 했다.

투수 친화적인 다저 스타디움으로 홈구장을 옮긴 1962년부터가 쿠팩스의 진짜 전성기였다. 다저스의 월드 시리즈 우승을 견인한 1963년, 자신이 등판한 40경기를 모두 선발로 나선 쿠팩스는 311이닝을 던지며 306개의 삼진을 잡아내 25승 5패 방어율 1.88로 역사상 첫 '만장일치 사이영 상'과 리그 MVP, 월드 시리즈 MVP를 휩쓸었다.

농구 장학금을 받고 신시내티 대학에 입단했고 서부 여행

이 소원이던 장신 유대인 청년이 메이저리그의 별이 돼 '신의 왼팔'이라는 애칭을 받은 순간이었다.

'신의 두 번째 왼팔'도 만장일치 수상

쿠팩스가 다저스 유니폼을 처음 입고 나선 51년 뒤, LA 다저스는 '신의 두 번째 왼팔'을 영입했다. 텍사스 주를 휩쓸어버린 고졸 좌완 투수를 1라운드 전체 7순위로 선택했다. 앤드류 밀러(양키스), 루크 호체이버(캔자스시티), 에반 롱고리아(탬파베이), 브래드 링컨(피츠버그) 등 당시 드래프트에서 최대어로 꼽히던 선수들이 1~6순위 지명권을 가진 구단들에 차례로 입단했고, 초조하게 차례를 기다리던 LA 다저스는 7번째 차례에서 커쇼를 선택했다.

입단 초기 제구 불안으로 고전한 쿠팩스와 달리 커쇼는 1년 반 가량의 마이너리그 생활에서 군계일학의 기량을 과시했다. 2008년 22경기(선발 21경기)에서 5승 5패 방어율 4.26으로 빅 리그 수준을 절감하는 듯했지만, 풀타임 첫해인 2009년 31경기(선발 30경기)에서 8승 8패 방어율 2.79로 안정적인 투구를 뽐냈다. 풀타임 3년차인 2011년, 커쇼는 자신이 선발 등판한 33차례 경기에서 233.1이닝을 소화하며 21승 5패 방어율 2.28로 '신의 두 번째 왼팔'의 탄생을 알렸다.

커쇼보다 후순위인 10번째로 샌프란시스코에 지명된 린스컴이 2008년과 2009년에 연속해서 사이영 상을 수상하자, LA 지역 언론이 "책임을 물어야 한다"며 다저스의 드래프트 책임자 로건 화이트를 비난하던 목소리도 말끔히 사라졌다. 2011년 사이영 상 수상자가 커쇼였기 때문이다. 그는 1966년 쿠팩스 이후 45년 만에 트리플 크라운(다승, 방어율, 탈삼진 1위)을 달성하며 사이영 상의 주인공이 됐다. 커쇼는 2013년과 2014년에 사이영 상 2연패를 달성하며 자신의 우상 쿠팩스와 어깨를 나란히 했다. 특히 쿠팩스가 사상 첫 만장일치 사이영 상을 수상한 지 51년 만인 2014년에 다시 한 번 만장일치 사이영 상을 차지했다. 그해 커쇼는 내셔널리그 역사상 쿠팩스 이후 두 번째로 리그 MVP와 사이영 상을 함께 거머쥔 투수로도 기록됐다.

커쇼가 존경한 쿠팩스, 쿠팩스가 사랑한 커쇼

ESPN에서 쿠팩스가 첫 사이영 상을 수상한 1963년부터 세 번째 사이영 상을 거머쥔 1966년까지 네 시즌과 커쇼의 네 시즌(2011~2014년) 기록을 비교했다.

쿠팩스는 그 네 시즌 동안 97승 27패 방어율 1.86을 기록했다. 그리고 네 시즌 중 세 시즌(1963, 1965, 1966년) 동안 300이닝, 300탈삼진을 기록했고 20승 이상을 세 차례 기록했다. 3년간 이닝당 평균 출루 허용율이 0.91, 경기당 삼진이 9.3개였다. 커쇼는 네 시즌 동안 72승 26패 방어율 2.13을 기록했다. '분업화 시대'를 고려해도 200이닝(2011~2013년)을 3차례 기록했고, 200탈삼진을 4차례 작성하며 현역 최고의 존재감을 증명했다. 그 기간에 이닝당 평균 출루 허용율이 0.95이고 경기당 삼진은 9.4개로 쿠팩스에게 결코 뒤지지 않는 성적을 남겼다.

커쇼는 2013년에 방어율 1.83을 기록하며 쿠팩스의 1966년 방어율 1.77 이후 47년 만에 1점대 방어율로 시즌을 마친 선수로 기록되기도 했다. 기록을 이정표로 놓고 보면 쿠팩스와 커쇼가 왜 시대를 관통하는 닮은꼴인지 알 수 있다. 시공을 초월한 두 선수의 라이벌 구도에 많은 이들이 흥미를 느끼고 있지만, 커쇼는 ESPN과 인터뷰를 통해 "나는 한 시즌에 300이닝을 소화하거나 300삼진을 잡아내기 힘들 것이다. 쿠팩스가 세운 기록은 말도 안 되는 수준이다. 경쟁은 감히 생각할 수 없다. 내가 쿠팩스와 동급으로 분류되기에는 아직 한참 모자르다"며 존경심을 드러냈다. 이에 쿠팩스는 "커쇼는 내가 본 최고의 좌완"이라고 후배를 한껏 치켜세웠다.

리그 평정 비결은?

래리 더커 감독은 메이저리그에서 쿠팩스가 화려한 불꽃을 태우는 모습을 지켜보았는데, 다음과 같이 커쇼와 비교했다. 더커 감독은 "커쇼의 투구를 보면 한 치의 망설임 없이 쿠팩스가 떠오른다. 쿠팩스는 커쇼보다 삼진을 더 많이 잡는 투수였다. 둘의 직구는 비슷하지만 서로 다른 브레이킹 볼을 갖고 있다. 쿠팩스는 체인지업이고, 커쇼는 슬라이더로 서로 다른 카운트 피치가 있다. 하지만 단언컨대 둘의 커브는 비교할 수 없이 매우 뛰어나다"고 술회했다. 닮은꼴 커브를 가지고 있다는 증언이다.

쿠팩스는 역대 최고의 커브볼러로 선정된 바 있다. 160km에 육박한 빠른 공에 폭포수 커브를 가미해 타자를 요리했다. 당시 가뜩이나 스트라이크존이 넓어 타자들은 쿠팩스의 커브를 당해낼 수 없었다. 커쇼도 커브를 자유자재로 구사했다.

CBS 스포츠는 메이저리그 투수들 가운데 구종별 최고 투수를 꼽았는데, 구종별 가치 분석에서 제시한 특정 구종에 따른 런 세이브 지표에서 커쇼의 커브는 15.4점을 기록해 메이저리그에서 가장 좋은 커브로 손꼽혔다.

CBS 스포츠는 "2000년대 들어 메이저리그에서 커브는 하락세를 보이는 구종이다. 커쇼는 이 중에서도 가장 전통적인 커브라 할 수 있는 12시에서 6시 방향으로 떨어지는 커브를 던지는데, 스트라이크를 던지기 매우 어려운 구종이다. 그런데 뛰어난 제구력으로 볼넷을 거의 내주지 않았다. 결정구로 이 커브를 던져 절반 이상 스트라이크존 안에 넣을 수 있는 능력을 지녔다"고 극찬했다.

시대를 초월하는 '신의 왼팔'인 쿠팩스와 커쇼가 리그를 평정할 수 있었던 것은, 소위 '3층에서 지하로 떨어진다'고 표현하는 커브의 달인이었기 때문이다.

황금 오른팔과 함께 했다

쿠팩스와 커쇼의 또 하나 공통점은 황금기를 맞이했을 때 왼팔을 받쳐줄 황금 오른팔이 함께 했다는 것이다. 쿠팩스는 돈 드라이스데일과, 커쇼는 잭 그래인키와 함께 공포의 원-투 펀치로 리그를 지배했다.

LA 시대에 다저스에게 처음으로 사이영 상을 안겨준 주인공이기도 한 드라이스데일은 1963년 쿠팩스와 함께 팀의 99승 중 44승을 책임졌다. 월드 시리즈에서 6번째 도전 만에 뉴욕 양키스를 제압할 때에도 쿠팩스와 3승을 합작할 만큼 위력적인 투수였다. 쿠팩스가 황금기를 구가하던 1963년부터 4시즌 동안 드라이스데일 역시 73승을 보태며 세 차례 월드 시리즈에 진출해 두 차례 우승을 이끌어냈다. 잭 그레인키는 커쇼 홀로 분투했던 다저스 선발진에 화룡점정이 되며 2010년대 초반 강력한 LA 다저스 마운드를 지켰다.

완벽해 보이는 커쇼가 넘어야 할 과제가 있다. 바로 가을 잔치에 약하다는 징크스다. 두 차례 월드 시리즈 MVP를 수상한 쿠팩스와 달리, 커쇼는 통산 11차례 포스트시즌에 등판에서 1승 5패 방어율 5.12로 저조했다. 쿠팩스 역시 포스트시즌에서는 통산 4승 3패로 승수를 많이 쌓지는 못했지만, 방어율 0.95로 월드 시리즈 우승을 견인했다.

이를 두고 쿠팩스는 "100%가 되면 망가진다. 커쇼의 10월은 99%면 충분하다"며 후배의 부담을 덜어주었다. 투수를 받쳐주는 불펜 진과 야수들이 있으니 너무 완벽히 던지려고 노력하지 말라는 조언이다. 앞으로 커쇼가 가을의 전설로 등극한다면, 팔꿈치 통증으로 조기 은퇴한 쿠팩스를 뛰어넘을 수 있는 관문을 통과하게 된다.

누가 메이저리그의 명인일까

어니 뱅크스,
호너스 와그너 그리고 강정호

시카고 컵스 최초의 흑인 선수

어니 뱅크스(1931~2015년)는 미국 프로야구 시카고 컵스 최초의 흑인 선수이다. 그는 시카고 컵스를 상징하는 인물이자 전설이다. 1953년 9월 흑인으로는 처음 시카고 컵스에 입단해 19시즌을 뛰면서 11차례 올스타에 선발됐고, 내셔널리그 최우수 선수상(MVP)도 2년 연속(1958~1959년) 수상한 최초의 선수다.

컵스 소속 선수로 가장 많은 경기에 출전해 가장 많은 타석에 들어섰던 선수로 아직도 그 기록을 유지하고 있다. 1971년까지 19시즌 동안 컵스에서만 뛰며 통산 2,528경기에 출전해 9,421타석에 들어서 512홈런 2,583안타 1,636타점을 기록했

어니 뱅크스

다. 1977년 명예의 전당에 헌액됐고, 컵스 구단은 1982년 그의 등 번호 14번을 영구 결번으로 정하며 그의 업적을 기렸다. 그의 별명이 '미스터 컵(Mr.Cub)'이니 더 설명할 필요조차 없다.

뱅크스는 인종차별 속에서도 무한한 열정과 낙관적 성품으로 '염소의 저주'에 시달리던 컵스 팬들의 큰 사랑을 받았는데, 그가 뛰던 시절 컵스는 단 한 차례도 포스트시즌에 진출하지 못했지만 팬들은 뱅크스의 항상 웃는 얼굴과 뛰어난 유머 감각으로 위안을 받았다. 컵스 팬들이 최초의 흑인 선수였던 뱅크스를 역대 최고의 선수로 꼽는 이유다.

그래서 그는 '미스터 션샤인'으로도 불렸다. 심지어 그는 백인 투수들의 빈볼에도 웃는 얼굴을 보일 정도였다. 뱅크스가 경기를 끝낸 뒤 동료들에게 "야구 하기 정말 좋은 날이다. 우리 한 게임 더 하자"(It's a beautiful day for a ballgame. Let's play two!)라고 한 말은 그의 천성과 야구 사랑을 잘 대변한다.

뱅크스는 '유격수 슬러거'로 유명한데, 최초의 '거포형 유격수'라는 평가를 받는다. 통산 500홈런을 넘긴 26명의 선수 가운데 유격수 출신은 뱅크스와 알렉스 로드리게스 단 두 명

뿐이다. 로드리게스가 약물 복용으로 논란의 중심에 서 있는 것을 고려하면 뱅크스의 위대함은 더욱 돋보인다. 뱅크스보다 더 많은 타점을 올린 유격수도 로드리게스(1969점)와 호너스 와그너(1732점), 칼 립켄 주니어(1695) 등 3명에 불과하다. 뱅크스는 1955년에 44홈런을 폭발하며 유격수 최초로 40홈런을 넘어서기도 했다.

'유격수 최초의 40홈런.' 이 대목에서 우리는 피츠버그 파이리츠에 입단하며 메이저리거가 된 강정호를 떠올리게 된다. 강정호는 한국의 대표적인 '유격수 슬러거'로 국내 프로야구에서 홈런왕에 오르진 못했지만, 역대 유격수 최다 홈런(40개), 최다 타점(117타점)을 작성했다.

'플라잉 더치맨'

메이저리그 구장 중 가장 아름다운 구장으로 인정받는 PNC 파크에는 피츠버그의 전설 호너스 와그너의 동상이 구장 앞에 세워져 있다. 그는 메이저리그를 대표하는 '최고의 유격수'로 컵스의 뱅크스를 능가하는 인물이다. 그는 1897년 데뷔해 1917년까지 뛰며 메이저리그 초창기였던 1900년대 초반을 주름 잡았다. 통산 홈런은 101개에 그쳤지만 타점 생산 능력과 빠른 발, '플라잉 더치맨'이란 별명을 낳은 날렵한 수비

호너스 와그너

능력은 발군이었다.

타격왕(통산 타율 0.329)을 8차례나 차지했고, 722개로 역대 유격수 최다 도루 기록을 여전히 보유하고 있다. 도루 실패는 단 15개였다. 그 역시 친절하고 부드러우면서 겸손하고 유머를 갖춘 성품의 소유자였다. 와그너는 1936년 명예의 전당에 처음 헌액된 타이 콥, 베이브 루스 등 퍼스트 파이브 중 한 명이다.

사실 뱅크스와 와그너는 순수하게 유격수만으로 한정할 수 없는 선수들이다. 뱅크스는 10년 동안 유격수로 활동하다가 부상 탓에 1루수로 전업했고, 와그너는 빼어난 수비력 때문에 내야 전 포지션을 소화했다. 그렇다고 누구도 '레전드 유격수'로서 이들의 업적을 폄하할 수 없다.

누가 메이저리그의 명인일까

반지 찾아 보스턴에서
양키스로 간 선수는?

유니폼을 갈아입고 월드 시리즈 우승 반지를 낀 선수는 몇 명일까?

뉴욕 양키스와 보스턴 레드삭스는 메이저리그 최고의 라이벌이다. 양 팀 간의 골은 1915년 베이브 루스 현금 트레이드 이후에 '밤비노의 저주'로 심화되며 만나기면 하면 견원지간처럼 다투고 있다. 베이브 루스는 줄무늬 유니폼으로 갈아입은 뒤 메이저리그 최고의 선수가 됐고, 보스턴은 루스를 보낸 뒤 86년간 우승하지 못하며 최악의 트레이드 사례를 남겼다. 보스턴에서 뉴욕으로 이적한 사례는 간간이 나왔는데, 베이브 루스에 이어 3명의 선수가 유니폼을 갈아입고 월드 시리즈 우승 반지를 꼈다.

베이브 루스

보스턴 레드삭스 구단주인 해리 프레이지는 재정난으로 베이브 루스를 보스턴에 팔았는데, 그 결과 보스턴은 '밤비노의 저주'를 푸는 데 86년이 걸렸고, 약팀이었던 양키스는 1923년 첫 우승을 차지하며 희비가 갈렸다. 베이브 루스는 이적 첫해부터 홈런 54개를

베이브 루스 명패

때려내는 등 폭발했고 양키스가 메이저리그 최고 구단으로 가는 길을 열었다. 루스의 별명 중 하나인 밤비노는 이탈리아어로 '애송이'를 뜻한다. 양키스 외야에 몰려와 경기를 관전하던 이탈리아계 사람들이 루스의 애칭인 베이브(babe)를 이탈리아식으로 밤비노라고 불렀다. 루스는 이탈리아계는 아니고 부모가 모두 독일계였다. 같은 독일계인 루 게릭과 함께 미국 내 독일인의 상징적 존재가 됐다.

웨이드 보그스

통산 3,010안타와 타격왕을 5차례 차지한 보그스는 1982년부터 1992년까지 11년 동안 보스턴 레드삭스에서 맹활약했다. 그는 1985년부터 12년 연속 아메리칸리그 올스타로 선정

되기도 했다.

레드삭스는 1985년 월드 시리즈에서 우승 직전까지 갔다. 시리즈 전적 3승 2패로 앞선 6차전에서 연장 10회 초까지 5-3으로 앞서며 '밤비노의 저주'를 푸는 것처럼 보였다.

그러나 실책 하나가 역전패를 불렀다. 레드삭스의 1루수 빌 버크너는 연장전에서 평범한 땅볼을 뒤로 빠뜨리는 통한의 실책을 저질렀고 팀은 5-6으로 역전패당했다. 그리고 마지막 7차전에서도 5 8로 패하며 준우승에 그쳤다.

보스턴에서 우승 반지를 끼지 못한 보그스는 1993년에 라이벌 구단인 양키스로 이적해 3년 뒤인 1996년에 우승의 한을 풀었다.

로저 클레멘스

클레멘스는 보스턴의 에이스였다. 1986년 만장일치 사이영 상과 MVP를 석권했고 1987년에도 2년 연속 20승 이상을 거두며 사이영 상 2연패를 달성했다. 1986년에는 시애틀을 상대로 전대미문의 20탈삼진 기록을 세우기도 했다.

로저 클레멘스

보스턴에서 마지막 불꽃을 태운 1996년에도 탈삼진 1위 (257개)와 함께 한 경기 20탈삼진 기록을 다시 세웠다. 클레멘스는 13년간 보스턴 유니폼을 입고 다승왕을 2번, 방어율 1위를 4번 차지했다.

클레멘스는 토론토를 거쳐 1999년에 그를 간절히 원했던 뉴욕 양키스로 이적했는데, 그곳에서 5년간 77승을 기록했고 1999년과 2000년에는 월드 시리즈 2연패를 이끌었다.

자니 데이먼

데이먼은 '밤비노의 저주'를 깬 2004년 레드삭스의 월드 시리즈 우승 멤버 중 한 명이다. 그는 우승 후에 가진 인터뷰에서 "양키스가 많은 관심을 보이고 있지만 그런 일은 절대 벌어지지 않을 것이다. 가장 많은 연봉을 제시하겠지만 돈 때문에 야구를 하는 게 아니다"라고 이적 의사가 없음을 밝혔다.

그러나 그해 스토브 리그

자니 데이먼

에서 데이먼은 자신이 한 말을 뒤집으며 앙숙인 뉴욕 양키스와 4년 5,200만 달러에 계약했다. 트레이드마크였던 수염도 깔끔하게 밀고 줄무늬 유니폼을 입었다. 당시 그의 에이전트는 스콧 보라스였다.

양키스가 2009년에 월드 시리즈 정상에 오르며 데이먼은 2004년 보스턴에 이어 자신의 2번째 우승 반지를 손가락에 끼우게 됐다.

제이스코 엘스베리

보스턴에서 월드 시리즈 우승을 경험한 선수가 양키스로 이적하며 친정 팀에 칼을 겨눈 사례도 있다. 2013년 빨간 양말을 신고 우승 반지를 낀 제이스코 엘스베리는 이듬해인 2014년 FA 계약으로 7년 1억 5,300만 달러에 뉴욕으로 둥지를 옮겼다. 레드삭스에서 뛰다가 양키스로 이적한 8번째 사례로 레드삭스의 펜웨이 파크에서 양 팀의 경기가 펼쳐지면 야유받을 선수가 한 명 더 늘었다.

누 가 메 이 저 리 그 의   명 인 일 까

가족 메이저리거는
누구일까

가족 메이저리그

메이저리그의 역사가 깊은 만큼 부자 메이저리거, 형제 메이저리거가 많이 나왔다. 1903년에 험 도셔에 이어 그의 아들 잭 도셔가 메이저리그에 데뷔하며 메이저리그에 처음으로 부자 메이저리거가 탄생했다.

켄 그리피는 가족 메이저리그 중에서도 가장 상징적이다. 19년간 메이저리그 생활을 한 아버지 켄 그리피는 올스타에 3번 뽑힌 스타 출신으로 1970년대 신시내티의 2차례 월드 시리즈 우승에 크게 공헌했다.

아버지와 시애틀 매리너스에서 잠시 한솥밥을 먹기도 한 켄 그리피 주니어는 1990년대를 대표하는 선수로 무려 13차

켄 그리피 부자

례 올스타에 선정됐고 10년 연속 골든 글러브를 수상했다. 홈런왕은 4차례 했고 개인 통산 24년간 630개 홈런을 기록했다.

3대째 메이저리그

메이저리그에서 켄 그리피 주니어와 같은 부자 빅 리거는 드물지 않다. 톰 그리브와 벤 그리브 부자는 신인 드래프트에서 모두 1라운드에 지명되는 기록을 세웠고, 샌디 알로마와 그의 두 아들 샌디 알로마 주니어, 로베르트 알로마도 유명하다. 세실 필더와 프린스 필더 부자는 메이저리그에서 처음으로 아버지와 아들이 모두 한 시즌에 50홈런 이상을 때려내며 거포

유전자를 증명했다.

3대째 이어져 내려오는 메이저리그 집안도 있다. 3대째 올스타전에 뽑힌 분 가족이 대표적이다. 할아버지 레이 분, 아버지 밥 분, 손자 브렛 분과 애런 분 형제에 이르기까지 3대는 올스타전 10회, 골든 글러브 10개를 수집했다.

레이 분은 1942년 클리블랜드에서 메이저리그 생활을 시작해 1960년까지 내야수로 18년간 활동했다. 밥 분은 1969년 아마추어 드래프트에서 필라델피아에 지명받았고 만 42세인 1990년까지 포수 외길 인생을 걸었다. 브렛 분은 아버지가 은퇴한 1990년에 시애틀에 입단했고 1998년 올스타에 선정되며 3대째 올스타가 됐다. 동생 애런 분은 1997년 신시내티에서 메이저리그 생활을 시작했다.

형제 메이저리거

저스틴 업턴과 B. J. 업턴은 2012년 8월 13일 나란히 빅 리그 통산 100호 홈런을 때려내는 진귀한 기록을 만들었다. 형제가 100홈런 이상을 친 사례는 6차례 있었는데, 같은 날 100홈런을 기록한 것은 업튼 형제가 처음이었다. 이들 형제는 2013년에는 애틀랜타에서 함께 뛰며 백투백 홈런을 만들어내기도 했다.

메이저리그에서는 홈런왕 행크 애런, 토미 애런 형제처럼 함께 활약한 사례는 총 350번이 넘는다. 업턴 형제처럼 같은 팀 유니폼을 입은 경우도 100번 이상이다.

또한 쌍둥이 형제도 있었고 드물게도 3형제가 동시대에 뛴 사례 역시 있다. 드류 3형제는 최초로 모두 신인 드래프트에서 1라운드 지명을 받았다.

마릴린 먼로의 남편으로 유명세를 치른 조 디마지오는 형 빈스, 동생 돔과 힘께 시대를 풍미했다. 라이트 3형제는 1876년 보스턴 레드스타킹스(현 애틀랜타 브레이브스)에서 함께 뛴 최초의 사례이며, 빅 리그 최고 포수로 인정받고 있는 야디에르 몰리나는 메이저리그 3형제 중에 막내다. 로이드 워너와 폴 워너는 명예의 전당에 선정된 유일한 형제 선수이기도 하다.

형제 투수

메이저리그 형제 투수 중에는 필 니크로와 조 니크로가 최다승 기록을 보유하고 있다. 너클볼러인 이들은 필 니크로 318승과 조 니크로의 221승을 더해 총 539승을 합작했다.

기교파 투수였던 페리 형제는 529승으로 2위에 올라 있다. 니크로 형제와 반대로 동생 게일로드 페리가 314승을 수확했고 형 짐 페리가 215승을 쌓았다. 1930년대 활약한 디지 딘과

니크로 형제

대피 딘 형제는 한 시즌 형제 최다승인 49승을 합작했다. 마르티네스 형제는 도미니카 출신으로 형 라몬은 135승을 거뒀고 동생 페드로는 외계인으로 불리며 사이영 상 3회 수상과 219승을 기록했다.

누가 메이저리그의 명인일까

양키스의 '심장'
데릭 지터

'캡틴 클러치'

데릭 지터는 1974년에 흑인 의사 아버지인 샌더슨 지터 박사와 회계사인 독일계 어머니 도로시 사이에서 태어났다. 어린 시절부터 꿈은 뉴욕 양키스의 유격수였다. 그의 아버지도 대학 때까지 유격수로 뛰었는데, 프로 입단은 하지 못했다. 아버지의 꿈까지 책임진 지터는 미시간 주립 대학 입학 허가를 받았지만, 뉴욕 양키스 입단을 선택했다.

지터는 1992년 뉴욕 양키스에 1차 지명으로 입단해 2003년부터 은퇴한 2014년까지 주장으로 활약했다. 지터를 향해 팬들은 '양키스의 심장'이라고 불렀다. 양키스의 머리나 팔, 다리도 아닌 심장이라니. 대단한 격찬이다. 몸속 장기 중에 중요하지 않은 게 없지만, 심장은 유난히 특별하다. 자동차로 치면 엔진과 마찬가지다.

엔진이 없는 차를 상상해보자. 달리기는커녕 자동차는 장식에 불과해진다. 그리고 심장에는 정신이 깃들어 있다고 믿는 사람들이 많다. 정신은 뇌 속의 전기 반응에 의해 발생한다고도 하지만, 우리는 여전히 가슴에 손을 대고 진심을 말한다.

그런데 희한하다. 지터는 20년이 넘는 시간 동안 팀의 주전 유격수로 뛰면서 단 한 번도 타격왕을 못했다. 홈런왕도 못했고 시즌 MVP도 못해봤다. 그런데 최고의 선수로 추앙받는다. 명예의 전당도 떼어놓은 당상이라고 거론된다.

양키스는 메이저리그에서 가장 유명세를 치르는 팀이다. 지터는 스타플레이어가 넘치는 그곳에서 선수들의 정신적 지주로, 은퇴하기 직전까지 10년간 주장으로 팀을 이끌었다. 양키스는 '캡틴 클러치' 지터가 등장하며 80년대 암흑기를 벗어나 이전 명성을 되찾았다. 지터가 주장으로 있는 동안 양키스는 월드 시

데릭 지터

리즈 5회 우승을 차지했다.

지터의 또 다른 별명이 '11월의 사나이'다. 지터 본인은 타격왕을 못해봤지만, 포스트시즌과 같은 중요한 순간에는 자신의 실력 이상을 발휘하는 천부적인 능력을 보였다. 결정적 순간의 한 방은 스타플레이어가 가져야 할 최고의 조건이다.

'최선을 다하는 플레이'

지터가 사랑받은 이유는 그 외에도 여러 가지가 있다. 그중에서도 '최선을 다하는 플레이'를 빠트릴 수 없다. 그는 자신의 야구에 대해 "노력은 재능을 필요로 하지 않는다"라고 했다. 프로 선수로서 그리고 많은 연봉을 받는 슈퍼스타로서 최선의 노력을 다했다. 그가 말하는 최선은 일반적인 선수에 비해 사뭇 그 정도가 다르다. 어느 정도인가 하면, 많은 선수들이 "아프지만 열심히 하겠다"라며 의지를 내보이는데, 지터 입장에서 보면 그건 변명에 가깝다. 그는 "프로 선수에게 아픈 것은 중요하지 않다. 경기에 뛸 수 있느냐 뛸 수 없느냐만 있을 뿐이다"라고 했다. 지터에게는 경기에 뛰는 것 자체가 최선을 다하는 것과 동일한 의미였다.

이런 일도 있었다. 지터가 경기 중에 다리 부상을 입었다. 걷지 못할 정도의 심한 부상이었는데, 들것에 실려가는 것을 거부했다. 그는 부축을 받긴 했지만, 일어나 걸어 나갔다. 상대에게는 약한 모습을 보여주기 싫었고, 팬들에게는 끝까지 최선을 다하는 모습을 보이고 싶었기 때문이다. 지터는 이후에 엑스레이 촬영도 거부하며 "다리가 부러지건 말건 상관하지 않는다. 의사가 뭐라고 하던 난 뛸 것이다"라고 말했다.

《머니볼》로 성공한 오클랜드의 빌리 빈 단장은 지터에 대해 이렇게 회상했다. "2001년에 오클랜드와 뉴욕 양키스가 경기를 했는데, 지터가 지고 있는 상황에서 평범한 내야 땅볼을 쳤다. 아웃이 당연한 상황인데, 지터는 1루를 향해 전력 질주를 했다. 다시 그 장면을 비디오로 꼼꼼하게 살폈다. 뛰어봤자 아웃인데 왜 그렇게 열심히 뛰는지 궁금했는데, 자세히 살펴보니 세이프와 아웃을 가른 시간 차이가 크지 않았다." 즉 수비수가 조금만 멈칫해도 지터가 1루에서 살 수 있었다. 야구는 사람이 하고 사람은 언제나 실수할 수 있다. 지터는 혹시 나올지 모를 내야수들의 방심까지 염두에 두고 최선을 다해 달린 것이다. 그리고 주자의 전력 질주는 수비수를 심리적으로 압박하게 되고 수비 과정에서 서두르며 실수를 유도할 수도 있다.

빌리 빈 단장은 지터의 그 장면을 오클랜드 애슬레틱스의 선수단 교육 자료에 포함하며 이렇게 말했다. "이것이 돈과 명예를 모두 가진 선수가 플레이 하는 방식이다."

벅 쇼월터 감독은 1995년 지터가 메이저리그에 데뷔했을 때 양키스 감독으로 있었다. 선수들의 모든 것을 꿰뚫어본다고 할 만큼, 매사에 철저한 메이저리그의 '잠자리 눈' 쇼월터 감독은 루키 시절부터 지터를 유심히 지켜보았다. 그는 "프로 초기에 지터는 한 시즌에 60개의 실책을 저지르기도 했다. 그런데 내가 그를 특별하다고 생각했던 이유는 야구 실력이 아니었다. 그가 야구장 밖에서 어떻게 처신하는지가 남달랐다"라고 회고하며 "지터가 위대한 선수가 될 것이라는 것을 처음부터 알았다고 말하는 이들은 전부 거짓이다"라고 했다.

쇼월터 감독의 말처럼 지터는 싱글 A에서 56개의 실책을 할 만큼 힘든 시기를 겪었다. 당시 지터는 잠재력은 많았지만 아직 다듬어지지 않은 원석에 가까웠다. 쇼월터 감독이 남다르게 본 것은 지터가 사람들을 대하는 방식이었다. 늘 겸손하고 친절했다. 팀에 누를 끼친 적도 실망스러운 언행을 한 적도 없었다. 스스로 정한 롤모델에서 한 치도 벗어나지 않았고 최고의 선수가 된 뒤에도 그 태도는 크게 달라지지 않았다.

누가 메이저리그의 명인일까

오티스,
역대 최고의 은퇴

**보스턴 레드삭스의
'빅 파피'**

ESPN의 칼럼니스트
제이슨 스타크는 "은퇴
시즌에 윌리 메이스의
타율은 0.211이었고, 행크 애런
은 0.229, 하몬 킬리브루는 0.199이

데이비드 오티스

었는데, 그것이 정상적인 모습이다. 그런데 '빅 파피'(오티스
의 애칭)는 만 40세의 나이로 장타율과 OPS, 장타, 2루타에서
모두 메이저리그 전체 1위를 달리고 있다. 단연 역대 최고의
은퇴 시즌을 만들어가고 있다"고 놀라움을 표시했다.

보스턴 레드삭스의 '빅 파피' 데이비드 오티스는 현역 은퇴 의사를 밝히고 2016년 시즌에 들어갔다. 그러나 20년 프로 생활의 마감하는 은퇴 선언이 무색할 만큼 맹활약하며 아쉬움을 자아냈다. 시즌을 마치고 메이저리그 최고 지명타자로 선정되었는데, 불혹의 오티스는 2016년 시즌 151경기에서 타율 0.315 38홈런 127타점을 기록하며 리그 MVP급 활약상을 보였다.

그의 전성기 때와 비교해도 크게 떨어지지 않는 것을 알 수 있다. 1997년 미네소타 트윈스로 메이저리그에 데뷔한 오티스는 보스턴으로 이적한 2003년부터 2007년까지 최고의 전성기를 보냈는데, 당시 성적과 은퇴 시즌의 성적이 거의 비슷하다. 오히려 타율과 장타율, OPS는 더 높고 출루율은 같다.

오티스의 OPS 1.020은 메이저리그 전체 1위이고 홈런은 2위에 올라 있다. 10년 전에 전성기를 보낸 40세 선수의 성적이라고 보기 힘든 수준이다. 더구나 은퇴 시즌에 절정기 기량을 보이자 찬사가 쏟아졌다. 그러나 반짝 기록이 아니다. 오티스는 2013년 시즌부터 2016년 시즌까지 매년 30홈런 100타점을 돌파했다.

오티스는 2002년 미네소타에서 방출된 뒤 보스턴의 젊은 당장 테오 엡스타인이 영입하며 빨간 양말을 신게 됐다. 이후

올스타전에 10차례, 월드 시리즈에 3차례 챔피언으로 등극하며 전설이 되었다.

야구의 패러다임을 바꾼
라루사이즘이란 뭘까

토니 라 루사 감독

변호사보다 마이너리그 감독이 낫다

토니 라 루사 감독은 현대 야구에 지대한 영향을 끼친 명감독으로, 그가 구상하고 실현한 야구 철학을 '라루사이즘'이라고 부른다. 통산 2,728승 2,365패로 역대 메이저리그 감독 최다승 부문 3위에 올라 있다. 선수로는 성공하지 못했고 은퇴 후에는 고향인 플로리다 주립대에서 변호사 면허증을 땄다. 그러나 변호사 생활이 아닌 지도자를 선택하며 메이저리그에 한 획을 그었다. 그가 이색적으로 야구 감독을 한다고 하자 주변에서는 "철 좀 들어라"고 그의 엉뚱함을 힐난했지만 "변호사로 살기보다는 버스 타고 돌아다니며 마이너리그 감독을 하는 게 낫다"고 받아쳤다.

그는 1978년 시카고 화이트삭스 산하 마이너리그 팀에서 지도자 생활을 했고, 이듬해 메이저리그 감독으로 승격됐다. 1986년 오클랜드 애슬레틱스에서 지휘봉을 잡으면서 현대 야구의 큰 변화를 일으키며 자신의 '라루사이즘'을 실행했다.

그는 메이저리그에서 5선발 체제를 확실하게 만들었다. 이제는 모든 팀의 선발 투수가 4일 휴식 후 등판하는 게 일반적이지만, 1980년대까지만 해도 등판 일정과 상황이 불규칙했다. 이어 투수 분업화를 단행했다. 좌완 원 포인트 릴리프 개념을 도입했는데, 상대 왼손 타자가 나오면 불펜의 좌완 투수를 기용해 막게 했다. 좌완 스페셜리스트의 탄생이다.

그리고 1이닝 마무리 투수를 정착시켰다. 1988년 오클랜드 감독 시절, 10년간 선발로 뛴 데니스 에커슬리에게 9회에 등판시켜 1이닝을 맡긴다. 에커슬리가 선발로 긴 이닝을 던질 수 없지만 1이닝을 충분히 책임질 수 있다고 판단해 내린 결정이었다. 그렇게 에커슬리는 메이저리그 최초의 1이닝 클로저가 됐다. 당시 마무리는 7회나 8회에 나와 9회까지 2~3이닝을 던졌다. 에커슬리는 최고 소방수로 명성을 떨치며 1992년 마무리 투수로는 최초로 MVP와 사이영 상을 수상했다. 라

루사 감독은 5선발 체제와 원 포인트 릴리프, 1이닝 마무리 투수 개념 등을 적용하며 야구를 더욱 정교한 게임으로 업그레이드했다.

라 루사 감독이 기존의 틀을 깰 수 있는 사고는 변호사 자격증과 능통한 스페인어에서 찾을 수 있다. 변호사는 갈등을 중재하는 역할로 라 루사는 팀 내에서 발생하는 각종 문제를 해결하면서 조직을 통합시켰다. 스페인어는 소통의 수단이 됐다. 메이지리그에는 수많은 중남미 선수들이 뛰고 있다. 라 루사 감독은 중남미 선수들과 원활하게 대화하며 그들의 깊은 속마음까지 헤아릴 수 있었다. 라루사이즘은 야구의 패러다임을 혁명적으로 바꾸었는데, 그 본질은 중재와 소통의 역할 분담이다. 이는 쓸모없다고 뒷전으로 밀렸던 선수까지 원 포인트 릴리프로 기용해 팀 전체의 전력을 끌어올린 데서 확인할 수 있다.

누가 메이저리그의 명인일까

브랜치 리키, 메이저리그의 레오나르도 다빈치이자 링컨

운은 계획에서 비롯된다

브랜치 리키는 메이저리그를 혁신한 경영자다. 뉴욕 양키스에서 선수 생활을 했는데 별 활약을 하지 못했다. 그러나 감독, 단장으로 많은 훈련 도구를 발명하고 시스템을 구축했다.

시즌 전에 잠깐 만나 손발을 맞추는 합동 훈련이 아닌 팀 전체 전략과 전술을 맞추는 현대적 의미의 스프링캠프를 만들었다. 타격 케이지와 피칭 머신도 고안했다.

팜 스프링 개념도 처음으로 도입했다. 그전까지는 선수를 독립적으로 운영되던 마이너리그에서 사왔고 부자 구단이 좋은 자원을 싹쓸이했다. 리키는 마이너리그 구단 자체를 여러 개 구입했다. 그리고 메이저리그에서 주전으로 쓸 수 있는 선수를 마이너리그로 보내 훈련을 시켰다. 선수 육성 시스템의 시초였다. 야구계의 레오나르도 다빈치였다.

메이저리그의 링컨

그는 유색 인종 선수를 기용하며 인종차별을 없앤 메이저리그의 링컨이기도 했다. 전 구단 영구 결번인 재키 로빈슨을 메이저리그 최초의 흑인 선수로 만들어낸 인물이다.

리키는 흑인 선수를 영입한 이유에 대해 이렇게 말했다. "대학 코치 시절에 흑인 선수인 찰스 토머스가 숙박을 거부당하는 장면을 봤다. 실랑이 끝에 내 방에서 재웠는데, 토머스가 자신의 검은 피부를 한탄하며 통곡했다. 이 잘못을 반드시 바로잡아야겠다고 생각했다."

리키는 메이저리그에서 뛸 흑인 선수 발굴에 나서는데, 조건은 뛰어난 기량과 수모를 견딜 수 있는 여유였다. 특히 어떤 야유에도 흔들리지 않는 강심장과 배짱

브랜치 리키

이 최우선 조건이었다.

여기에 가장 부합한 이가 바로 UCLA 출신이자 제2차 세계대전에 장교로 참전한 경력의 재키 로빈슨이었다. 그는 우선 마이너리그인 몬트리올 로열스에서 팀을 우승으로 이끈 뒤 1947년에 메이저리그에 데뷔했다. LA 다저스는 로빈슨이 데뷔하고 나서 10년간 리그 우승을 6차례 차지했다.

리키는 선수를 평가하는 기준도 기존의 틀을 깼다. 타자의 경우 단순한 타율이 아닌 장타율과 출루율을 따졌고, LA 다저스 단장으로 있을 때 통계 전문가 앨런 로스를 고용하는 등 시대를 앞서갔다. 로스는 OPS 개념을 도입했다.

법학도였던 리키는 변호사가 아닌 야구인의 길을 택했고, 현대 야구에서 혁신적인 사고를 실천했다. 현대 야구의 기틀을 닦으며 지금은 너무나 당연한 것들을 정착시켰다.

누가 메이저리그의 명인일까

저주 종결자
테오 엡스타인

테오 엡스타인

보스턴 레드삭스의 최연소 단장

테오 엡스타인은 28세 젊은 나이로 보스턴 레드삭스의 최연소 단장에 파격적으로 선임됐다. 그리고 2년 만에 월드 시리즈 우승을 차지하며 86년간의 저주를 깼다. 2011년에는 시카고 컵스에서 새 도전에 나섰고 106년 만에 팀을 우승으로 이끌었다. '밤비노의 저주'와 '염소의 저주'를 연속으로 깨뜨리며 메이저리그 최고의 퇴마사가 됐다.

시작은 지난 2002년 11월 25일이었다. 보스턴 레드삭스는 마이크 포트 임시 단장을 대신해 테오 엡스타인을 신임 단장으로 선임했다고 발표했다. 나이가 채 서른이 되지 않은 메이저리그 역사상 최연소 단장의 탄생이었다. 야구계를 충격에 빠트릴 만한 소식이었다.

엡스타인은 1973년 12월 29일 뉴욕의 작가 집안에서 태어났다. 조부인 필립 엡스타인과 작은 할아버지 줄리어스 엡스타인은 1942년 영화 〈카사블랑카〉로 아카데미 희곡상을 수상했고 부친인 레슬리 엡스타인은 유명한 소설가로 보스턴 대학에서 강의를 했다. 여동생 애냐 엡스타인도 방송 극작가 겸 PD로 활동했다. 테오 엡스타인은 예일 대학으로 진학해 학내 신문사인 〈예일데일리뉴스〉의 스포츠 담당 편집자로 활동했다.

대학을 졸업하고 들어간 첫 직장은 샌디에이고 파드리스였고 그곳 홍보팀에서 일을 하게 됐다. 당시 그의 직속 상관이 바로 래리 루치노(현 레드삭스 대표)였다. 루치노 대표는 멘토 역할을 자처하며 엡스타인이 메이저리그에서 경력을 쌓는 데 결정적인 역할을 하게 된다. 프린스턴 대학을 졸업하고 예일 대학 로스쿨을 졸업한 루치노는 파드리스 시절부터 동문 후배인 엡스타인을 늘 곁에 두고 살갑게 대했다. 엡스타인은 파드리스의 홍보 이사로 재직하면서 샌디에이고 대학 로스쿨에서 박사 학위까지 받을 수 있었다.

그리고 2003년 11월 15일. 파드리스를 떠나 레드삭스의 CEO로 있던 루치노는 엡스타인을 단장으로 임명했다. 그의 명석한 두뇌와 탁월한 능력을 인정한 영입이었다. 20대 초보 단장이 된 엡스타인은 거침없는 행보를 보였다. 데이비드 오티스와 케빈 밀라를 영입해 중심 타선을 보강했고 커트 실링과 계약을 맺으며 에이스 역할을 맡기는 등 전력 강화를 위해 동분서주했다.

체질 개선을 마친 레드삭스는 2004년 아메리칸리그 챔피언십 시리즈에서 숙적 양키스에게 3연패를 당하며 벼랑 끝에 몰렸지만 기적 같은 4연승으로 월드 시리즈에 올랐다. 그리고 대망의 마지막 무대에서 토니 라 루사 감독이 이끌던 세인트루이스 카디널스를 4전 전승으로 누르며 86년 만에 정상에 올랐고, 보스턴은 1919년부터 시달리던 '밤비노의 저주'를 풀었다.

보스턴은 팀 우승을 이끈 엡스타인에게 단장 외에 수석 부사장이라는 직함까지 안겨줬다. 보스턴은 2004년에 이어 2007년에도 월드 시리즈에서 콜로라도 로키스를 4경기 만에 제압하며 3년 만에 다시 정상을 차지했다.

'저주 해결사'

보스턴 레드삭스의 저주를 말끔하게 풀어낸 엡스타인은 2011년 시카고 컵스에서 새로운 도전을 선택했다. 계약 조건은 5년간 1,850만 달러였다. 1908년 이후 우승 가뭄에 시달리고 있었던 컵스는 '밤비노의 저주'를 푼 엡스타인이 '염소의 저주'도 극복해주길 바랐다. 그러나 '저주 해결사' 엡스타인의 마술은 봉인이 걸린 것처럼 위기를 맞았다. 2014년까지 팀은 최하위를 벗어나지 못했다. 그 기간에 두 명의 감독이 해임됐다. 엡스타인은 2015년 시즌을 앞두고 지휘봉을 조 매든 감독에게 맡겼다. 매든 감독은 열악한 구단 사정에도 불구하고 탬파베이 레이스를 신흥 강호로 키워낸 지도자였다.

선장을 뽑은 엡스타인은 팀 우승을 위해 대폭적인 선수 물갈이에 나섰다. 저평가된 투수와 유망 타자 영입에 집중했다. 세이버메트리션들의 의견을 반영하며 야구의 불확실성을 줄여나갔다. 빅데이터를 이용한 3차원 모션 캡처 신기술도 도입해 선수들의 역량을 분석하고 끌어올리는 데 활용했다. 무려 106년 동안 지속된 우승 갈증을 해소시키기 위해 꺼내든 엡스타인의 승부수들이었다.

그리고 2016년에 시카고 컵스는 7차전 연장 승부 끝에 클리블랜드를 제압하고 마침내 106년 묵은 저주를 씻어냈다.

2016년 우승 당시 주전급 25명의 선수 중에 무려 23명이 새로운 선수들이었는데, 팜에서 키운 선수들과 함께 엡스타인이 트레이드, 드래프트, FA 영입으로 로스터에 합류시킨 선수들이었다. 엡스타인의 능력은 다시 한 번 검증됐고 저주 종결자의 명성 또한 공고해졌다.

누가 메이저리그의 명인일까

빌 제임스,
현대 야구 기록의 혁명가

빌 제임스

야구는 확률 게임

야구는 과학이고 확률이다. 9명의 타순을 정하는 방법도 무려 36만 개 조합이 가능하다. 타율, 방어율, 승률과 같은 데이터는 모두 수학적 통계로 분석이 가능하다. 그래서 야구는 스포츠가 아닌 확률 게임이라고도 한다.

야구 통계학자 빌 제임스는 현대 야구 기록의 혁명가다. 그는 캔자스 대학을 졸업하고 나서 스토클리 밴 캠프라는 통조림 회사의 창고 야간 경비원으로 아르바이트를 했다. 야구광이었던 그는 밤마다 야구 기록을 계산했다. 당시에 야구 통계라고는 타율이나 방어율 정도에 그쳤는데, 제임스는 아무도 생각하지 않았던 투수의 도루 허용률, 타자의 순수 장타율, 수비 능력을 평가하는 레인지 팩터, 피타고라스 승률과 같은 새로운 통계 수치를 개발했다. 이제는 일반화된 세이버메트릭스의 많은 지표가 제임스의 손을 거쳤다.

예를 들어 피타고라스 승률(총득점의 제곱/총득점의 제곱+총실점의 제곱)을 통해서는 팀이 실제 기대 승률을 뽑아볼 수 있다. 이 공식은 제법 정확하게 승률을 예측해 사람들의 관심을 모았다.

그러나 각 언론은 그가 발명한 여러 야구 통계에 큰 관심을 보이지 않았고, 제임스는 자비로 자신이 정리한 세이버메트리션 자료를 68페이지짜리 팸플릿으로 자비 출판했다. 스카우팅 리포트의 효시이며 지금도 새 기록을 바탕으로 꾸준히 발간되고 있는《빌 제임스 핸드북》이다.

세이버메트릭스를 선수단 운영에 도입한 보스턴의 테오 엡스타인 단장은 2003년에 빌 제임스를 구단의 경영 자문으로 영입했다. 그의 조언은 보스턴 레드삭스가 86년 만에 월드 시리즈 우승을 차지하는 데 도움을 주었다.

누가 메이저리그의 명인일까

선수 권리를 위해 싸운
마빈 밀러

"오늘 경기를 하지 않는다"

마빈 밀러는 1966년 4월 15일 메이저리그선수노조(MLBPA)의 새로운 노조 위원장에 당선됐다. 그가 당선되기 이전의 메이저리그선수노조는 힘 없는 조직이었는데, 밀러가 16년간 노조를 이끌면서 매우 강력하게 탈바꿈했다.

미국 철강노조와 자동차노조에서 협상가로 일하면서 잔뼈가 굵은 그는 메이저리그에서 세 번의 파업을 주도했고 두 차례 직장 폐쇄를 겪으며 선수 권익에 앞장섰다. 최초의 파업은 1972년 4월 5일로 모든 구장에 "오늘 경기를 하지 않는다"는 공고문이 13일 동안 붙었다. 1981년 시즌 중반의 파업은 7주나 계속되기도 했다.

그는 각 구단과의 힘겨루기에서 밀리지 않으며 여러 업적을 쌓았는데, 1968년에 프로 스포츠 최초로 단체 교섭권을 성사시키며 구단주들을 협상 테이블로 끌어냈고 이때 선수 최저

마빈 밀러

연봉이 20년 만에 처음 인상되었다. 1970년에는 선수의 조정 신청 자격을 얻어냈고 무엇보다 FA 제도를 쟁취해냈다. 보류선수 제도로 대표되는 '노예 계약'의 악습을 끊어내며 수많은 백만장자 선수들이 출현하게 됐다.

FA 제도가 메이저리그를 망하게 할 것이라는 비난도 있었지만, 선수의 기량이 높아지고 경쟁은 더욱 치열해졌으며 야구판 전체의 수준이 높아지면서 상생의 길이 열렸다. 그가 선수노조를 이끄는 동안 메이저리그 선수의 평균 연봉은 500% 이상 인상됐고 메이저리그의 전체 수입도 100배 이상 치솟았다.

마빈 밀러는 2012년 95세를 일기로 세상을 떠났는데, 선수들뿐 아니라 메이저리그 전체가 그의 공적에 높은 평가를 내렸다. 당시 노조 위원장인 마이클 와이너는 "과거와 현재 그리고 미래의 모든 선수는 밀러에게 큰 빚을 지고 있다. 그가 끼친 시공을 초월하는 업적에 감사해야 한다. 그의 영향력은 야구를 뛰어넘어 현대 스포츠의 선구자이며 선수, 구단, 팬 모두의 이익을 증가시켰다"고 감사를 표했다.

메이저리그의 전 커미셔너인 페이 빈센트는 "밀러는 지난 50년 동안 야구에서 가장 중요한 인물이다. 그는 야구만이 아니라 스포츠 비즈니스 전체를 송두리째 바꿔놓았다. 그는 야구 선수뿐 아니라 모든 프로 스포츠 선수들을 해방시킨 인물이다. 그가 나타나기 전까지 선수의 권리는 사실상 거의 없었다"고 평가했다.

누가 메이저리그의 명인일까

스콧 보라스, 악마 에이전트?

우리에게도 무척 낯익은 인물

스콧 보라스는 박찬호, 추신수, 류현진에게 대박 계약을 안겨주며 우리에게도 무척 낯익은 인물이다. 그는 내로라하는 선수들의 계약을 대행하며 약 60억 달러 이상을 벌어들였는데, 역사상 가장 많은 연봉을 받았다는 알렉스 로드리게스를 가볍게 초월한다. 로드리게스는 2000년 텍사스 레인저스와 미국 프로 스포츠 전체를 통틀어 최고액인 10년간 2억 5,200만 달러에 FA 계약을 맺었다. 이 계약은 슈퍼 에이전트 스콧 보라스의 작품이었다. 그래서 보라스는 구단에게는 악마, A급 선수들에게는 천사로 불린다.

보라스는 야구 선수 출신이다. 1974년부터 5년간 세인트

스콧 보라스

루이스와 시카고 컵스 소속 마이너리그에서 2루수와 외야수로 뛰며 준수한 성적을 냈지만, 부상으로 은퇴하며 메이저리그에는 진출하지 못했다. 이후 퍼시픽 약학 대학원과 맥조지 로스쿨에 진학해 약사 자격증과 법학 석사 자격까지 얻었다. 시카고 컵스에서 은퇴 선수 복지 차원으로 그에게 학비를 지원했는데, 결과적으로 메이저리그 30개 구단의 공공의 적을 키운 셈이다.

보라스는 자신의 별명인 '악마의 에이전트'답게 메이저리그 역사를 바꾸는 최고액 계약 기록을 계속해서 경신했다. 1997년에 그렉 매덕스의 5년 5,750만 달러 계약으로 첫 신기록을 세웠고, 1998년 케빈 브라운을 LA 다저스로 이적시키며 8년 1억 500만 달러를 받아냈다. 총액 1억 달러를 돌파한 역대 최초의 사례였다. 2000년에는 알렉스 로드리게스에게 10년 2억 5,200만 달러 계약을 선물했다. 2004년에는 카를로스

벨트란, 매글리오 오도네스, 애드리언 벨트레, J. D. 드류, 제이슨 배리텍, 데릭 로에게 도합 3억 9,000만 달러짜리 계약을 안겨주었다. 2012년에는 프린스 필더의 9년간 2억 1,400만 달러 계약을 성사시켰다.

몸값 올리기의 달인 보라스는 통계 기록을 이용하고 선수의 신체 능력과 발전 가능성에 대한 각종 리포터를 작성해 협상 테이블에서 유리한 고지를 선점했다. 보라스 코퍼레이션에는 수십 명에 달하는 전직 메이저리그 스카우터가 성제, 공학 관련 전문가들과 함께 데이터를 분석해 선수들을 평가하고 그렇게 축적된 자료를 바탕으로 계약을 한다. 유망주 선수를 미리 입도선매해두었다가 구단을 압박하며 몸값을 끌어올리는 방식도 보라스 사단의 전략 중에 하나다.

장사가 잘되는 집에 사람이 몰리기 마련이다. 선수들은 최대한 많은 몸값을 받아주는 보라스 코퍼레이션으로 향했고, 보라스는 메이저리그 최고의 에이전트로 군림하게 됐다. 그런데 보라스에게 성공한 에이전트와 못 다한 메이저리거의 꿈 중에 고르라고 하면 무엇을 선택할까. 그에 대해 보라스는 "가족을 부양할 정도의 돈만 벌 수 있다면, 반드시 메이저리그에서 오래 살아남는 야구 선수가 되고 싶다. 다시 태어난다면"이라고 말했다.

누가 메이저리그의 명인일까

마릴린 먼로와 디마지오의
러브 스토리

"이제 드디어 마릴린을 볼 수 있겠군"

1930~1940년대 미국 최고의 메이저리거인 조 디마지오가 숨을 거두기 전에 남긴 마지막 말이다. 디마지오는 평생의 연인 마릴린 먼로를 다시 만날 생각에 죽음조차 두렵지 않았다.

뉴욕 양키스의 간판스타인 디마지오는 은퇴 후에 마릴린 먼로를 만나 1954년 1월 14일 결혼했다. 최고의 스포츠 스타와 당대를 대표하는 섹시 심볼 여배우의 결혼은 엄청난 화제를 몰고 왔다. 뜨겁게 사랑하며 결혼했지만, 두 사람의 결혼은 그리 오래가지 못해 10개월도 안 되어 이혼했다. 디마지오는 먼로의 자유분방한 성향과 바쁜 연예계 생활을 이해하지 못했다. 먼로는 디마지오의 간섭을 지나친 집착과 속박으로 느졌다.

이혼 후에 먼로는 1956년에 작가 아서 밀러와 재혼했고 디마지오는 그녀가 떠난 뒤부터 1999년에 사망할 때까지 늘 혼자 지냈다. 두 사람은 헤어졌으나 친구처럼 인연을 계속 이어나갔다. 디마지오가 늘 그녀 곁에 머물렀다.

그러던 중 두 사람이 다시 친밀해진 계기가 있었다. 1961년 즈음, 먼로는 정신병원에서 요양 중이었는데, 그가 남편 자격으로 찾아가 퇴원을 도와주었다. 그 후에 두 사람은 함께 여행을 다니는 등 부부처럼 지냈다. 1962년 여름에 다시 재결합할 것이라는 이야기가 흘러나왔다.

그런데 먼로가 1962년 8월 3일 약물 과다 복용으로 숨지고 말았다. 여러 가지 음모설이 쏟아져 나왔다. 먼로가 힘들 때마다 찾았던 유일한 남자인 디마지오는 다시는 결혼하지 않았다. 그리고 자신이 죽을 때까지 일주일에 두 번씩 꼬박꼬박 그녀의 묘소를 찾아 꽃다발

마릴린 먼로와 디마지오

을 두었다. 먼로가 평소에 가장 좋아하던 장미였다. 자신이 가지 못할 때에는 다른 사람에게 부탁해 꽃을 놓게 했다. 그리고 자신이 이 세상을 떠나는 날 "이제 드디어 마릴린을 볼 수 있겠군"이라고 말한 뒤 눈을 감았다.

헤밍웨이와 디마지오

노벨 문학상에 빛나는 미국 작가 어니스트 헤밍웨이는 자신의 소설에 조 디마지오를 등장시켰다. 《노인과 바다》에서 산티아고 노인은 그를 영웅으로 묘사하는데, 소설 속에서 산티아고는 꼬마 조수 마놀린에게 자주 디마지오에 대해 이야기한다.

"오늘도 당연히 양키스가 이겼을 거다. 양키스에는 그 위대한 조 디마지오 선수가 있잖니. 그러니 양키스가 졌을 리가 없어."

"위대한 디마지오처럼, 발뒤꿈치 뼈를 다쳐 몹시 고통스러운데도 모든 플레이를 완벽하게 해낸 그 훌륭한 선수처럼 훌륭하게 해내야 한다."

산티아고는 자신의 고통을 디마지오의 부상과 오버랩하며 극복했고 마침내 거대한 청새치를 잡았다. 헤밍웨이는 디마지오를 문화적 상징으로 삼으며 존경을 표현했다.

누가 메이저리그의 명인일까

메이저리거보다
위대한 가족

정신 장애를 감싸 안은 사랑

잭 그레인키는 2013년 LA 다저스에 입단하며 1억 4,700만 달러로 계약했고, 2016년 애리조나 다이아몬드백스로 이적하며 1억 9,500만 달러 계약을 했다. 그는 연타석

잭 그레인키, 에밀리 쿠차 부부

초대형 계약으로 가장 성공한 빅 리거 중 한 명이 됐다.

그러나 메이저리그에서는 성공했지만, 그레인키는 대인 기피증과 사회 적응 장애, 공황장애 등의 정신병으로 어린 시절

부터 힘들었다. 뛰어난 재능의 뒤편에는 항상 그늘이 있었다.

그레인키는 에밀리 쿠차를 만나게 되며 힘든 시기를 이겨낼 수 있었다. 극도로 내성적인 성격이었고 모르는 사람과는 눈조차 마주치지 않았던 그레인키는 사람으로부터 스트레스를 받는 타입이었다. 첫 프로 생활은 시골 구단인 캔자스시티 로열스에서 시작했는데, 계약서에 보스턴이나 뉴욕 양키스로 트레이드할 수 없는 조항을 넣었다. 미디어와 팬들의 시선을 받는 게 싫어서였다.

극도로 예민한 성격의 소유자인 그레인키는 그 대신 불같은 승부욕을 타고났다. 투쟁심 때문에 지고는 못 사는 성격이었는데 그게 종종 사고로 번졌다. 캔자스 시절, 코치와 대판 싸우고 나서 야구를 때려치웠다. 여자 친구 에밀리는 그를 설득해 병원에서 치료받게 했고 1년이 넘게 걸린 치료 기간에 옆에서 버팀목이 되어주었다. 다행히 증세가 호전되어 그레인키는 다시 공을 잡을 수 있었고 재기에 성공하며 사이영 상까지 받았다.

둘은 고교 시절 운명적으로 만났다. 사람을 피했던 그레인키는 점심시간만 되면 식당에 가지 않고 한적한 도서관으로 향했다. 그곳에서 일을 돕고 있던 한 여학생을 만났고 짝이 됐다. 그레인키 인생의 전환점이었다. 고교 동창이자 연인인 에

밀리 쿠차는 불안정했던 야구 천재를 따뜻하게 감쌌다. 그레인키가 그녀를 향해 "난 너보다 야구를 더 사랑해. 너와 비교할 수 없을 만큼 야구가 좋다"라고 말해도 쿠차는 웃고 기다렸다. 두 사람은 2009년에 결혼했고 그레인키는 첫사랑인 그녀를 향해 "내가 사랑하는, 사랑할 수 있는 유일한 여자"라고 했다.

마약의 수렁에서 건져낸 사랑

조시 해밀턴은 천재 중의 천재로 괴굉을 빚은 선수였다. 그러나 교통사고 후에 술과 마약에 탐닉하며 몰락했다. 중독에서 벗어나는 듯 하다가도 다시 빠져들며 방황했다. 그러나 가족의 힘으로 다시 일어나 인간 승리의 표본이 됐다.

해밀턴은 고교 재학 시절에 100년에 한 명 나오는 재목으로 평가받았다. 천부적인 재능을 타고난 5툴 플레이어였다. 당시 해밀턴은 야구에만 전념했다. 술, 담배는 전혀 입에 대지 않았다. 할머니에게 늘 입맞춤을 하고, 교회에도 빠지지 않는 선수였다.

그러나 2001년 봄에 스프링캠프지 인근에서 당한 교통사고가 그의 인생을 송두리째 뒤바꿔놓았다. 야구밖에 모르던 20세의 모범생은 하루 만에 급격히 무너졌다. 허리와 등을 다친 그는 한 달 정도 요양했는데, 심심해서 문신 업소를 찾았고

조시 해밀턴, 케이트 해밀턴 가족

그곳에서 만난 친구와 난생 처음 스트립바를 갔으며 위스키와 코카인을 경험했다.

함께 교통사고를 당한 모친이 고향에서 치료받자 처음으로 홀로 남은 해밀턴은 자신을 제어하지 못했다. 이후 길거리에서 파는 마약은 종류를 가리지 않고 닥치는 대로 섭렵했다. 술은 더 심했다. 매일 위스키 한 병을 마시지 않으면 견디지 못했다. 부상과 부진이 동반되며 엄청난 탐닉에 빠져들었다.

메이저리그에 입단하면서 받은 계약금 400만 달러가 탕진됐다. 살고 있던 집마저 경매로 넘어갔고 메이저리그에서는 금지약물 검사에서 양성 반응이 나오자 영구 제명 처분을 내렸다.

나락으로 떨어졌지만, 해밀턴은 쉽게 마약을 끊지 못했다.

잠시 정신을 차리는 듯했지만 다시 코카인을 사기 위해 아내 케이트 해밀턴에게 손을 벌렸다. 결국 케이트는 눈물을 흘리며 "더 이상 아이들에게 마약에 찌든 아빠의 모습을 보여줄 수 없다"고 말하며 남편을 집에서 쫓아냈다. 이혼 결심까지 했다.

해밀턴은 재활원을 8번이나 들락거렸고 무려 11차례나 자살을 기도하며 막장으로 추락했다. 모두가 떠나갔지만, 할머니는 끝까지 믿어주고 바로 잡아주었다. 독실한 기도교도인 아내는 그의 손을 이끌고 교회로 향했다. 다시 방망이를 집은 그는 화장실 청소와 그라운드 뒷정리를 해주는 조건으로 훈련장을 찾아 개인 훈련을 시작했다. 간절함은 메이저리그 사무국을 움직였다. 8개월 뒤 마이너리그 훈련에 참가해도 좋다며 복귀를 허락했다. 일주일에 세 차례씩 소변 검사를 받아야 하는 까다로운 조건을 붙였다.

해밀턴의 빅 리그 복귀전은 2007년 4월 2일 시카고 컵스전이었다. 3년 만에 그가 타석에 서자 홈 팬들은 20초 넘게 기립 박수를 보냈다. 그중의 한 명은 그의 아내 케이트 해밀턴이었다.

가난한 마이너리거의 아내

추신수는 마이너리그 시절인 2003년 시즌 오프 시기에 한국에서 아내 하원미 씨를 만났다. 추신수는 "아는 동생을 만나러 갔는데 아내를 처음 봤다. 천사가 지나가는 줄 알았다. 그 순간 잠이 확 깼는데, 알고 보니 만나기로 한 사람의 언니였다. 첫눈에 무조건 내 여자로 만들어야겠다고 생각했다"라고 훗날 밝혔다. 속전속결이었다. 추신수는 예비 장인어른에게 "한 달 뒤면 미국으로 들어가니 따님과 함께 있게 해달라"며 당돌하게 말했고 장인은 흔쾌히 허락했다.

그러나 미국에서의 생활은 순탄하지 않았다. 마이너리그 시절 월급은 1,000~2,000달러 정도였고, 시애틀의 외야에는 이치로가 떡 하니 버티고 있어 메이저리그 진출이 막막했다. 앞길이 막힌 추신수는 5년 넘게 마이너리그에서 눈물 젖은 빵을 씹어야 했다. 하원미 씨는 홀로 남편과 아이를 책임져야 했다.

둘째를 낳을 때 상황이다. 추신수는 원정 경기로 떠나 있었고 만삭의 하원미 씨는 혼자 차를 몰고 병원으로 향했다. 그녀는 "지금 아기가 나올 것 같다"라고 말했고 긴 시간의 진통 끝에 출산했다. 그런데 아이를 낳고 하루 만에 병원 문을 나섰다. 간호사는 만류했지만, 그녀는 "집에 다섯 살짜리 아이가 혼자 있다. 내가 가서 돌봐줘야 한다"고 떠났다.

경제적으로는 힘들었고 정신적으로 바닥이 났다. 남편이 마이너리그를 떠도는 탓에 아이 둘을 혼자 키웠고 우울증이 찾아왔다. 자살 충동까지 느꼈다. 생활고에 스트레스가 쌓이

추신수, 하원미 부부

며 어느 날 눈이 잘 보이지 않았다. 의사는 시력을 잃을 수 있다며 경고했다.

추신수와 그녀는 서로를 얼싸안고 눈물을 흘리며 몇 번이나 한국으로 돌아가려고 했다. 추신수는 그녀에게 "조금만 더 기다려달라. 야구를 그만두면 내 눈을 이식해줄게"라고 했다.

하원미 씨는 월 700달러의 집세를 아끼기 위해 다른 선수 부부와 함께 생활했고, 스포츠 마사지 자격증을 따서 만삭의 몸으로도 남편의 지친 근육을 풀어주었다. 추신수는 식비를 아끼기 위해 야구장에서 남은 빵을 싸왔다. 다음 날 아침이었다.

인고의 세월은 길었다. 그리고 마침내 미국 땅을 밟은 지 13년 만에 추신수는 1억 달러의 사나이가 되었다. 하원미 씨의 내조가 가장 큰 힘이었다.

누가 메이저리그의 명인일까

할리우드는 왜
메이저리그에 관심이 많을까

스포츠, 각본이 없는 드라마

스포츠는 결과를 알 수 없기에 각본이 없는 드라마라고 한다. 반면 영화는 각본이 있는 장르다. 그중에 스포츠 영화는 대개 실패와 좌절 그리고 극복과 성공으로 이어지는 스토리 라인을 가지고 있다. 결말이 보이는 대표적인 갈래라고 할 수 있기에, 스포츠 영화를 향해 틀에 박힌 전개라고 치부하는 이도 있다. 그럼에도 많은 사람들은 스포츠 영화에 열광하는데, 흥미진진한 스포츠의 경기처럼 다이내믹한 장면이 연출되기 때문이다. 영원한 강자도 약자도 없는 승부의 세계에서 굵은 땀방울은 결코 배반하지 않는다는 스크린의 명제도 현실의 위안이 된다. 재미와 감동과 함께 사회적 메시지를 전하는 묵직함도 있다.

〈밀리언 달러 암〉

〈밀리언 달러 암〉이라는 영화가 있다. 메이저리그 피츠버그 파이리츠와 계약하며 사상 첫 인도인 빅 리거가 된 린쿠 싱과 디나쉬 파텔의 실화를 바탕으로 만들었다. 거물급 선수와의 에이전트 계약에 실패해 실의에 빠진 스포츠 에이전트 J. B. 번스타인은 우연히 TV를 보다 크리켓을 하는 인도 선수들의 경기 장면을 보면서 영감을 얻는다.

번스타인은 인도에서 1등 상금 10만 달러를 걸고, 가장 빠른 공을 던지는 사람을 뽑는 리얼리티 쇼를 기획했다. 일명 '밀리언 달러 암(Million Dollar Arm) 콘테스트'.

그는 인도 전역을 돌며 쇼를 진행했고, 3만 7,000대 1의 경쟁이 펼쳐졌다. 우승은 20세의 투창 선수 출신의 왼손잡이 린쿠 싱이 차지했다. 그는 인도 북구 우타르 프라데시의 바도히라는 빈민촌에서 열 명이 넘는 식구와 한 방에서 살고 있었다. 린쿠 싱은 결승에서 140km 강속구를 스트라이크존에 정확하게 꽂아 넣으며 파텔을 꺾고 인도에서 가장 빠른 공을 던지는 청년이 됐다. 번스타인은 1, 2등을 한 린쿠 싱과 디나쉬 파텔을 데리고 미국으로 돌아온다. 그리고 서던캘리포니아 대학의 투수 코치 톰 하우스에게 이들을 맡겨 투수로 조련한다. 인도에서 직업이 투창 선수와 운전 기사였던 이들이 과연 메이저리그 선수가 될 수 있을까. 영화라면 충분히 가능하다. 그러나 싱과 파텔은 영화 같은 이야기를 현실에서 보여준다.

야구의 기본조차 몰랐던 싱은 미국에서 몇 달간의 짧은 훈련을 받고 2008년 트라이 아웃에 참가해 148km의 강속구를 던지며 메이저리그 관계자들을 놀라게 했다. 그들의 잠재력을 인정한 피츠버그 구단은 싱과 파텔과 계약했고, 인도인 최초의 메이저리거 선수가 탄생했다. 이들은 캠프에서 놀라운 적응력을 보였고 2009년 7월 4일 루키 리그 경기에서 싱은 7회 등판해 무실점으로 1이닝을 막았고 파텔은 8회 마운드에 오르며 역사적인 첫걸음을 떼었다. 싱은 7월 13일 경기에서는 첫 승을 구원승으로 거두기도 했다.

싱은 루키 리그에 이어 싱글 A까지 올라갔고 호주 리그에서도 뛰었다. 2011년에는 도미니칸 리그까지 진출했다. 2012년에는 싱글 A에서 불펜으로 39경기에 출전해 72이닝 3승 1패 방어율 3.00을 기록하며 프로 선수로 인정받았다. 그는 2013년 토미 존 수술을 받았지만 여전히 도전을 멈추지 않고 있다. 린쿠 싱에 이어 2등을 한 디네쉬 파텔은 2010년 루키리그에서 1승에 방어율 5.27의 성적을 끝으로 방출됐다. 그는 미국을 떠나 고향으로 돌아갔고 인도에 야구를 전파하고 있다.

〈머니볼〉

선수가 아닌 프런트를 조명한 영화로는 브래드 피트가 주연한 〈머니볼〉이 있다. 선수단 구성을 책임지는 메이저리그 단장의 이야기다. 메이저리그 오클랜드의 단장 빌리 빈은 가난한 구단 살림에 좋은 선수를 영입하기 위해 과학적인 세이버매트릭스를 이용한

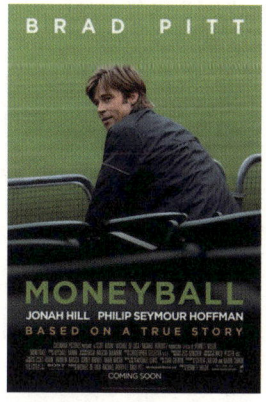

다. 기존의 생각과 판단의 틀을 뛰어넘는 혁신과 저평가된 가치를 찾아가는 과정이 세밀하게 묘사된다. 그렇다고 약체 팀의 감동 실화를 기대하면 안 된다. 최소 비용으로 최대 효과가 창출하는 냉정한 경영 전략가의 모습이 〈머니볼〉의 기본이다.

〈드래프트 데이〉

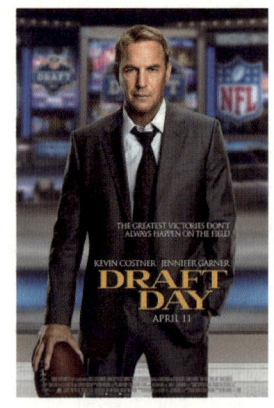

구단의 살림살이를 책임지는 단장에 대한 영화로는 케빈 코스트너 주연의 〈드래프트 데이〉가 있다. MLB가 아닌 NFL이 배경이며, 미국의 최대 스포츠 NFL의 빅 이벤트 '드래프트 데이'가 주제다. 이날 팀 운명을 결정지을 신인 선수 선발전을 앞두고 팀마다 최고의 선수를 차지하기 위한 치열한 물밑 작업과 고도의 심리전이 펼쳐지는데, 1순위 지명권을 우여곡절 끝에 손에 넣은 클리블랜드 브라운스의 단장 쎄니는 의외의 선택을 한다. 경기장 밖의 총성 없는 승부가 긴장감 넘치게 벌어진다.

야구 선수 출신인 케빈 코스트너는 〈19번째 남자〉(1988년), 〈꿈의 구장〉(1989년), 〈사랑을 위하여〉(1999년)에 주연으로 출연하며 '케빈표' 야구 3부작을 찍기도 했다. 선수 출신답게 폼이 정확한 게 특징이다. 할리우드는 스포츠 영화를 즐겨 만드는데 야구 영화가 많은 편이다. 다른 종목에 비해 호흡이 길고 경기 중에 여백이 있기에 그 속에 복잡한 연결 고리와 의미를 담을 수 있어서 영화 소재로 적합하기 때문이다.

진기록은 있어도 불멸의 기록은 없다

6이닝

투수가 선발, 중간 계투, 마무리로 분업화되고 최대한 무리를 하지 않는 현대 야구에서는 재현하기 힘든 기록이다. 야구를 하는 방식이나 규칙의 대변화가 없는 한 깨지기 힘든 불멸의 기록이라고 볼 수 있다. 메이저리그에서는 그가 남긴 위대한 업적을 기리기 위해 사이영 상을 제정해 최고의 투수에게 주고 있다.

진기록은 있어도 불멸의 기록은 없다

최다승
투수는?

사이 영의 통산 511승

메이저리그 최다승은 사이 영이 기록한 511승이다. 그는 22년간 906경기에 등판해 511승 316패에 방어율 2.63을 기록했다. 총 7356.1이닝을 던져 7,092안타를 맞았고 2,803개의 삼진을 솎아냈다. 4사구는 1,217개다. 사이 영은 1890년 9승을 시작으로 30승 이상 5차례, 20승 이상 11차례 기록했고 최다승은 1892년 기록한 36승이다. 그는 데뷔 시즌과 은퇴 직전의 2시즌만 한 자릿수 승수를 기록했고 나머지 19시즌 내내 두 자릿수 승수를 올렸다. 그가 22년간 쌓은 511승은 매년 23승 이상을 기록해야 도달할 수 있는 기록이다. 투수가 선발, 중간 계투, 마무리로 분업화되고 최대한 무리를 하지 않는 현대 야구에서는 재현하기 힘든 기록이다. 야구를 하는 방식이나 규칙의 대변화가 없는 한 깨지기 힘든 불멸의 기록이라고 볼 수 있다. 메이저리그에서는 그가 남긴 위대한 업적을 기리기 위해 사이 영 상을 제정해 최고의 투수에게 주고 있다.

사이 영 명패

사이 영에 이어 최다승 2위 기록은 월터 존슨의 417승이다. 그는 21년간 802경기에 등판해 5914.2이닝을 소화하며 417승 279패에 방어율 2.17을 작성했다. 3위는 피트 알렉산더와 크리스티 매튜슨이 나란히 가지고 있는 373승이다.

현대 야구에서 300승 이상은 초특급 선수라고 해도 도달하지 쉽지 않다. 21세기 들어 최고 투수로 인정받고 있는 클레이튼 커쇼가 300승을 달성할 확률이 30%에 지나지 않는다는 평가가 있을 정도다. 현대 야구에서 300승은 실종 단계라고 할 만큼 꿈의 기록이다.

마지막 300승 투수는 랜디 존슨이다. 그는 22시즌에 걸쳐 303승 166패 방어율 3.29를 기록했다. 대망의 300승 고지는 2009년 6월 4일 열린 워싱턴 내셔널스와의 경기에서 6이닝 1

실점으로 승리 투수가 되며, 역사상 24번째 300승 투수의 반열에 올랐다. 1985년 톰 시버(311승 205패 방어율 2.86) 이래 24년 만에 나온 300승이며, 랜디 존슨의 나이 45살에 달성한 대기록이었다. 이는 필 니크로(318승 274패 방어율 3.35)의 46세에 이어 역대 두 번째 최고령 기록이기도 하다. 랜디 존슨은 에이스 투수로 꾸준히 그리고 잘 던졌기에 300승이 가능했다. 300승 투수는 명예의 전당에 자동 가입된다고 보면 된다.

최다승 순위			
1	사이 영 511승(22시즌)	6	키드 니콜스 361승(15시즌)
2	월터 존슨 417승(21시즌)	7	퍼드 갤빈 360승(14시즌)
3	피트 알렉산더 373승(20시즌)	8	그렉 매덕스 355승(23시즌)
4	크리스티 매튜슨 373승(17시즌)	9	로저 클레멘스 355승(24시즌)
5	워렌 스판 363승(21시즌)	10	팀 키프 342승(14시즌)

진기록은 있어도 불멸의 기록은 없다

한 시즌
최다승 투수는?

찰리 래드본의 59승

현대 야구의 시스템에서 보면 불가능하지만, 메이저리그 초창기에는 30승 투수가 꽤 나왔다. 요즘에 비해 많은 경기에 등판했고 타자의 장타력과 공의 반발력이 떨어졌기에 나올 수 있는 승수였다. 당시 투수들이 얼마나 자주 그리고 많이 등판했는지 살펴보면, 사이 영은 한 시즌에 50경기 이상 공을 던지기도 했고 40경기 이상은 수두룩하다. 1891년부터 1894년까지는 4년 연속 50경기 이상 등판했다. 300이닝 소화는 기본이고, 50경기 이상 등판한 4년 동안에는 매 시즌 400이닝 이상을 던졌다. 사이 영이 가장 많이 공을 던진 해는 1892년으로 무려 453이닝을 던지며 개인 한 시즌 최다승인 36승 12

패에 방어율 1.93을 작성했다.

지금은 200이닝을 던지는 투수도 거의 없지만, 메이저리그 초창기에는 300이닝 이상 던지는 투수가 허다했다. 19세기 후반에 윌 화이트라는 투수가 있었는데, 그는 한 시즌에 81경기에 나와 무려 680이닝을 던졌다. 그것도 75경기는 선발로 나와 모두 완투했다. 그야말로 '무쇠팔'의 시대였다. 그러나 그 당시 야구를, 철저한 분업화와 5인 선발 로테이션이 정착된 현대 야구와 직접적으로 비교하기는 어렵다. 20세기 전후는 홈런이 거의 나오지 않는 데드 볼 시대였다. 투수들은 어깨 부담이 적은 언더핸드로만 투구하며 많은 이닝을 던질 수 있었다.

그렇다면 한 시즌 최다승은 도대체 몇 승이었을까. 메이저리그의 최다승 기록은 찰리 가드너 래드본이 1884년에 작성한 59승이다. 래드본은 1854년 12월 11일에 태어나 1897년 2월 5일에 사망한 미국의 야구 선수로, 1880년 메이저리그에 입성했고 1939년 베테랑 위원회를 통해 명예의 전당에 이견 없이 헌액됐다. 통산 309승에 방어율 2.68을 기록했으며 올드 호스(Old Hoss)라는 애칭으로 불렸다. 메이저리그 야구에서 총 12시즌을 뛰며 통산 309승 방어율 2.68에 1,830탈삼진을 기록했다. 한 시즌 최다승을 기록한 1884년에는 내셔널리그 역사상

찰리 래드본 묘비석

두 번째 트리플 크라운을 차지하기도 했다. 팀에 투수가 딱 3명밖에 없어 하루 쉬고 하루 던지는 격일제 등판을 했다.

그는 데뷔 첫해인 1881년 41경기에 나와 25승 11패를 기록했고, 1882년 55경기 33승 20패 그리고 1983년에는 76경기 48승 25패를 기록했다. 그해 메이저리그 역사상 5번째 노히트노런도 작성했다. 데뷔 이래 매년 가파르게 승수를 쌓은 그는 1884년 마침내 59승 12패 방어율 1.38이라는 불멸의 기록에 다다랐다. 이때 소화한 677.2이닝은 역대 단일 시즌 2위에 해당한다. 그러나 아무리 데드 볼 시대라고 하지만 사람의 어깨는 던질수록 닳는다. 래드본은 서른이 넘은 1885년부터 하향세를 그렸다. 이후 20승대 승수로 떨어졌다. 그는 1891년 통산 300승을 달성하고 나서 그다음 해 11승을 마지막으로 은퇴했다.

존 깁슨 클락슨은 1885년 53승으로 한 시즌 최다승 2위에 올라 있다. 그는 1882년 데뷔해 12시즌을 뛰면서 통산 531경기에 출전해 4536.1이닝을 던지며 328승 178패에 방어율 2.81을 남겼다. 531경기에서 485차례 완투했고 37회 완봉했다. 1885년, 1887년, 1889년에 완투 1위를 기록했고 그중 1889년에는 49승 203탈삼진 방어율 2.73으로 생애 처음이자 마지막으로 투수 트리플 크라운을 달성했다. 클락슨 역시 래드본과 마찬가지로 2~3인 로테이션을 통해 많은 승수와 기록을 남겼다.

현대 메이저리그에서는 선발 투수가 한 시즌 30승을 거두기 힘들다. 20승을 넘기도 어렵다. 마지막으로 30승 이상을 거둔 투수는 디트로이트 타이거스의 데니 맥클레인으로 그는 1968년에 41경기에 등판해 31승 6패 방어율 1.86을 기록했다. 당시 그의 나이 24세였다. 맥클레인은 최후의 30승 이상 투수가 되었지만, 이후 성적은 곤두박질쳤다.

이듬해인 1969년에 경기에 나와 24승 9패로 꽤 잘 던졌는데, 그다음 해인 1970년에 3승 5패로 추락했다. 1971년에는 10승으로 반짝 했으나, 이후 1승 2패, 3승 5패를 기록하다가

1972년에 4승 7패를 마지막으로 은퇴했다. 맥클레인의 통산 기록은 131승 91패 방어율 3.39으로 프로 초기에 꿈의 30승 고지를 밟았지만 결과적으로는 명예의 전당에 헌액될 성적을 거두지 못했다. 메이저리그에서 맥클레인 이후 30승 고지에 가장 가깝게 접근한 투수는 1972년 스티브 칼튼과 1990년 봅 웰치의 27승이다.

1968년 이후 메이저리그에서 30승 투수가 사라진 이유는 크게 다섯 가지다.

첫째, 5명 정도로 구성되는 선발 투수 로테이션이 확립됐다. 매 시즌 30회 정도 선발 등판하기에 100%에 가까운 승률을 기록해야 30승을 노크할 수 있다.

둘째, 혹사가 사라졌다. 투수들은 오래 선수 생활을 유지하기 위해 몸을 사린다. 구단 관계자와 코칭스태프 역시 팀의 자산인 투수들의 어깨를 보호하기 위해 무리수를 두지 않는다.

셋째, 마운드의 높이가 낮아졌다. 1960년대까지 마운드의 높이는 15인치(약 38.1cm)였는데, 1970년대 들어 10인치(25.4cm)로 5인치가 낮아졌다. 마운드의 높이가 내려가면 오버핸드 투수의 구위가 약해지고 타자들의 타율은 올라간다. '투고타저'를 막으며 공격적인 야구로 팬들의 흥미를 유발하기 위한 결정이었다.

넷째, 심판의 스트라이크존이 암묵적으로 야구 규정집에 나온 것보다 좁아졌다.

다섯째, 아메리칸리그에서 1973년 지명타자 제도를 채택했고 타자 친화적 구장이 늘어났다.

한 시즌 최다승 순위			
1	찰리 래드본 59승	5	찰리 래드본 48승
2	존 클락슨 53승	7	앨 스폴딩 47승
3	가이 헥커 52		존 워드 47승
4	존 클락슨 49승	9	퍼드 갤빈 46승
5	찰리 버핀톤 48승		매트 킬로이 46승

진기록은 있어도 불멸의 기록은 없다

최다 세이브 기록의
주인공은?

마리아노 리베라의 652세이브

메이저리그의 긴 역사 속에서 세이브 기록이 인정받기 시작한 건 그리 오래전 일이 아니다. 1950년대 세인트루이스의 기록원이 세이브를 표기했지만, 1960년 〈시카고트리뷴〉의 스포츠 기자인 제롬 홀츠먼이 공식화하며 정착됐다. 메이저리그에서는 1969년 4월 7일 LA 다저스와 신시내티 레즈와의 개막전에서 빌 싱어가 처음으로 세이브를 기록했다. 일본 프로야구에서는 1974년, 한국에서는 1982년부터 세이브를 기록하기 시작했다.

메이저리그 최다 세이브의 주인공은 뉴욕 양키스의 수호신 마리아노 리베라다. 파나마 출신인 그의 어린 시절의 꿈은 펠

마리아노 리베라

레 같은 축구 선수가 되는 것이었다. 야구공을 잡은 뒤에는 공을 쫓는 외야수를 하고 싶었으나 유격수를 주로 봤다. 가난한 어부의 아들은 투수로 전향한 뒤 새로운 인생 길로 접어든다.

1990년 뉴욕 양키스에 입단했는데, 계약금은 고작 2,000달러였다. 공은 빠르지 않았으나 제구력과 슬라이더에서 합격점을 받았다. 1995년 선발 투수로 메이저리그 생활을 시작하게 되는데, 기대에 미치지 못했다.

그런데 불펜으로 출전해서 안정적인 모습을 보이며 이듬해 1996년부터 셋업맨(마무리 투수가 나오기 직전에 던지는 투수)으로 자리 잡았고 1997년부터는 팀의 뒷문을 책임지게 됐다. 당시만 해도 빠른 공과 슬라이더가 주 무기였다.

커터

리베라를 세계 최고의 소방수로 만들어준 커터를 그는 1997년 전반기까지 던지지 않았다. 커터는 아주 우연히 발견하게 된다.

캐치볼을 함께 하던 동료 투수 라미로 멘도사가 리베라에게 "공이 자꾸 휘어져 들어온다"고 이야기했고 리베로는 자신도 모르게 중지에 힘이 들어간다는 걸 알게 되었다.

그래서 리베라의 전매특허인 커터는 포심 패스트볼 그립과 유사하다. 단, 다른 투수에 비해 유난히 강한 중지 손가락의 힘이 실밥에 걸리며 공이 옆으로 휘어져 나갔다.

결과적으로 리베라는 150km의 구속과 날카로운 무브먼트를 동시에 장착할 수 있는 커터를 가지게 되었다. 그는 자신의 커터를 여러 투수에게 전수했지만, 악력과 신체적 차이 때문인지 따라 하는 선수가 없었다.

배트 파괴자

리베라가 마운드에서 던지는 공의 80%가 커터였다. 특정 구종의 구사 비율이 너무 높았다. 타석에 선 타자의 경우, 투수가 무슨 공을 던지는지 알고 있다면 그만큼 잘 대처할 수 있다. 그래서 리베라를 상대하는 타자의 헛스윙 비율은 18% 정도였다. 그런데 안타를 뽑아내지 못했다. 쳤다 하면 뜬공이나 땅볼이 나왔다. 리베라가 자신의 패를 드러내고 싸웠지만 지지 않은 이유는, 커터의 무브먼트가 정타를 피할 만큼 현란했기 때문이었다.

또한 리베라는 커터가 떨어지는 정도의 차이를 미세하게 조절할 만큼 달인의 경지에 도달해 있었다. 우타자를 상대할 때는 커터가 상대 방망이 끝을 피해 떨어졌고, 좌타자에겐 몸쪽으로 파고들어 배트를 부수며 '배트 파괴자(Bat Breaker)'로 불렸다.

리베라는 마무리 첫해 43세이브를 기록하며 존재감을 과시했다. 이후 매년 30세이브 이상을 쌓으면서 마침내 2011년 602세이브 고지를 밟아 트레버 호프만의 601세이브를 추월하며 역대 마무리 투수 세이브 1위로 올라섰다. 리베라는 통산 19시즌 652세이브를 기록하고 은퇴했다.

이와세 히토키와 오승환

일본 프로야구에서는 이와세 히토키가 402세이브를 기록했고 한국 프로야구에서는 오승환의 277세이브가 최고 기록이다. 한편 메이저리그에서 단일 시즌 세이브 기록은 2008년 프란시스코 로드리게스의 62세이브다. 리베라의 한 시즌 최다는 2003년 53세이브이다. 일본에서는 이와세 히토키와 후지카와 큐지의 46세이브, 한국에서는 오승환의 47세이브가 기록이다.

한편 메이저리그 세이브 2위 트레버 호프먼은 내야수로 프로 생활을 시작해 투수로 전향했고 마무리 투수로 꽃을 피웠다. 구속은 빠르지 않았지만 주 무기 체인지업과 노련한 두뇌 피칭을 바탕으로 특급 마무리 투수로 군림했다. 그가 등장하는 9회에 등장 곡으로 종소리가 울렸는데, 타자들에게는 '지옥의 종소리'와 같았다. 호프만은 2007년에 500세이브를 달성했고 2009년 601세이브를 마지막으로 은퇴했다

	최다 세이브 순위 (2016년 기준)
1	마리아노 리베라 652세이브 (19시즌 82승 60패 방어율 2.21)
2	트레버 호프만 601세이브 (18시즌 61승 75패 방어율 2.87)
3	리 스미스 478세이브 (18시즌 71승 92패 방어율 3.03)
4	프랜시스코 로드리게스 430세이브 (14시즌 50승 48패 방어율 2.73)
5	존 프랑코 422세이브 (21시즌 90승 87패 방어율 2.89)
6	빌리 와그너 422세이브 (16시즌 47승 40패 방어율 2.31)
7	데니스 에커슬리 390세이브 (24시즌 197승 171패 방어율 3.50)
8	조 네이션 377세이브 (15시즌 64승 34패 방어율 2.87)
9	조너선 파펠본 268세이브 (11시즌 41승 36패 방어율 2.44)
10	제프 리어든 367세이브 (16시즌 73승 77패 방어율 3.15)

진기록은 있어도 불멸의 기록은 없다

한 시즌 연속 이닝
무실점 기록은?

오렐 허샤이저의 59이닝 연속 무실점

메이저리그에서 단일 시즌 연속 이닝 무실점 기록은 오헬 허샤이저의 59이닝이다. 한 번 물면 놓지 않아 '불독'이라고 불린 그는 1988년 시즌 후반 경이적인 투구 내용으로 연속 무실점 기록과 함께 팀을 월드 시리즈 챔피언으로 이끌었다. LA 다저스의 1980년 후반과 1990년 초반을 대표하는 에이스로 박찬호와 인연이 많다. 1994년 박찬호가 LA 다저스에 입단할 때 선수 대표로 환영했고, 박찬호가 텍사스 레인저스로 이적했을 때는 그의 투수 코치로도 함께 했다.

1979년 17라운드 440번째 순위로 프로 입단한 그는 사실 새가슴 투수에다가 투구 폼도 불규칙해 제구에도 문제가 많

오렐 허샤이저와 박찬호

았다. 그러나 "열심히 노력하고 절대로 포기하지 않으면 보통 사람에게도 놀라운 일이 일어날 수 있다. 내가 바로 그 증거"라는 자신의 발언처럼 메이저리거 10년 만에 사이영 상의 주인공이 됐다.

허샤이저는 1988년 정규 시즌에서 23승 8패 1세이브 방어율 2.26으로 맹활약했고 그해 한 편의 드라마와 같은 59이닝 연속 무실점을 기록했다. 정규 시즌에 소화한 267이닝 중에 시즌 마지막 59이닝을 무실점으로 투구하며 빅 리그의 새 역사를 썼다. 최고의 피날레로 1968년 돈 드라이스데일이 LA 다저스 시절에 수립한 58이닝 연속 무실점 기록을 경신했다.

대기록의 출발은 8월 마지막 주 등판이었다. 허샤이저는 완투를 한 그 경기에서 마지막 4이닝을 무실점으로 틀어막았다. 그는 9월에는 6차례 선발 등판했는데, 첫 경기부터 5번째 경기까지 모두 완봉승을 기록하며 49이닝 무실점을 이어나갔다. 그리고 9월 정규 시즌 마지막 경기에서 샌디에이고 파드리스를 상대로 10이닝 무실점으로 59이닝 무실점의 마침표를 찍었다. 그렇게 드라이스데일이 세운 58이닝 기록을 1이닝 차이로 넘어섰다.

흥미로운 점은 이날 경기가 연장 15회로 치러졌는데, 허샤이저는 10이닝까지 무실점 역투를 했다는 것이다. 비록 완봉승 기록은 놓쳤지만, 역사적인 59이닝 연속 무실점 기록을 수립하며 메이저리그 역사에 남았다. 당시 중계 박스에서 해설을 하고 있던 드라이스데일은 경기 후 더그아웃으로 내려와 자신의 기록을 깬 허샤이저를 포옹하며 축하했다.

	한 시즌 연속 이닝 무실점 순위		
1	오렐 허샤이저 59이닝(1988년)	6	잭 그레인키 45.2이닝(2015년)
2	돈 드라이스데일 58이닝(1968년)	7	칼 허벨 45.1이닝(1933년)
3	월터 존슨 55.2이닝(1913년)	8	사이 영 45이닝(1904년)
4	잭 쿰스 53이닝(1910년)	9	닥 화이트 45이닝(1904년)
5	밥 깁슨 47이닝(1968년)	10	샐 매글리 45이닝(1950년)

진기록은 있어도 불멸의 기록은 없다

최다
탈삼진은?

최고의 '파이어 볼러'

놀런 라이언은 그의 나이 46세인 1993년 은퇴했는데, 마지막 시즌에도 158km의 빠른 공을 마운드에서 뿌렸다. 은퇴 직전까지 특급 마무리 수준의 강속구를 뿌린 그는 세월을 역행한 최고의 '파이어 볼러'였다.

놀란 라이언은 1966년 뉴욕 메츠에서 프로 생활을 시작해 캘리포니아 에인절스(1972~1979년), 휴스턴 애스트로스(1980~1988년) 그리고 마지막으로 텍사스 레인저스(1989~1993년)까지 27년간 807경기에 등판해 324승 292패 방어율 3.19을 기록했다. 올스타에 8차례 선정됐고 통산 7번의 노히트노런을 작성했다. 특히 5,714개에 달하는 그의 탈삼

놀런 라이언과 박찬호

진 기록은 타의 추종을 불허하며, 한 시즌 최다 탈삼진 기록 (383개)도 보유하고 있다. 제구력에 단점을 보이는 강속구 투수의 운명처럼 사사구 부문도 1위에 올라 있다. 폭투(277개)는 2위다.

제구력 문제

텍사스에서 나고 자란 라이언은 고교 시절부터 강속구 투수로 이름을 떨쳤지만, 제구력 문제로 신인 드래프트에서 탈락 위기에 몰렸다. 1965년 전체 295순위로 간신히 프로에 입문했고 제구력 문제는 그의 발목을 계속해서 잡았다. 1966년 메이저리그에 중간 계투로 데뷔했지만 강속구와 밸런스를 맞추지 못한 불안한 제구력으로 다시 마이너리그로 내려갔다. 이후에도 뚜렷한 성과를 내지 못하고 1971년 캘리포니아 에인절스로 트레이드됐다.

그리고 그곳에서 만난 토 모건 투수 코치의 지도를 받으며 안정감을 찾았고 1972년 19승에 탈삼진 329개를 솎아내며 야구 역사상 가장 뛰어난 삼진왕의 행보를 힘껏 내딛었다. 1975년 팔꿈치 수술로 잠시 주춤했지만, 금세 구위를 되찾아 1976년과 1977년 연속해서 300탈삼진을 기록했다.

라이언은 1989년 고향 팀 텍사스 레인저스 유니폼을 입었고 그해 삼진왕에 올랐는데, 그의 나이 42세를 무색하게 하는 기록이었다. 라이언은 이듬해인 1990년에도 탈삼진 수위를 지키며 2년 연속 삼진왕에 올랐다. 1991년 토론토 블루제이스를 상대로 생애 마지막 노히트노런(7번째)을 기록했고, 1992년 부상 이후 1993년에 화려한 현역 생활을 마감했다.

나는 늘 복근을 가장 우선순위에 두었다

놀란 라이언의 최고 무기는 불같은 강속구였다. 그는 자신의 저서 《피처스 바이블》을 통해 강속구를 단련시킨 최고의 비결이 웨이트 트레이닝이라고 설명했다.

"내가 뛰던 당시에는 투수가 웨이트 트레이닝을 한다는 개념 자체가 생소했다. 웨이트 트레이닝을 하면 근육이 경직된다는 인식이 널리 퍼져 있었다. 그러나 근육에 알이 배겨도 투구 능력은 영향을 받지 않는다는 사실을 경험으로 알아냈고 꾸준히 웨이트 트레이닝을 시작한 뒤로, 팔이 선발 투구의 후유증에서 회복되는 속도 역시 더 빨라졌다."

라이언은 복근 단련에 대한 중요성도 함께 깨달았다. "야구 선수들은 몸통 훈련을 중시하지 않았는데, 나는 늘 복근을 가장 우선순위에 두었다. 에너지가 다리에서 팔로 전해지려면 그 사이에 있는 몸통을 거쳐야만 한다는 사실이다." 이제는 일반화된 이론이지만, 라이언은 웨이트 트레이닝과 복근 단련을 위한 코어 운동의 선구자였다.

강한 키킹이 특징

우완 정통파 투수인 놀란 라이언의 투구 폼은 강한 키킹이 특징이다. 꾸준한 코어 운동과 더불어 타고난 유연성이 있기에 가능했다. 놀런 라이언 이후에도 많은 강속구 투수가 나왔지만, 그처럼 30년 가까이 롱런한 투수가 없는 것은, 건강한 어깨와 유연성 그리고 내구성이라는 3가지 요소를 모두 갖춘 투수가 드물기 때문이다. 은퇴한 라이언은 2008년 텍사스 레인저스의 구단주로 취임했고 2010년과 2011년에는 2년 연속 아메리칸리그 우승이라는 성과를 냈다.

역사상 가장 완성도 높은 너클볼을 던진 투수

최다 탈삼진 11위에 올라 있는 필 니크로는 역사상 가장 완성도 높은 너클볼을 던진 투수로 평가받는다. 대부분의 너클볼러는 마지막 수단으로 너클볼을 연마하지만, 그는 다른 구질의 공은 던지지 않고 너클볼 위주로 타자를 상대했다. 그만큼 차원이 다른 너클볼을 구사했다. 그래도 영점을 잡기 힘든 너크볼의 특성상 226개의 폭투를 기록하며 이 부문 7위에 올라있기도 하다. 10년간의 마이너리그 생활을 거쳐 메이저리거가 된 니크로는 나이 서른이 다 되어 자신의 화려한 경력을 쌓아나갔다. 28세에 메이저리그에 데뷔해 20년간 318승 274패에 3,342삼진을 기록하며 대투수 반열에 올랐다. 나이 40이 넘어 작성한 121승은 향후 깨지기 힘든 기록으로 남아 있다.

투수에게는 구종보다 제구력과 완급 조절이 더 중요하다

필 니크로의 가장 유명한 경기는 양키스를 상대로 300승째를 거둔 것이다. 46세의 그는 1985년 10월 6일 열린 이날 경기에 앞서 폭탄선언을 한다. 자신의 주 무기인 너클볼을 더는 사용하지 않겠다는 것이다. 실제로 그는 9회 2사까지 단 한 개의 너클볼도 던지지 않았다. 그 대신 면도날 같은 제구로 타자들을 한 명씩 제압해나갔다. 그리고 9회 2사에서 만난 마지막 타자 제프 버로스에게만 너클볼을 던져 완봉승으로 300승 고지를 밟았다. 니크로는 이날 경기를 통해 자신이 너클볼을 통해 성공했지만, 투수에게는 구종보다 제구력과 완급 조절이 더 중요하다는 사실을 전했다.

	최다 탈삼진 순위		
1	놀런 라이언 5,714개(27시즌)	7	돈 서튼 3,574개(23시즌)
2	랜디 존슨 4,875개(22시즌)	8	게일로드 페리 3,534개(22시즌)
3	로저 클레멘스 4,672개(24시즌)	9	월터 존슨 3,509개(21시즌)
4	스티브 칼튼 4,136개(24시즌)	10	그렉 매덕스 3,371개(23시즌)
5	버트 브릴레븐 3,701개(22시즌)	11	필 니크로 3,342개(23시즌)
6	탐 시버 3,640개(20시즌)		

진기록은 있어도 불멸의 기록은 없다

최다
홈런은?

야구의 꽃인 홈런

야구의 꽃인 홈런 부문에서 1위는 배리 본즈다. 그는 애리조나 주립대 졸업 후에 피츠버그 파이리츠에 입단해 1년 반의 마이너리그 생활을 거쳤다. 1986년 5월 3일 LA 다저스와의 경기에 1번 타자로 데뷔했다. 1993년 샌프란시스코 자이언츠로 이적해 2007년까지 현역으로 뛰었다. 은퇴 후에는 마이애미 말린스 타격 코치로 일했다.

배리 본즈의 타격 메커니즘

배리 본즈의 타격 메커니즘은 간결하면서도 빠른 몸통 스윙이 특징이다. 그는 원래 호타준족의 호리호리한 몸매였으나 시간이 지나며 100kg이 넘는 거구가 되었다. 힘이 붙은 그는 길고 무거운 방망이가 아닌 다른 선수들과 비교해 유난히 가볍고 짧은 방망이를 사용했다.

방망이는 길고 무거울수록 타구를 멀리 보내기 마련인데, 본즈는 빠른 배트 스피드로 가벼운 방망이의 단점을 극복했다. 공을 최대한 오래 보고 번개처럼 스윙하는 타격 폼과 좋은 선구안으로 양질의 타구를 생산하기 시작했다.

또한 배리 본즈의 스탠스는 체구에 비해 짧았다. 자신의 어깨 너비를 벗어나지 않았다. 스탠스가 넓을수록 타구에 많은 힘을 실어 보낼 수 있지만, 그만큼 상반신의 이동 거리가 늘어나며 스윙이 느려진다. 반면 스탠스가 좁으면 팔이 나오는 거리가 짧아지고 타구에 대한 대처 능력이 상승한다. 배리 본즈는 좁은 스탠스를 선택하며, 타구에 싣는 힘이 떨어지는 점은 강력한 몸통 회전력으로 해결했다. 배리 본즈의 타격을 보면 마치 팽이처럼 제자리에서 중심을 잃지 않은 채 몸이 팽 돌아가는 것을 확인할 수 있다.

2001년부터 스트라이크존의 좌우 폭이 좁아지고 상하 폭이 넓어진 변화도 배리 본즈의 기록 생산에 도움을 주었다. 그의 짧은 방망이는 몸 쪽 공을 받아치기 용이했고, 바깥쪽 공은 볼이라고 생각하고 건드리지 않으면 됐다.

약물 복용 의혹

배리 본즈는 역사상 가장 뛰어난 기록을 남겼다. 최다 홈런 기록(762개)과 함께 단일 시즌 최다 홈런 기록(73개)을 세웠다. 전대미문의 500홈런-500도루, 통산 최다 볼넷 기록, 7번의 MVP를 수상했으며 수비에서도 뛰어나 8차례 외야수 골드글러브를 손에 꼈다.

그러나 화려하기 그지없는 그의 기록은 어두운 양면을 가지고 있다. 스테로이드 시대로 대표되는 '흑역사'를 상징하는 선수이기 때문이다. 본즈는 금지 약물 복용 의혹에 대해 "모른다"로 일관했지만 약물의 힘으로 홈런을 펑펑 때린 선수라는 딱지가 붙어 있는 상태다.

755홈런의 행크 애런은 애틀랜타 브레이브스의 레전드인데 독학으로 야구를 배워 니그로 리그에서 뛰다가 메이저리그에 데뷔했다. 배리 본즈의 약물 의혹으로 행크

배리 본즈

애런을 홈런왕으로 인정해야 한다는 주장이 나왔지만, 애런 역시 자신의 자서전에서 금지 약물인 암페타민 복용을 시인했다. 그러나 애런이 뛸 당시까지만 해도 암페타민은 금지 약물이 아니었다.

역대 600홈런 이상을 기록한 선수들 중에 약물로부터 자유로운 선수는 켄 그리피 주니어(630홈런)와 짐 토미(612홈런) 정도다.

애런 형제

행크 애런의 동생 토미 애런도 메이저리그 선수였다. 애런 형제는 7년간 한 팀에서 뛰기도 했는데, 이들은 메이저리그에서 뛴 형제 선수들 중에 가장 많은 홈런포를 쏘아 올렸다. 행크 애런의 755개와 동생인 토미 애런의 13개를 합쳐 총 768개 홈런을 기록했다. 동생 토미는 형처럼 홈런 타자가 아니었다. 메이저리그에서 500홈런을 넘긴 형제는 애런 형제와 함께 머레이 형제가 있다. 에디 머레이는 504홈런, 동생 릭 머레이는 4홈런을 때려냈다.

베이브 루스

베이브 루스는 메이저리그의 지평을 연 선수다. 데드 볼 시대의 종결자이며 당시에 상상하기 힘들었던 홈런의 시대를 활짝 열었다. 야구라는 종목의 패러다임을 바꾼 선수로 역사상 가장 위대하고 사랑받는 선수로 평가받고 있다. 그는 지금으로부터 100년 전에 메이저리그 생활을 시작했지만 여전히 가장 영향력 있는 선수다.

	최다 홈런 순위		
1	배리 본즈 762개	6	켄 그리피 주니어 630개
2	행크 애런 755개	7	짐 토미 612개
3	베이브 루스 714개	8	새미 소사 609개
4	알렉스 로드리게스 696개	9	앨버트 푸홀스 591개
5	윌리 메이스 660개	10	프랭크 로빈슨 586개

진기록은 있어도 불멸의 기록은 없다

최다
안타는?

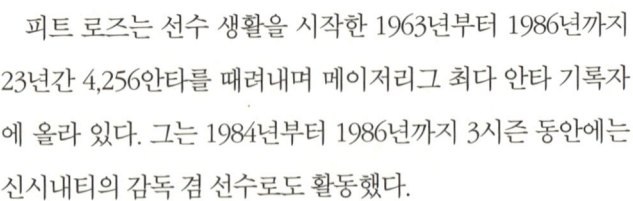

피트 로즈

피트 로즈의 4,256안타

4,256개의 안타를 치려면 21년에 걸쳐 매년 200안타를 기록한 다음에 22년째에 56개의 안타를 더 쳐야 가능하다.

피트 로즈는 선수 생활을 시작한 1963년부터 1986년까지 23년간 4,256안타를 때려내며 메이저리그 최다 안타 기록자에 올라 있다. 그는 1984년부터 1986년까지 3시즌 동안에는 신시내티의 감독 겸 선수로도 활동했다.

그의 4,256안타는 가장 깨지기 힘든 기록 중에 하나로 손꼽힌다. 스위치히터인 로즈는 총 3,562경기에 출장해 1만 4,053

타수 4,256안타를 기록했다. 단순 계산하면, 한 경기당 1.2개의 안타를 때려낸 결과이며 3.3타수당 1안타를 쳐야 도달할 수 있는 수치다. 피트 로즈의 뒤를 이어 타이 콥이 4,189개로 최다 안타 2위에 올라 있고, 행크 애런이 3,771안타로 3위에 이름을 올려놓고 있다.

최다 안타 기록 보유자 피트 로즈는 화려한 선수 생활을 보냈다. 월드 시리즈에서 3차례 우승했고 신인왕, 타격왕 3회, 최우수 선수 1회, 골드 글러브 2회를 수상했다. 올스타전에는 17번 출전했다.

끝은 좋지 않았다. 신시내티 감독으로 재임하고 있던 1989년 8월 스포츠 도박에 연루되며 메이저리그에서 영구 추방되었다. 명예의 전당은 1991년에 피트 로즈를 포함해 영구 추방된 사람들을 헌액 후보자에서 제외한다고 발표했다.

로즈는 1989년 당시 자신이 지휘하던 신시내티의 경기에 돈을 걸었던 것으로 밝혀졌다. 신시내티는 그의 등 번호 14번을 구단 역사상 10번째로 영구 결번으로 지정했다. 도박을 한 그에게 명예의 전당은 등을 돌렸지만, 신시내티 구단은 그의 기록을 인정해주었다.

다른 리그 안타 기록까지 포함하면 일본인 타자 스즈키 이치로는 피트 로즈의 4,256안타를 뛰어넘는다. 이치로는 2001

스즈키 이치로

년 메이저리거 생활을 시작해 2016년까지 16시즌 동안 3,030안타를 때려냈다. 그에 앞서 일본 프로야구에서 9년간 1,278안타를 쳤다. 미국과 일본에서 기록한 안타를 더하면 4,308개에 이른다. 단일 리그의 순수 기록은 아니지만 그 나름의 가치를 인정받는다.

'기네스북'을 만드는 기네스 월드 레코드는 스즈키 이치로를 '안타 부문 세계 기록 보유자'로 인정하기도 했다. 피트 로즈는 그에 대해 인정할 수 없다며 "이치로가 대단한 선수인 건 맞지만, 일본에서 친 안타까지 더하는 건 말이 되지 않는다. 이러다가 이치로의 고교 시절 안타까지 더할 셈이냐. 나도 마이너리그에서 친 안타를 더하면 훨씬 많아진다"라고 비판했다. 이치로는 "나는 미일 통산 안타에 큰 의미를 두지 않았다"며 논란을 피했다. 메이저리그에서는 이치로의 미일 안타 기록을 비공인 기록으로 보고 있다.

타격 기계 이치로는 2016년 8월 7일 콜로라도 로키스와의 원정 경기에서 3루타를 치며 메이저리그 역사상 30번째 3,000안타 위업을 세웠다. 아시아 선수로는 최초의 대기록이었는데, 그 소식을 접한 피트 로즈는 이치로의 세계 기록 논란 때 불쾌감을 보인 것과는 달리 찬사를 아끼지 않았다. 로즈는 "나는 이치로의 팬이다. 메이저리그에서 친 3,000개, 그 모든 안타에 축복의 박수를 보낸다. 희대의 선수임을 의심할 여지가 없다"며 "이치로는 미국과 일본, 2개 나라에서 명예의 전당에 오를 선수다. 대부분 달성이 불가능한 금석을 이루고 왔다"라고 말했다.

메이저리그에서만 때려낸 3,000안타만큼은 진심으로 인정한 것이다. 이치로는 2017년에도 마이애미 소속으로 뛰며 여전히 현역 생활을 하고 있기 때문에 그의 안타 기록은 계속 늘어날 전망이다.

최다 안타 순위			
1	피트 로즈 4,256개(24시즌)	6	데릭 지터 3,465개(20시즌)
2	타이 콥 4,189개(24시즌)	7	호너스 와그너 3,430개(21시즌)
3	행크 애런 3,771개(23시즌)	8	칼 야스트렘스키 3,419개(23시즌)
4	스탠 뮤지얼 3,630개(22시즌)	9	폴 몰리터 3,319개(21시즌)
5	트리스 스피커 3,514개(22시즌)	10	에디 콜린스 3,315개(25시즌)

진기록은 있어도 불멸의 기록은 없다

연속 경기
안타 기록은?

조 디마지오의 56경기

56경기 연속 안타 기록은 마릴린 먼로의 남편으로 유명한 조 디마지오가 1941년 작성했다. 그해 5월 15일 시카고 화이트 삭스전에서 4타수 1안타를 기점으로 두 달간 안타 행진을 벌였다. 디마지오의 연속 안타는 메이저리그에서 80년 가까이 깨지지 않고 있는데, 100년이 지나도 깨기 힘든 불멸의 기록이 될 것이라는 전망도 높다. ESPN의 스포츠 사이언스는 현대 야구에서 타자가 56경기에서 연속으로 안타 칠 확률은 0.0011%라고 측정했다. 1940년대에 비해 2016년 타자들의 평균 타수는 3.83 대 3.80으로 차이가 나고 구장의 크기가 다르다. 최근 야구장은 1940년대에 비해 외야가 10% 정도 더 작다. 그만큼 안타가 나올 확률이 떨어진다.

디마지오의 위대함은 세미프로 선수 때 이미 증명됐다. 그의 연속 안타를 뜻하는 '56'에 앞서 '61'이라는 위대한 숫자가 하나 더 있기 때문이다. 그는 메이저리그에 입문하기 전에 그의 친형 빈스 디마지오가 몸담고 있던 퍼시픽 코스트 리그에서 세미프로 선수로 뛰었다. 1932년 10월 1일 데뷔전을 치렀는데, 이듬해인 1933년 3월 27일부터 5월 27일까지 61경기 연속 안다 행진을 펼쳤다. 1919년 조 윌홀트가 마이너리그에서 세운 69경기 연속 안타에는 미치지 못했지만 자신의 천재성을 충분히 알릴 수 있었다. 그는 타고난 기량과 함께 집념 또한 대단했다. 당시 디마지오는 "매일 경기에 출전해 안타를 치는 게 먹고 마시고 자는 것보다 훨씬 중요하다"라며 타고난 승부욕을 자랑했다. 1936년 양키스에 합류한 디마지오는 4년 연속 팀을 월드 시리즈 정상으로 이끌었다.

제2차 세계대전 발발 직전인 1941년은 메이저리그의 황금기였다. 디마지오는 상반기에 56경기 연속 안타 행진을 이어가며 팬들을 열광하게 했고, 라이벌 레드삭스의 테드 윌리엄스는 후반기에 4할 타율에 도전하며 기세를 올렸다. 디마지오는 그해 7월 17일 화이트삭스와의 원정 경기에서 57경기 연속 안타 기록 수립에 아쉽게 실패했다. 화이트삭스의 3루수

조 디마지오

켄 켈트너가 한 번도 아닌 두 번씩이나 디마지오의 3루 쪽 안타성 타구를 환상적인 백핸드 수비로 막아냈다. 잘 치고 잘 막은 상황이 연달아 벌어졌지만, 디마지오 입장에서는 땅을 칠 노릇이었다. 그러나 디마지오는 바로 다음 날부터 다시 맹타를 휘두르며 이번엔 27경기 연속 안타 행진 기록을 세웠다. 만약이긴 하지만, 7월 17일 경기에서 켄 켈트너가 타구 하나만 뒤로 빠트렸다면, 디마지오의 연속 경기 안타 기록은 56이 아니라 84경기가 되지 않았을까 상상해볼 수 있다. 당시 100경기 안팎으로 시즌이 치러진 점을 고려하면 디마지오의 연속 안타 기록은 더 값지다.

1941년에는 디마지오의 56경기 연속 안타와 윌리암스의 4할 타율이 함께 수립됐다. 그렇다면 과연 MVP는 누가 차지했을까. 팬들의 이목이 집중된 가운데 실시된 MVP 투표에서 야구 기자들의 선택은 디마지오였다. 디마지오는 통산 1,736경기에서 2,214안타를 치며 타율 0.325에 361홈런 1,537타점을 기록했다. 특히 361홈런을 치면서 삼진은 369개밖에 당하지 않았다. 그 비율은 그의 펀치력과 선구안이 얼마나 놀라울 만큼 조화를 이루는지 알 수 있다.

한국 프로야구의 연속 경기 안타 기록은 박종호가 두 시즌에 걸쳐 작성한 39경기 연속 안타이고, 일본 프로야구의 최고 기록은 다카하시 요시히코의 33경기 연속 안타 기록이다.

	연속 경기 안타 순위		
1	조 디마지오 56경기	6	지미 롤린스 38경기
2	피트 로즈 44경기	7	토미 홀메스 37경기
3	조지 시슬러 41경기	8	타이 콥, 조지 시슬러, 채이스 어틀리 35경기
4	타이 콥 40경기	9	조지 맥퀸, 돔 미다지오, 베니토 산티아고 34경기
5	폴 몰리터 39경기	10	핼 채이스, 로저스 혼스비, 하이니 마누쉬 33경기

진기록은 있어도 불멸의 기록은 없다

최고
타율은?

타이 콥의 0.366

타자의 능력을 측정하는 여러 수치가 있다. 그러나 가장 중요하면서 기본이 되는 기록은 타율이다. 메이저리그 통산 최고 타율은 데드 볼 시대를 대표하는 타자인 타이 콥이 가지고 있다.

그는 1905년부터 1928년까지 메이저리그에서 활약하면서 통산 타율 0.366을 기록했다. 4할 대 타율도 1911~1912년, 1922년 세 차례에 걸쳐 작성했다. 메이저리그는 1920년을 기준으로 데드 볼 시대와 라이브 볼 시대로 구분한다. 데드 볼 시대는 반발력이 약한 공을 사용했다. 타구가 멀리 날아가지 않는 탓에 투수들의 황금기였다. 사이 영이 511승을 거두며 메이저리그 최다승 투수가 된 배경에는 데드 볼 시대라는 배경이 작용했다는 평가가 많다. 타자들은 홈런보다 단타 위주의 정교한 타격에 치중했고 타점은 득점권 안타에서 나왔다. 타자들은 누상에서 한 베이스라도 더 가기 위해 도루를 많이 했고 과감한 홈스틸도 마다하지 않았다. 당시 홈런에 의한 득점은 전체의 10% 정도에 불과했기에 스몰 볼 스타일의 야구를 해야만 했다. 반면 현대 야구에서 홈런의 득점 비율은 40%에 육박한다.

타이 콥은 빠른 기동력과 정교한 타격을 갖춘 디지로 데드볼 시대에도 불세출의 기량을 뽐내며 메이저리그 역사상 최고의 호타준족으로 남았다. 그가 기록한 4,191안타는 57년이 지나서야 피터 로즈에 의해 경신됐고 리키 핸더슨이 그의 2,245득점을 넘어서는데도 무려 73년이 걸렸다. 타이 콥은 공격적인 주루 플레이로 역대 홈스틸 최다(54개), 아메리칸리그 장내 홈런 최다(46개) 기록도 보유하고 있다. 도루는 892를 기록했고, 그의 통산 타율 0.366은 여전히 깨지지 않고 있다.

타이 콥의 타격 자세는 지금 관점에서 보면 매우 생소하다. 양손을 약 10cm 정도 떨어뜨린 채 배트를 휘둘렀는데, 당시 꽤 유행했던 그립으로 콥-와그너 그립(Cobb-Wagner grip)이라고 불렸다. 타이 콥이 리그에서 거의 마지막으로 사용했다.

타이 콥은 야구사에 남긴 굵은 족적과 달리 독선적인 성격

타이 콥

과 인종차별주의 발언으로 세간의 존경을 받지 못했다. 그라운드에서 번트를 하고 전력 질주로 달려 1루수를 받아버리거나 스파이크 날을 갈아 2루 베이스로 돌진했다.

야구를 전쟁이라고 칭하며 다른 선수들이 벌벌 떨게 만드는 게 스포츠맨십이라고 주장하기도 했고 관중과 심판을 향해서도 주먹을 날렸다. 승부욕과 집념이 너무 강해, 야구 선수가 아니라 백병전에 나선 전사라고 봐야 할 정도였다. 그 탓에 타이 콥은 말년에 외톨이로 지냈고 그의 장례식장에 야구 선수 출신은 단 3명만 참가했다고 전해진다.

메이저리그 최고 타율 부문에서 타이 콥에 이어 2위는 로저 혼스비(0.358)고, 3위는 조 잭슨(0.355)이다. 마지막 4할 타자 테드 윌리엄스는 0.344로 7위에 올라 있다. 홈런왕 베이브 루스는 0.342로 8위에 이름을 올렸다. 테드 윌리엄스는 1941년에 타율 0.406을 기록하며 마지막 4할 타자로 남아 있다. 윌리엄스 이후 4할에 근접했던 타자로는 토니 그윈이 있다. 그는 1994년에 타율 0.394을 기록했다. 역대 최고 타율은 1894년 휴 더피가 기록한 0.440이지만, 나폴레온 라조이가 1901년에 기록한 0.426가 근대 야구의 최고 타율로 인정받고 있다.

	최고 타율 순위			
1	타이 콥 0.366(24시즌)	6		빌리 해밀턴 0.344(14시즌)
2	로저 혼스비 0.358(23시즌)	7		테드 윌리엄스 0.344(19시즌)
3	주 잭슨 0.355(13시즌)	8		댄 브루더스 0.342(19시즌)
4	에드 델라헌티 0.346(16시즌)			해리 헤일맨 0.342(17시즌)
5	트리스 스피커 0.345(22시즌)			베이브 루스 0.342(22시즌)

진기록은 있어도 불멸의 기록은 없다

최다
타점은?

행크 애런의 2,297타점

메이저리그 통산 최다 타점은 흑인 타자 중 최고의 타자로 손꼽히는 행크 애런이 가지고 있다. 메이저리그에서 1960~1970년대

행크 애런

를 화려하게 장식한 행크 애런은 최다 타점뿐 아니라 최다 홈런 2위, 최다 안타 3위 등 공격 지표 대부분의 상위권에 랭크되어 있다. 통산 타율도 0.305로 거포이면서 정교한 타격을 자랑한다. 행크 애런 자신은 홈런 타자가 아니라고 밝히기도 했지만 그의 고른 타격 기록은 메이저리그 역사에서 최악의 투고타저 시절에 나온 기록으로 더 높게 평가받는다.

행크 애런의 타격 폼

행크 애런의 타격 폼은 스트라이드 하는 발이 투수 쪽으로 많이 향하는 스타일이었다. 동시대에 활약한 윌리 메이스도 그와 비슷한 롱 스트라이드 자세를 보였다. 히팅 직전의 롱 스트라이드는 타구에 힘을 싣는 게 용이한 폼으로, 체중 이동이 투수 쪽으로 향하며 뒷발이 들리는 경우도 볼 수 있다. 행크 애런이 183cm에 80kg이 조금 넘는 몸매에서 장타를 꾸준히 날릴 수 있었던 것은, 이러한 체중 이동과 함께 타고난 손목의 힘이 있어서다. 타자의 손목이 강하면 배트 컨트롤 마지막 단계에서 정밀 타격이 가능하다. 일반 포탄처럼 타깃을 정해놓고 날아가는 게 아니라 유도 미사일처럼 발사 후에도 방향을 수정해 목표를 명중시키는 기능이 가능했다.

방망이

행크 애런은 홈런 1위 배리 본즈에 비해 무거운 방망이를 들었다. 약 1kg이 넘는 배트를 휘둘렀다. 시대가 흐르면서 타자들의 타격 기술이 늘고 힘이 증가해 선수들의 방망이 무게가 전체적으로 가벼워졌지만, 배리 본즈는 동시대 타자들보다 더 가벼운 860g 정도 무게의 방망이를 들었다.

20g만 변화가 있어도 타자들의 손은 민감하게 반응한다는

점을 감안하면, 행크 애런은 배리 본즈를 향해 "너무 가볍지 않냐"고 놀렸을 법하다. 그러나 영원한 홈런왕 베이브 루스는 그보다 더 무거운 1.3kg이 넘는 무거운 방망이를 들고 타석에 섰다. 그야말로 후대의 거포들을 만난다면 "아기 같다"고 비꼬았을 것이다.

	최다 타점 순위			
1	행크 애런 2,297타점(23시즌)	6	스탠 뮤지얼 1,951타점(22시즌)
2	베이브 루스 2,213타점(22시즌)	7	타이 콥 1,937타점(24시즌)
3	알렉스 로드리게스 2,086타점(21시즌)	8	지미 팍스 1,922타점(20시즌)
4	배리 본즈 1,996타점(22시즌)	9	에디 머레이 1,917타점(21시즌)
5	루 게릭 1,995타점(17시즌)	10	윌리 메이스 1,903타점(22시즌)

진기록은 있어도 불멸의 기록은 없다

연속 경기 출전 기록은?

칼 립켄 주니어의 2,632경기

메이저리그에서 연속 경기 출전 기록은 '철인'이라고 불린 볼티모어 오리올스의 프랜차이즈 스타 칼 립켄 주니어가 보유하고 있다. 칼 립켄 주니어는 1995년 9월 6일 캘리포니아 에인절스전에 출전하며 루 게릭의 2,130경기 기록을 56년 만에 경신했다. 이날 2,131경기 연속 출전 기록을 세우자 심판과 상대 팀인 에인절스 선수들 그리고 관객들은 20분 넘게 기립 박수를 보내며 칼 립켄 주니어의 기록 수립을 축하했다. 이후에도 칼 립켄 주니어는 계속해서 경기에 출전했고 1998년 2,632경기에서 마침내 멈췄다.

놀라운 점은 17년간 계속된 연속 출전 기록을 칼 립켄 주니

칼 립켄 주니어

어 스스로 중단한 것이다. 1998년 9월 20일 양키스와의 경기에 앞서 그는 레이 밀러 감독을 찾아가 "이제 그때가 온 것 같다(I think the time is right)"라고 말하며 출전하지 않을 뜻을 밝혔다. 시즌 종료까지 일주일도 남지 않은 상황이었고 특별한 부상이 있는 것도 아니었지만, 그는 자신이 더 이상 팀에 도움이 되지 않는다고 판단해 출전하지 않았다. 그렇게 칼 립켄 주니어의 긴 여정은 1982년 5월 30일 시작해 1998년 9월 19일, 2,632경기 연속 출전으로 끝났다.

연속 출전의 의미

연속 출전이 가지는 의미는 홈런이나 타율, 이닝 기록과는 또 다르다. 모든 기록에는 의미가 있지만, 연속 출전 기록이 더 특별한 이유는, 인내심, 실력, 자기 관리의 3가지 요소가 모두 완벽에 가깝게 충족되어야 하기 때문이다. 우선 매 시즌 열리는 164경기를 빠지면 안 된다. 칼 립켄 주니어는 17년간 단 한 경기도 빠지지 않고 출전해 대기록을 세웠다.

그리고 연속 출전은 선수 자신이 원한다고 이뤄지는 게 아닙니다. 포지션 경쟁에서 밀리지 않고 매일 경기에 나갈 수 있는 실력을 갖춰야 한다. 마지막으로 철저한 몸 관리가 필수다. 강한 체력을 꾸준히 유지해야만 연속 경기 출전이 가능하다. 또한 불미스러운 일로 출장 정지 같은 징계도 받지 않아야 한다.

 칼 립켄 주니어의 기록이 더욱 돋보이는 이유는, 그가 주로 수비 부담이 가장 많은 유격수로 뛰었다는 것이다. 그는 유격수로 2,129경기에 출전했고, 3루수로 675경기를 소화했다.

 칼 립켄 주니어는 풀타임 주전이 된 1982년 6월 5일부터 1987년 9월 14일까지 5년간 904경기에서 연속 경기 출전과 함께 또 다른 엄청난 기록을 세웠다. 그 기간에 단 1이닝도 교체되지 않으며 8,243이닝 연속 출전이라는 또 다른 대기록을 수립하기도 했다.

화려한 선수 시절

칼 립켄 주니어는 화려한 선수 시절을 보냈다. 1978년 2라운드 전체 48위로 볼티모어 오리올스에 의해 지명되며 프로 생활을 시작했고

칼 립켄 부자

1981년 트리플 A에서 신인왕에 오르며 곧이어 메이저리그에 올라갔다.

그해 10월 10일 캔자스시티 로열스와의 경기에서 연장 12회 대주자로 나서며 빅 리그에 데뷔했다. 이듬해 1982년부터 주전으로 기용됐고 연속 경기 출전 대기록의 첫발을 내딛었다. 그는 2001년 현역에서 물러났는데, 메이저리그에서 뛴 19년 동안 단 한 차례도 빠지지 않고 올스타에 선정되었다.

꾸준함의 대명사인 칼 립켄 주니어는 유니폼을 갈아입지도 않았다. 볼티모어 오리올스에서만 메이저리거로 21년을 보냈다. 기록은 3,001경기 동안 타율 0.276에 431홈런 1,695타점 3,184안타를 작성했다. 은퇴 후에는 사업가로 변신해 선수 시절보다 더 왕성한 활동을 하고 있다.

일본 프로야구의 연속 경기 출전 기록은 히로시마 도요 카프에서 23년간 뛴 기누가사 사치오의 2,215경기다. 이는 칼 립켄 주니어에 이어 세계 2위 기록이다. 한국에서는 SK 와이번스 시절 최태원이 기록한 1,014경기다.

진기록은 있어도 불멸의 기록은 없다

한 시즌 최다
도루 기록은?

리키 핸더슨의 시즌 130도루

리키 핸더슨

메이저리그 역사상 최고의 타자로 평가받는 리키 핸더슨은 1982년 130도루를 성공하며 이 부문 부동의 1위를 지키고 있다. 1985년과 1987년에 빈스 콜맨이 각각 110개, 109개 도루를 기록하며 핸더슨에 근접했지만 핸더슨의 벽을 넘지 못했다. 예전에 비해 도루의 비중이 줄고 있고 부상 위험으로 인해 앞으로 세 자릿수 기록이 나오기 힘든 상황이다. 1990년 이후 최다 도루는 1992년 마키스 그리솜과 2007년 호세 레이예스가 기록한 78개가 최다 기록이다.

가장 많은 도루를 성공한 선수

메이저리그 역대 가장 많은 도루를 성공한 선수 역시 리키 핸더슨이다. 그래서 그에게는 메이저리그 역사상 최고의 리드오프라는 수식어가 붙어 있다. 통산 도루 성공률은 81%다. 핸더슨은 역대 1번 타자 중에 유일하게 출루율 4할을 찍었는데, 많이 뛴 만큼 통산 득점도 2,295점으로 역대 1위에 올라 있다. 펀치력도 있어 통산 홈런도 297개에 달한다.

특이한 점은 원래 왼손잡이였는데, 다른 아이들이 오른손으로 타격하는 걸 보고 오른손 타자가 됐다. 메이저리그에서 보기 드문 좌투우타 리드오프다.

한편 메이저리그 최다 홈스틸은 타이 콥의 54개로, 이 부문 1위를 차지하고 있다. 2위 조지 번스의 27개보다 2배 많은 홈스틸 기록이다.

진기록은 있어도 불멸의 기록은 없다

포수
최다 출전은?

랜디 헌들리의 160경기 출장

야구 포지션 중 가장 힘든 곳을 고르라면 단연 홈 플레이트 뒤에 쪼그려 앉아 있는 포수다. 포수는 투수를 리드하고 폭투를 향해 몸을 던져야 한다. 타자의 파울볼에도 견뎌야 한다. 얼굴에는 마스크를 쓰고 온몸에 가드를 하고 있긴 하나 몸이 성할 날이 없다. 포수에게는 그라운드의 야전 사령관이라는 멋진 별명이 붙어 있지만 그만큼 신경 쓸 일도 많고 해야 할 일도 많다. 그래서 프로야구에서 다른 보직은 몰라도 포수는 반드시 예비 전력을 갖추고 있다. 혼자서 전 경기 출전이 불가능하기 때문이다.

메이저리그에서 가장 많은 경기에 출전한 포수는 시카고

컵스에서 활약한 랜디 헌들리다. 그는 1968년에 열린 162경기 중에 160경기(선발 156경기)에 포수 마스크를 쓰고 출전했다. 단 두 경기만 빠진 것. 당시 시카고의 홈경기는 전부 낮에 열렸는데, 헌들리는 더블헤더에서도 연속해서 안방을 지키며 강철 체력을 과시했다. 전 경기 출전 포수로는 1944년 신시내티의 레이 뮬러, 필라델피아 애슬레틱스의 프랭키 헤이스가, 팀이 치른 155경기에 모두 출전했다.

일본에서는 조지마 겐지가 2003년에 일본 프로야구 역사상 40년 만에 포수 전 경기 출장(140경기)을 기록했고 국내에서는 박경완, 강민호, 김태군이 기록했다.

포수 방망이

메이저리그에서는 2000년대 들어 포수 타격왕이 출현하고 있다. 2006년에 미네소타의 조 마우어는 아메리칸리그에서 처음으로 포수 타격왕이 됐다. 2008년과 2009년에는 연속해서 타격왕을 차지하면서 포수 최초 타격왕 2연패도 기록했다. 내셔널리그에서는 2012년에 샌프란시스코의 버스터 포지가 포수로는 70년 만에 타격 1위에 올랐다.

메이저리그 역대 타격왕 중에 포수가 희귀한 것은, 다른 포지션에 비해 훨씬 많은 수비 부담 때문이다. 시즌 초반에 고타율을 자랑하더라도 시즌이 진행되면서 자연스럽게 떨어지기 마련이다. 포수가 페넌트레이스 끝까지 높은 타율을 유지하기는 현실적으로 여간 어려운 게 아니다.

그러나 최근에 포수 타격왕이 나오는 건, 출전 경기 수 조절과 멀티 보직을 통한 휴식이 처방되기 때문이다. 조 마우어가 3번째 타격왕에 오른 2009년의 경우, 선발 133경기 중에 28경기를 포수가 아닌 지명타자로 나서며 체력 저하를 막았다. 2012 시즌의 비스디 포지도 신벌 140경기 중에 29경기에서 1루수 미트를 끼었다.

진 기 록 은 있 어 도 불 멸 의 기 록 은 없 다

최연소
선수는?

조 눅스홀의 15세 메이저리그 등판

조 눅스홀은 메이저리그에서 16년간 135승 117패를 거두었다. 잠시 캔자스시티 애슬레틱스와 LA 에인절스에서 뛰긴 했지만, 대부분 신시내티에서 활동했다.

조 눅스홀이 유명한 이유는 메이저리그 최연소 선수기 때문이다. 그는 불과 15세 나이에 메이저리그에 데뷔했다. 그때가 1944년이었는데, 제2차 세계대전으로 이내 선수가 부족했다. 조 눅스홀은 교장의 허락으로 신시내티 레즈와 계약할 수 있었고 15세에 세인트루이스를 상대로 등판했다. 이미 패배가 확정된 9회 등판해 5실점을 했다고 전해진다. 이후 7년간 마이너리그 생활을 거쳐 1952년 메이저리그에 복귀했다. 현

역 은퇴 뒤에는 1967년부터 2004년까지 라디오 중계를 했고 2007년 세상을 떠났다.

이제는 메이저리그에 15세 소년이 출전하는 건 상상하기 힘들다. 메이저리거들이 참전하며 선수 부족 상태가 발생할 여지도 없다. 하지만 10대 선수들이 메이저리그 구단과 계약하는 건 드물지

조 눅스홀

않다. 고등학교만 졸업하면 가능하다. 단지 메이저리그 무대에 서기 힘들 뿐이다.

특히 30개 메이저리그 구단은 유망주의 젖줄과도 같은 도미니카에 야구 아카데미를 설립해 잠재력이 있는 어린 선수들을 매년 싹쓸이하고 있다. 10살만 넘어도 가능성이 있다면 발굴해 육성한다. 그렇게 키우다가 법적으로 계약할 수 있는 17세가 되면 정식 계약을 통해 미국으로 데려오는 시스템이다.

많은 도미니카의 아이들이 각 구단이 운영하는 야구 아카데미에 들어가 야구 선수로서의 성공을 꿈꾼다. 그곳에서는 월급도 받는데, 도미니카 사람들이 평균적으로 버는 5~6배 이상의 수입이 보장된다.

진기록은 있어도 불멸의 기록은 없다

최다 경기, 최다 승, 최다 패
감독은?

감독만 53년

코니 맥으로 잘 알려진 코닐리어스 맥길리커디 감독은 필라델피아 애슬레틱스에서 자그마치 53년간 지휘봉을 잡고 있었다. 역대 메이저리그 최장수 감독이다. 그는 남들보다 훨씬 오랜 기간 사령탑으로 있으면서 최다 경기(7,755), 최다 승(3,731), 최다 패(3,948) 기록을 모두 가지고 있다. 그가 53년간 감독을 할 수 있었던 이유가 있다. 바로 자신이 애슬레틱스 구단주였기 때문이다. 선수 시절에는 포수로 워싱턴 내셔널스와 피츠버그 파이리츠에서 뛰었다.

코니 맥에 이어 최다승 2위는 존 맥그로 감독이다. 그는 볼티모어 오리올스와 뉴욕 자이언츠 등에서 우투좌타 3루수로 15년간 선수 생활을 했고 1899년 볼티모어에서 감독을 시작해 1902년부터 1932년까지 뉴욕 자이언츠에서 지휘봉을 잡았다. 통산 2,763승을 기록했다.

코니 맥 감독

통산 최다 승 3위는 토니 라 루사 감독이다. 1979년 34세 나이에 시카고 화이트삭스 감독이 되었고 이후 35시즌 동안 통산 2,728승 2,365패를 기록했다. 3차례 월드 시리즈 우승과 6차례 리그 우승을 차지했다. 라 루사 감독은 양대 리그에서 처음으로 우승한 감독이기도 하다. 1989년 오클랜드 감독으로 월드 시리즈 우승했고 그로부터 17년이 지난 2006년 세인트루이스 감독으로 또다시 월드 시리즈 우승의 기쁨을 누렸다.

'꿈'을 던지고 때리다

7이닝

메이저리그에는 30개 전 구단 영구 결번이 있다. 메이저리그 최초의 흑인 선수로 인종차별의 벽을 허문 재키 로빈슨의 등 번호 42번이다. 1997년 메이저리그사무국은 42번을 전 구단 영구 결번으로 지정했고 그 이후 아무도 그 번호를 달지 못하게 됐다.

'꿈'을 던지고 때리다

전 구단 영구 결번
42번 재키 로빈슨

메이저리그 최초의 흑인 선수

메이저리그에는 30개 전 구단 영구 결번이 있다. 메이저리그 최초의 흑인 선수로 인종차별의 벽을 허문 재키 로빈슨의 등번호 42번이다. 1997년 메이저리그 사무국은 42번을 전 구단 영구 결번으로 지정했고 그 이후 아무도 그 번호를 달지 못하게 됐다.

재키 로빈슨은 메이저리그에 1947년 4월 15일 브루클린 다저스(현 LA 다저스) 유니폼을 입고 데뷔했다. 미국에 흑인 야구 선수는 많이 있었으나 그들은 니그로 리그에서만 뛰었다. 그러나 브루클린 다저스의 브랜치 리키 단장과 월터 오말리 구단주는 사회적 편견과 차별을 깨고 실력이 뛰어난 재키 로빈슨을 영입했다. 메이저 리그 역사에 남을 용기 있는 결정이었다.

그러나 그라운드에 나올 때마다 쏟아진 수모와 냉대는 로빈슨 스스로 이겨내야 했다. 관중의 심한 야유, 상대 선수의 방해, 심판의 편파 판정이 그를 힘들게 했다. 타석

재키 로빈슨

에서는 계속해서 몸 쪽으로 공이 날아왔고 수비하던 1루 베이스에서는 주자의 거친 발길질에 시달려야 했다. 심지어 필라델피아의 감독이었던 벤 채프먼은 그를 향해 "강제 노동이나 하던 흑인 노예가 무슨 야구를 하나. 농장으로 돌아가라"고 야유했다. 로빈슨은 경기가 끝난 뒤에는 숙박 거부를 당하는 등 시련이 이어졌다. 동료들도 그를 배척했다.

그러나 1947년 5월 14일 인종차별의 높은 벽을 허무는 사건이 하나 발생했다. 그날 브루클린 다저스는 신시내티 레즈와의 원정 경기를 치렀는데, 경기에 앞서 분노한 백인들이 다저스 구단과 재키 로빈슨에게 수많은 협박 편지를 보냈다. "경기를 하러 크로슬리 필드에 들어오면 죽여버리겠다"는 내

용이었다. 그만큼 당시 분위기는 살벌했다. 재키 로빈슨이 필드에 모습을 나타내자 관중들이 야유를 퍼부으며 "니그로"라고 외쳤다. 신시내티 레즈 선수들도 폭언에 가세했다. 그러자 다저스의 유격수 피 위 리즈가 1루로 걸어와 로빈슨 옆에 섰다. 리즈는 인종차별로 유명한 켄터키 주 루이빌 출신이었다. 관중의 시선이 집중되자 그는 1루수 재키 로빈슨을 끌어안았다. 최악으로 치닫던 경기장 분위기는 일순 정적에 휩싸였다. 그날 보여준 리즈의 포옹은 야구계 전체가 흑인 재키 로빈슨을 인정하는 계기가 되며 메이저리그 역사의 한 획을 그었다. 다저스 동료들은 42번을 총으로 쏘겠다는 협박에 항의하는 뜻에서 모두 로빈슨의 등 번호 42번을 달고 출전하기도 했다. 현재 메이저리그에서는 4월 15일이 되면 30개 구단의 모든 선수가 42번 유니폼을 입고 경기에 나서고 있다.

동료들의 응원에 힘입은 재키 로빈슨은 메이저리그에서 자신의 실력을 유감없이 발휘했다. 28세에 데뷔해 10시즌 동안 1,382경기에 출전해 타율 0.311에 137홈런을 기록했다. 당뇨병 증세로 은퇴한 뒤에는 사업을 하며 흑인들의 일자리 창출에 힘쓰는 등 인권 운동에 적극적으로 뛰어들었다. 지병인 당뇨로 53세의 이른 나이에 세상을 떠났다.

'꿈'을 던지고 때리다

로베르토 클레멘테 상이
가장 값진 이유

푸에르토리코의 노동자 집안 출신

메이저리그 선수들이 가장 값진 마음으로 받는 상이 있다. '로베르토 클레멘테 상'이다.

1934년 푸에르토리코에서 태어난 클레멘테는 메이저리그 피츠버그에서 1955년부터 1972년까지 우익수로 뛰었다. 그는 푸에르토리코의 사탕수수 농장에서 일하는 노동자의 7남매 중 막내로 태어났는데, 어린 시절부터 야구 선수가 되기 위해 매일같이 공을 던지며 어깨를 단련했다.

18세 되던 해에 다저스 구단이 그를 1만 달러에 스카우트했다. 뒤이어 애틀랜타 구단이 세 배가 많은 3만 달러를 제시했지만, 클레멘테는 자신을 먼저 인정한 다저스와 계약했다. 이

로베르토 클레멘테

후 피츠버그가 그를 지명해 메이저리그 무대에 데뷔시켰다. 1950년 그의 나이 스무 살이었다. 중남미 선수로는 최초의 메이저리그 데뷔였다. 최초의 흑인 메이저리거 재키 로빈슨처럼 클레멘테도 수많은 인종차별과 시련을 겪었고 그라운드에서는 협박과 빈볼에 시달렸다.

그러나 클레멘테는 꿋꿋이 이겨내며 18년 동안 피츠버그의 중심 타자로 올스타 12회, 골드 글러브 12회를 수상했고 1966년에는 내셔널리그 MVP를 차지했다. 1960년과 1971년 피츠버그의 월드 시리즈 우승에도 크게 공헌했다.

자선 활동으로 더 많은 주목을 받다

그는 뛰어난 야구 기량보다 자선 활동으로 더 많은 주목을 받았다. 평소 고국인 푸에르토리코와 중앙아메리카의 빈곤한 아이들을 위해 야구 장비와 음식을 꾸준히 기부했다. 그곳의 많은 아이들이 클레멘테를 롤모델로 삼았다.

1972년 시즌을 3,000안타로 마무리한 그는 그해 마지막 날인 12월 31일 구호품과 함께 비행기에 올라탔다.

12월 23일 니카라과 마나구아 지역에 큰 지진이 일어나 많은 이재민이 생겼고, 사회봉사에 늘 헌신적이었던 클레멘테는 피해받은 사람들을 돕기 위해 두 번에 걸쳐 구호품을 보냈나. 그런네 푸에르토리고 군대가 중산에 가로채며 그 구호품이 이재민에게 전달되지 못했다.

그래서 클레멘테는 12월 31일 직접 구호품을 싣고 피해 지역으로 향했다. 그러나 2톤 넘게 준비한 그의 세 번째 구호품도 전달되지 못했다. 클레멘테가 탑승한 낡은 수송기는 이륙 후 얼마 가지 않아 엔진 결함과 과도한 화물 적재 그리고 악천후로 인해 바다에 추락했다. 클레멘테의 시신은 6개월 후 비행기 잔해와 함께 발견되었다. 클레멘테가 불의의 사고로 사망하자 많은 사람들이 충격과 슬픔에 빠졌다. 푸에르토리코는 3일간 국민 애도 기간을 가졌다.

메이저리그 사무국은 5년이 지나야 들어갈 수 있는 명예의 전당의 입당 규칙을 깨고 1973년 그를 헌액했다. 또한 로베르토 클레멘테 상을 만들어, 사회에 가장 헌신적으로 공헌하고 선행에 앞장선 선수에게 그 상을 수여하며 그를 기리고 있다.

'꿈'을 던지고 때리다

구로다 히로키에게
남자란?

200억 원을 내던진 의리남

연예계 의리남으로 불리는 배우 김보성은 2014년 식혜 광고에 출연해 의리를 외쳤다. 식혜와 의리 사이에 대체 무슨 상관관계가 있는지 정확히 모르겠지만, 김보성은 "우리 몸에 좋은 의리"라고 소리 치며 식혜를 벌컥벌컥 들이켰다.

목구멍으로 넘어가기보다는 주변에 철철 흘리면서 '마무으리'를 했지만. 어쨌든 비장한 음악과 어울리는 진지한 표정, 그러나 코믹하면서도 과장된 동작으로 인기몰이를 했다. 그는 의리 열풍에 힘입어 이듬해인 2015년 식혜 광고 2탄에도 출연하며 의리 한 잔을 외쳤다. 그런데 메이저리그에는 진짜 의리남이 있었다. 바로 일본인 우완 투수 구로다 히로키다.

그는 LA 다저스와 뉴욕 양키스에서 2010년부터 2014년까지 5년 연속 30경기 이상 등판해 79승을 거두며 성공적인 메이저리그 경력을 쌓았다. 그런데 특이하게 빅 리그 첫해인 2007년, LA 다저스와 3년 계약을 마친 다음부터는 줄곧 1년짜리 계약을 고집했다. 일반적인 선수라면 다년 계약을 요구할 텐데 그는 정반대였다.

많은 선수들이 다년 계약을 원하는 이유는, 안정적으로 야구를 하고 싶다는 생각과 팀 공헌에 대한 보상 심리가 있어서다. 그리고 일종의 자존심 세우기도 포함된다. 자신의 모습이 외부에 어떻게 조명될지 신경을 쓰는 것이다. 계약 기간이 짧으면 팀이나 팬들이 자신을 바라보는 기대 수준이 낮아졌다고 판단하기에, 자신의 존재감을 다년 계약으로 증명하고 싶어 한다.

30대 중반의 구로다는 단년 계약을 고수한 이유에 대해 "더 이상 내년을 위해서 야구 하는 나이가 아니다. 매년 모든 것을 발휘할 각오로 시즌에 임하고 싶다. 다년 계약을 하면 아무래도 다음 시즌을 생각하게 된다. 언제나 그랬던 것처럼 올해가 마지막이라는 자세로 뛰겠다"라고 밝혔다. 구단은 구로다에게 다년 계약을 제시했지만, 그는 스스로 배수진을 쳐 완벽하게 1년을 불태우겠다고 다짐했다. 구로다는 다년 계약으로 벌어들이는 돈보다 자신의 꿈과 명예가 더 중요했다. 그는 미국 생활을 스스로 접고 일본으로 복귀할 때 역시 돈이 아닌 의리를 좇았다.

구로다는 2015년 친정 팀인 히로시마 카프와 1년 4억 엔에 계약하며 8년 만에 금의환향하게 된다. 뉴욕 양키스를 비롯한 다수의 메이저리그 팀으로부터 러브콜을 받았고 샌디에이고 파드리스는 1년

구로다 히로키

에 1,800만 달러까지 내놓았지만, 구로다는 그보다 연봉 5분의 1 수준의 히로시마를 택했다. 200억 원에 달하는 거금을 포기하고 40억 원 계약서에 도장을 찍은 것이다.

꿈의 기준

구로다의 비상식적인 선택을 이해하기 위해서는 그의 메이저리그 진출 시점으로 돌아가야 한다. 구로다는 2008년 LA 다저스로 이적하면서 "히로시마를 우승시키고 떠나고 싶지만 지금은 꿈을 좇지 않으면 안 된다고 생각한다"라고 밝히며

빅 리그 도전을 향한 출사표를 던졌다. 그리고 한 가지를 굳게 약속했다. "다시 일본으로 돌아와 뛸 것이다. 그리고 그 팀은 오직 히로시마뿐이다"라고.

히로시마 카프는 요미우리 자이언츠나 한신 타이거즈처럼 일본 프로야구의 주류가 아닌 비주류 구단에 속한다. 그가 일본행을 밝히자 부자 구단 요미우리가 돈다발을 준비했지만, 구로다의 결정은 흔들리지 않았다. 카프의 팬들도 그가 돌아오는 것을 의심하지 않았다. 구로다 히로키의 등 번호 15번은 7년간 비워 있었다. 그의 복귀를 기다리며.

양키스도 요미우리도 아닌 히로시마 카프로 돌아간다고 하자 사람들은 그 이유를 물었다. 그의 대답은 "꿈을 이루기 위해서 돌아간다"였다. 그런데 이상하다. 야구 선수의 꿈이라면 최고의 무대인 메이저리그이며 그중에서도 뉴욕 양키스 아닌가. 전 세계의 이목이 집중되는 그곳을 박차고 나오면서 꿈을 이루기 위해서라니. 앞뒤가 맞지 않는다.

게다가 구로다는 일본인 투수 중에 메이저리그에서 가장 성공한 선수로 손꼽힌다. 123승을 거둔 노모 히데오에 이어 두 번째로 많은 승수를 쌓았다. LA 다저스와 뉴욕 양키스에서 7시즌을 뛰며 79승 79패의 준수한 성적을 거뒀다. 특히 3년의 벽을 넘어 활약한 점이 돋보이는데, 일본의 괴물 투수로 불렸던 마쓰자카 다이스케를 비롯해 많은 일본인 투수들이 세 번째 시즌 이후 무너졌다. 그러나 구로다는 달랐다. 뛰어난 기량과 함께 변화에 능동적으로 대처했다. 일본에서 하던 방식을 고수하지 않고 로마에서는 로마법을 따르라는 것처럼 미국 스타일의 훈련법을 적극적으로 받아들여 현지화에 성공했다. 일본행을 선언하지 않고 익숙한 뉴욕 양키스에 남았다면 월드 시리즈 우승 반지를 노려볼 수도 있었다.

그러나 구로다의 기준은 뉴욕 양키스의 줄무늬 유니폼도, 수천만 달러의 돈도, 월드 시리즈 우승도 아니었다. 그는 '꿈' 대한 자신의 기준을 다음과 같이 말했다. "딸들이 야구를 아주 좋아한다. 내가 경기를 마치고 나면 늘 응원 메시지를 보내준다. 그때마다 책임감을 느낀다. 나의 플레이 하나가 이 아이들의 정신과 생각에 영향을 주고 있다는 느낌 때문이다. 정정당당하게 싸우고, 정직하게 사는 것을 보여줘야 한다. 먼 훗날, 내 인생을 돌이켜볼 때 가족에게 부끄럽지 않은 모습이었으면 한다. 그것이 나의 꿈이다"라고.

커쇼와의 우정

LA 다저스 시절 에이스 클레이튼 커쇼와의 우정도 화제를 모았다. 두 선수는 13살의 나이 차가 났지만, 최고는 최고를 알

커쇼와 구로다

아보았다. 실력과 인성에서 누구 못지않게 인정받은 두 선수는 캐치볼을 늘 함께 했다. 구로다가 LA 다저스에서 보낸 마지막 시즌인 2011년 마지막 선발 등판을 앞두고 가진 캐치볼 상대는 늘 그랬듯이 커쇼였다. 당시 커쇼는 이미 시즌이 끝나 어깨 보호 상태에 있었고 캐치볼이 금지되어 있었다. 그러나 커쇼는 코치의 반대에도 불구하고 구로다의 공을 받아주었다. 그리고 시즌이 끝나고 나서 공개적으로 "구로다가 내년에도 팀에 남았으면 좋겠다"라고 말했다.

의리의 사나이 구로다는 훗날 인터뷰에서 "당시 커쇼가 '다저스에 남아서 한 번 더 하자'고 말했다. 다시 다저스로 돌아올 수 없었지만 커쇼가 그런 말을 해줘서 통곡했다"라고 밝혔다. 두 선수의 의리를 엿볼 수 있는 대목이다.

그러나 둘의 인연은 거기까지였다. FA 자격을 얻은 구로다는 2012년 최고 명문 뉴욕 양키스로 이적했다. 하지만 구로다가 LA 다저스가 속해 있는 내셔널리그가 아닌 아메리칸리그의 뉴욕 양키스를 선택한 이유가 있었다. LA 다저스와의 맞대결을 피하기 위해서였다.

"꼭 돌아오겠다"

이는 2006년의 상황과 오버랩된다. 1996년 히로시마 카프에서 프로 생활을 시작한 구로다는 2006년 FA 자격을 취득했다. 리그 최다승 투수이며 1점대 방어율을 기록한 그는 FA 대박을 기대할 수 있었다. 그러나 시민 구단인 히로시마는 그를 잡을 여력이 없었다. 그때까지 히로시마는 FA 선수를 한 번도 잡은 적이 없었다. 구로다 역시 팀을 떠날 것이라는 관측이 대다수였다.

작별을 예상한 히로시마 팬들은 구로다가 마지막으로 선발 등판하자 외야에서 "우리는 함께 싸웠다. 지금까지도. 앞으로도. 미래에 빛나는 그날까지. 그대가 눈물을 흘린다면 그대의 눈물이라도 되어주겠다. 카프의 에이스 구로다 히로키"라고

목 놓아 외쳤다. 마운드에서 그 장면을 본 의리남 구로다는 결정했다. 평생 히로시마의 선수로 살아야겠다고. 그리고 "다른 구단의 유니폼을 입고 히로시마 선수를, 팬들을 상대로 공을 던진다는 상상을 도저히 할 수 없다. 나를 여기까지 키워준 것은 카프다. 내가 그 팀을 상대로 힘껏 공을 던질 자신이 없다"며 자신의 FA 권리를 포기했다. 구로다는 1년을 더 히로시마에서 뛰었고 이듬해 메이저리그에 진출했다.

구로다이 야구 인생을 보면, 히로시마 카프를 떠날 때도 그렇고 LA 다저스와 작별할 때도 그렇고 참 일관성이 있다. 성공적인 미국 생활을 마치고 8년 만에 친정 팀 히로시마로 복귀하는 모습도 마찬가지다. 구로다가 샌디에이고의 200억짜리 구애를 뿌리치고 40억 원에 다시 히로시마로 돌아오자 일본 야구팬들은 그의 인품에 찬사를 보냈다. 그는 그렇게 "꼭 돌아오겠다"는 약속을 지켰다. 직전 연도 소득분을 기준으로 2015년 소득세 100억 원을 감안하면, 오히려 돈을 내고 뛰는 묘한 상황이 벌어졌지만 구로다에겐 중요하지 않았다.

엄청난 경제적 파급 효과

구로다가 복귀하자 히로시마는 붉게 물들었다. 야구장을 찾은 팬들뿐 아니라 은행원들이 붉은 유니폼을 입고 근무하는 등 도시 전체가 도요 카프의 팀 컬러인 붉은색으로 물들었다. 구로다가 돌아온 지 1년이 지난 2016년 시즌에 히로시마는 기적의 드라마를 썼다. 만년 하위 팀에서 리그 우승을 향해 돌진했다. 지역 내 야구 시청률은 50%까지 치솟았고, 엄청난 경제적 파급 효과가 발생했다. 평균 관중은 구단 사상 최고치인 3만 명 수준을 기록했고 만약 우승한다면 3,500억 원이 넘는 경제적 효과가 나올 것이라는 예상이 나왔다.

히로시마는 25년 만에 센트럴 리그 지구 우승을 차지했고 중심엔 복귀 후 2년 연속 10승을 거둔 구로다가 서 있었다. 그야말로 일등 공신이었다. 그러나 히로시마는 대망의 일본 시리즈에서는 오타니 쇼헤이가 활약한 니혼햄 파이터스에 2승 4패를 기록하며 아쉽게도 준우승에 그쳤다. 2016년 시즌을 마지막으로 은퇴를 예고했던 구로다는 7차전 선발을 준비했지만 더 이상 마운드에 오르지 못했다. 히로시마의 우승을 위해 마지막 불꽃을 태웠던 그는 시리즈 종료 후 "야구 인생이 끝났다는 것보다 팀이 졌다는 것이 더 마음 아프다"라고 슬퍼했다. 구로다는 미일 통산 203승 184패의 성적으로 선수 생활의 마침표를 찍었다.

"이제는 떠날 때가 됐다"

일본 시리즈가 끝나고 히로시마 시내에서 대대적인 카퍼레이드가 열렸다. 30만 명이 넘는 시민들이 길가로 나왔다. 43년 만의 카퍼레이드를 마치고 한 사나이가 마이크를 잡았다. 등 번호 15번. 구로다 히로키였다. 그는 야구장에 모인 관중을 향해 "20년간 선수 생활을 했습니다. 이제 세계 최고의 카프 팬들 앞에서 마지막을 맞게 됐습니다. 정말로 감사합니다"라고 고개를 숙였다. 팬들이 보내주는 우레와 같은 박수 속에 깊은 아쉬움이 묻어났다.

카프의 동료들은 그의 등 번호 숫자만큼 헹가래를 쳐줬다. 15번. 그리고 그를 향해 일일이 모자를 벗으며 경의를 표했다. 홀로 마운드에 남은 그는 한쪽 무릎을 꿇었다. 눈은 투수판으로 향했다. 그렇게 한참을 머물렀다. 간간이 손으로 눈매를 훔친 건 눈물 때문이었을까. 야구장을 가득 메운 3만 명의 관중은 그의 이름을 불렀다.

기자 회견장의 분위기도 숙연했다. 간신히 감정을 추스른 구로다 히로키는 "그 마운드에서 스탠드를 바라보는 게 마지막이라는 걸 느끼는 순간 후회랄까, 이루 헤아릴 수 없는 여러 감정이 순식간에 몰려왔다"라고 말했다.

마운드에서 더 버티려면 버틸 수도 있었다. 2016년 시즌 24

차례 선발 등판해 10승 8패 방어율 3.09의 매우 좋은 성적을 거두었다. 선발의 한 축을 맡은 그의 헌신은 팀을 일본 시리즈로 이끌었다. 그의 남다른 투혼을 생각하면 40이 된 나이는 문제가 되지 않아 보인다. 구단과 팬들도 그의 은퇴를 만류했다. 그러나 구로다는 "이제는 떠날 때가 됐다"며 "더 이상 9이닝을 던질 수 없는 몸이라는 걸 깨달았다"라고 했다.

선발 투수가 9이닝을 모두 던질 필요는 없다. 구로다 정도면 몇 차례 선발 등판에서 빠져도 누가 뭐라고 할 사람이 없다. 그러나 그는 "항상 완투하겠다는 마음가짐으로 마운드에 섰다. 이제 9이닝을 던질 수 없다는 걸 알았고 좌절감을 느꼈기에 떠나야 한다"라고 결정을 번복하지 않았다. 그의 말대로 몸 상태가 좋지 않았다. 경기 전에 최소 2시간은 근육을 풀어야 했고 진통제를 달고 살았다. 팔꿈치와 허리 통증도 그의 발목을 잡고 있었다. LA 다저스 시절, 머리에 타구를 맞은 뒤엔 시도 때도 없이 두통에 시달렸다. 나이가 들면서 다치면 회복되는 속도도 느려졌다. 스스로 만족할 수 있는 공을 던질 수 없게 된 구로다는 공을 그렇게 내려놓았다.

'꿈'을 던지고 때리다

꿈을 좇아 도전한
선수들은 누굴까

이대호, 바늘구멍에 도전

메이저리그에 진출하기 위해 눈앞의 부를 포기하고 혈혈단신 자신의 실력만 믿고 진출해 성공한 아시아의 선수로는 '조선의 4번 타자' 이대호, '제2의 이치로' 아오키 노리치카, '꽃미남 에이스' 이와쿠마 히사시, '마에켄' 마에다 겐타 등이 있다. 한국인 선수보다 일본인 선수가 메이저리그에서 많이 뛰는 만큼 도전을 선택한 수도 이와 비례해서 많다.

이대호는 한국 프로야구에서 최고의 자리에 올랐는데, KBO 리그에서의 성공에 만족하지 않고, 일본으로 진출해 그곳에서도 '조선의 4번 타자'로 명성을 떨쳤다. 그리고 30대 중반의 나이에 이번엔 미국 메이저리그에 도전하는데, 수백 억 원을 주겠다는 일본 프로 구단의 러브콜을 뿌리치고, 주전이 보장되지 않는 마이너리그 계약을 했다. 편하고 익숙한 리그를 떠나 가시밭길을 선택하며 세간의 눈길을 끌었다.

시작은 예상대로 초라했다. 초청 선수 자격으로 시애틀 매리너스의 유니폼을 입었는데, 초청 선수는 스프링캠프라는 한정된 기간 내에 실력을 보여야 하고, 그렇지 못하면 아웃 되는 신세다.

그러나 꿈을 선택한 이대호는 최고의 선수들이 모인다는 메이저리그에서 버티면서 실력으로 살아남았다. '도전'하지 않으면 그것이야말로 '실패'라는 메시지를 전하며. 백업의 신분으로 시작해 경쟁자들을 누르고 주전 자리까지 차지하는 여정을 2016년 시즌에 보여주었다.

"어렸을 때부터 야구 선수라면 누구나 품고 있는 메이저리그 꿈을 향해서 마지막으로 도전하고 싶다. 어느덧 내 나이도 30대 중반이기 때문에 올해(2016년)가 아니면 힘들 것 같았다. 마지막 야구 인생 불꽃을 태우고 싶다. 일본 소프트뱅크를 떠나는 것은 아쉽지만 예전부터 미국에 가는 것을 꿈꿨다. 하지만 시즌에 들어가고, 경기를 하다보면 그런 생각을 할 수 있는 여유가 없었다. 현재 상황만 생각했다. 하지만 항상 마음은 있었고, 일본 시리즈를 마친 뒤 최종 결정했다. 일본보다 적은 연봉을 제시받더라도 어느 팀이든 뛸 수 있고, 날 필요로 한다면 갈 수 있다고 생각한다. 야구 선수는 유니폼 입고 뛰는 게 가장 행복하다. 아시아에서 이름이 많이 알려졌고, 연봉도 많이 받았지만, 미국에 가면 신인이다. 신인의 자세로 다시 돌아가야 할 것 같다. 다시 야구를 배운다는 생각으로, 초심으로 돌아가겠다."(이대호 인터뷰 중에서)

미국의 유명 사회자 오프라 윈프리는 "실패해도 다시 도전하라"고 말하면서 "넘어져본 적이 없는 사람은 단지 위험을 감수해본 적이 없는 사람일 뿐이다"라고 했다. 넘어지기를 두려워하면 멀리까지 달려갈 수 없다. 인생을 흔히 한 권의 책이라고 하는데, 그 책에 사랑과 도전이 없다면 재미없고 밋밋할 것이다. 한 페이지씩 읽지 않고 대충 넘겨버릴 것이다. 야구로 치면, 어떻게든 살아나가기 위한 타자의 번트 시도조차 없는 자포자기 경기와 같다. 인생에 도전이 없다면 성공과 실패도 없다.

이대호는 미국행을 앞두고 "어디에서든 야구는 똑같다. 내가 하는 것에 달려 있다"라고 큰소리쳤다. 고수의 반열에 오른 선수는 상대와 싸우지 않고 자기 자신과 싸운다고 하는데, 이대호가 그랬다.

이대호는 2016년 시애틀 매리너스 소속으로 104경기에 출전해 14홈런 74안타 49타점에 타율 0.253을 기록했다. 초반 좋은 성적을 내며 승승장구했는데, 후반 들어 손 부상과 체력 저하로 다소 아쉬움을 남겼다.

아오키 노리치카

아오키 노리치카와 이와쿠마 히사시를 보면 코이라는 이름의 비단잉어가 떠오른다. 일본어로 코이는 잉어를 뜻하기도 하는데, 이 코이라는 물고기는 작은 어항에서 키우면 5cm 남짓 자라고 만다. 더 넓은 수족관이나 연못에서 키우면 20cm 전후의 크기로 자란다. 그런데 코이가 강과 같은 자연 상태에서는 최대 120cm 정도까지 자란다. 신기하게도 자신이 처한 환경에 따라 몸의 크기가 달라진다. 사람들은 코이처럼 환경에 따라 자신의 한계를 미리 한정 짓는 경우가 많다. "나는 지금 이래서 안 돼, 저래서 안 돼"라고 하면서. 세상을 탓하며 자신의 크기를 제한한다. 대어가 되어 대양을 누빌 수 있지만, 어항 속 작은 피라미로 전락해버린다.

아오키와 이와쿠마는 일본에서 누구나 인정하는 대어였지만, 스스로 더 큰 바다로 나갔고, 대양을 누비는 초대어가 되었다.

안타 제조기의 초라한 시작

'안타 제조기' 아오키는 일본에서 뛴 7시즌 동안 타격왕 3회, 최다 안타 2회, 도루왕 1회, 골든 글러브 6회, 올스타전 MVP 2회 등을 수상했다. 화려한 수상 내역만 봐도 최고의 선수라는 것을 단박에 알 수 있다. 그는 일본에서의 활약을 발판으로 2012년 포스팅 시스템으로 메이저리그 진출을 노크했다. 그러나 메이저리그의 냉담한 반응에 '제2의 이치로'라고 불린 자존심에 상처를 입었다. 그에 앞서 2011년에 미네소타 트윈스로 이적한 니시오카 츠요시가 부진하며 일본인 타자에 대한 메이저리그 스카우트의 평가가 전체적으로 나빠진 탓도 시장에서 불리하게 작용했다. 결국 아오키는 250만 달러의 이적료를 써낸 밀워키 브루어스와 2+1년 계약에 합의하며 빅리그에 들어갔다. 메이저리그에 입성은 했지만, 약속된 자리가 있는 것도 아니었다. 백업 외야수로 시작했다. 그러나 준비된 사람만이 기회를 잡는 법이다.

기회는 항구와 같다

기회(opportunity)의 어원은 라틴어 옵 포르투(Ob Portu)에서 왔다. 밤새 고기를 잡은 어부들이 항구 밖에서 대기하다가 밀물 때를 기다려 항구로 돌아오는 것을 뜻한다. 이전에 항구는 늘 개방되는 곳이 아니었다. 물이 잔잔하고 바람이 불지 않는 날을 골라 항구가 열렸다. 기회(Ob Portu)는 어부에게는 귀항을, 상인에게는 장사를, 또한 적국에서는 침략의 호기였다. 기회는 기다렸다가 활용하는 자에게만 열리는 항구와 같다.

아오키는 메이저리그에서 크게 환영받지 못했지만, 첫해부터 성적으로 자신의 가치를 증명했다. 팀의 테이블세터와 주전 우익수를 꿰찼는데, 2012 시즌 최종 성적은 타율 0.288에 150안타 10홈런 50타점 30도루였다. 첫 시즌이라는 측면에서 볼 때, 아시아 출신 타자 중 성공 사례로 보기에도 손색이 없었다. 그는 2015년 샌프란시스코 자이언츠에서 1년 뛰고 나서 2016년 1+1년 계약을 맺었다. 2016년도 연봉은 550만 달러이고 매년 최대 150만 달러까지 추가로 받을 수 있는 옵션이 포함되어 있다.

아오키가 2012년 메이저리그에 데뷔할 때 받은 연봉은 100만 달러에 불과했다. 당시 3년 계약을 하며 2013년에 200만 달러, 2014년에는 150만 달러였다. 빅 리그에서 뛰는 선수 중에 최하위, 그야말로 바닥 수준의 연봉을 받았다. 그러나 메이저리그에서 뛰는 5년간 연봉은 700만 달러까지 상승하며 7배 이상 올랐다. 성공한 빅 리거라는 명예에 연봉은 따라왔다.

이와쿠마 히사시

이와쿠마 히사시는 다르빗슈와 함께 일본 프로야구에서 손꼽히는 에이스였다. 그러나 메이저리그에서 두 선수의 초반 운명은 극명하게 갈렸다. 텍사스 레인저스는 2011년 겨울, 포스팅 시스템을 통해 5,170만 달러를 니혼햄에 이적료로 지불한 뒤, 다르빗슈와 보장 금액 5,600만 달러에 6년 계약을 했다. 포스팅 금액과 연봉을 합산하면 1억 700만 달러가 넘는 초대형 계약이었다. 다르빗슈는 계약에 걸맞은 활약상을 펼치며 미래의 사이영 상 후보로 점쳐지고 있다.

이와쿠마는 다르빗슈와 함께 일본 마운드를 대표하는 양대산맥이었다. 그는 일본에서 11시즌을 뛰며 다승왕 2회, 최고 승률 2회, 방어율 2회를 기록하며 최우수 투수 상과 사와무라 에이지 상, 그리고 MVP를 모두 석권했다.

그러나 다르빗슈와 이와쿠마를 바라보는 메이저리그의 시선은 달랐다. 다르빗슈가 메이저리그에 화려하게 입성한 것과 달리 이와쿠마는 굴욕을 당했다. 두 선수는 메이저리그 문 앞에서 극과 극의 대우를 받았다. 다르빗슈가 텍사스 레인저스와 1억 달러가 넘는 초특급 계약을 맺은 그해, 이와쿠마는 시애틀 매리너스와 1년간 연봉 150만 달러라는 헐값에 도장을 찍었다.

재수 끝에 시애틀 유니폼을 입다

이와쿠마의 미국행 시도는 이전에 한 번 더 있었다. 그는 시애틀과의 헐값 계약에 앞서 2010년 시즌이 끝난 뒤 포스팅 시스템으로 미국행을 타진했다. 당시 오클랜드 애슬레틱스가 포스팅 금액으로 1,910만 달러를 적어내며 독점 협상권을 얻었다. 이와쿠마는 연봉 협상 테이블에서 7년 1억 2,500만 달러를 요구했고 오클랜드는 이와는 거리가 먼 4년 1,525만 달러를 제시했다고 전해지는데, 이후 협상이 진전되지 않아 미국행은 결렬됐다. 그때 오클랜드가 이와쿠마에게 추가 제안을 하지 않으며 시애틀과 같은 타 구단행을 막은 게 아니냐는 의심의 눈초리를 받기도 했다.

어쨌든 이와쿠마는 재수 끝에 시애틀 유니폼을 입었고 스프링캠프에서는 5경기에 출전해 방어율 3.60에 WHIP(투수의 이닝당 출루 허용율) 1.53으로 나쁘지 않은 기량을 선보였다. 그러나 오른쪽 어깨 근육이 메이저리그 선수들에 비해 약하다는 평가를 받으며 선발진에 끼지 못했고 불펜으로 뛰게 됐다. 그는 전반기 중간 계투와 마무리로 뛰며 연봉 150만 달러를 무색하게 하는 활약을 했다. 후반기엔 선발로 승격했다. 그해 7월 30일 토론토 블루제이스전에서는 8이닝 4안타 1실점 3볼넷으로 첫 선발승을 거뒀는데, 탈삼진 13개를 솎아내면서 프로 데뷔 개인 최다 삼진 기록이자 시애틀 구단의 신인 최다 삼진 기록을 동시에 세웠다. 최종적으로는 선발로서 16경기에 등판해 8승 4패에 방어율 2.65을 작성했다. 이와쿠마가 빅리그 첫해 거둔 방어율 2.65는 시애틀 구단의 신인 기록이 되있다. 이전 기록은 펠릭스 에르난데스가 2005년에 기록한 방어율 2.67이었다.

카이로스의 머리카락을 잡다

일본뿐 아니라 메이저리그에서도 톱클래스 선수라는 사실을 확인한 시애틀 구단은 2012년 시즌이 끝나자 이와쿠마에게 계약 기간 2년에 보장 금액 1,400만 달러를 제시했다. 첫해에 비하면 수식 상승에 가까운 연봉 인상이었다. 선발진에 자리를 잡은 이와쿠마는 2013년 시즌 14승 6패 방어율 2.66으로 사이영 상 투표에서 3위에 올랐다. 그의 빠른 공은 구속이 150km 남짓이나 변화구와의 조합이 매우 강력했다. 날카로운 제구를 바탕으로 스플리터, 싱커, 슬라이더로 타자를 요리했다. 그의 칼날 제구는 우리에게는 이미 익숙하다. 2009년 WBC에서 한국 대표팀 타자들이 자로 잰 듯한 제구와 홈 플레이트 앞에서 휘는 변화구에 속수무책으로 당했기 때문이다. 이때 많은 여성들은 그의 구위보다 잘생긴 얼굴에 탄복하기도 했다.

  이와쿠마는 두 번의 시도 끝에 메이저리거가 됐고, 자존심을 굽히고 받은 출전 기회도 바라던 선발이 아닌 불펜이었다. 그러나 그는 불리한 조건을 하나씩 극복하며 카이로스의 앞머리를 잡았다. 카이로스는 그리스신화에 나오는 기회의 신이다. 제우스의 아들인 그의 형상을 보면, 앞머리는 무성한데 뒷머리는 대머리다. 어깨와 발뒤꿈치에는 날개가 달려 있고 양손에는 저울과 칼을 들고 있다. 앞머리가 무성한 이유는 사람들이 처음 봤을 때 쉽게 붙잡을 수 있도록 하기 위해서고, 뒷머리가 대머리인 이유는 지나간 다음엔 사람들이 붙잡지 못하도록 하기 위해서다. 발에 날개가 달린 이유는 최대한 빨리 사라지기 위해서다. 이와쿠마는 꿈을 좇았고 패기와 실력으로 자신의 가치를 입증하며 아시아 선수의 또 다른 빅 리그 성공 신화를 써내려 갔다.

마에다, 스스로 선택한 노예 계약

마에다 겐타는 LA 다저스와 2016년 시즌을 앞두고 8년간 2,500만 달러에 계약했다. 일반인이 상상하기 힘든 금액이지만, 1억 달러 계약이 튀어나오는 메이저리그에서는 헐값 수준이다. 연봉으로 계산하면 300만 달러 정도인데, 일본 프로

야구 최고 에이스로 꼽힌 마에다 정도의 투수라면 두 배 이상 받아야 한다는 게 전문가들의 평가였다. 마에다보다 한 해 앞서 메이저리그에 진출한 다나카 마사히로는 뉴욕 양키스와 7년 1억 5,500만 달러에 계약했다. 보장액은 마에다의 6배가 넘고 계약 기간은 1년 더 짧다.

그런데 왜 마에다는 헐값 논란에도 불구하고 LA 다저스 유니폼을 입었을까. 계약서를 자세히 들여다보면 개런티 액수보다 옵션에 중점을 두고 있다. 연간 받을 수 있는 인센티브의 총액은 800만 달러 이상으로, 만약 마에다가 보너스를 다 수령한다면 그의 수입은 9,000만 달러를 넘는다.

그러나 '옵트 아웃'의 안전 조항도 없는 8년이라는 긴 계약 기간과, 구단 우위의 일방적 조건은 선수에게 불리한 게 사실이다. 그렇다면 마에다가 트레이드와 방출 없이 8년을 다 채워 추가 보너스를 받는다고 쳐도 노예 계약서에 도장을 찍은 배경에는 여전히 의문이 간다. LA 다저스와 계약 종료 시 그의 나이는 36세. 결국 자신의 야구 전성기를 모두 다저스에서 보내는 셈이다.

마에다 겐타

하지만 마에다가 조금은 황당해 보이는 조건을 수락한 이유는 도전 자체에 의미를 두어야 한다. 그리고 실력으로 증명했다. 그는 2016년에 데뷔해 16승 11패 방어율 3.48의 성적을 기록했는데, 32차례 선발 등판 중 14차례 퀄리티 스타트를 기록하며 꾸준히 활약했다. 다저스의 선발 투수들이 연쇄 부상으로 쓰러지는 상황에서 홀로 마지막까지 선발 로테이션을 지켰다. 175.2이닝을 소화하며 팀 내에서 유일하게 규정 이닝을 충족했다.

그 결과 보장 금액은 적었지만, 32경기에 선발 등판하며 650만 달러를 보너스로 받았다. 175.2이닝에 대한 보너스로 225만 달러를 추가적으로 수령했다. 이를 더해보면, 마에다는 2016년 시즌을 마친 뒤 기본 연봉 300만 달러에 인센티브로 벌어들인 875만 달러를 합해 총 1,175만 달러를 받게 됐다. 여기에 사이닝(특별) 보너스 분할금을 포함하면 1,200만 달러 이상 벌어들인 셈이다. 마에다를 주목해야 하는 이유는, 헐값 논란을 잠재운 도전 정신이다. 그리고 자신에 대한 강한 믿음이다.

'꿈'을 던지고 때리다

한쪽 눈만으로
야구 선수가 될 수 있을까

태너 바브라

**한쪽 눈으로 메이저리그에
도전한 선수가 있다**

2013년에 열린 메이저리 그 신인 드래프트에서 미네소타 트윈스는 발파라이소 대학에서 2루수로 뛰고 있던 태너 바브라를 30라운드에서 지명했다. 태너는 미네소타 구단에서 타격 코치와 주루 코치를 한 조 바브라 코치의 큰아들이다. 어릴 적 오른쪽 눈을 잃은 태너는 왼쪽 눈으로만 야구를 해야 하는 엄청난 핸디캡이 있었지만, 그것을 뛰어넘는 노력으로 발파라이소 대학에 야구 장학금을 받고 입학할 수 있었다. 그는 대학에서도 주전으로 뛰며 메이저리그에 대한 희망을 잃지 않았다.

프로 스포츠계에 간혹 외눈 선수가 없는 건 아니지만, 야구 선수에게 시력은 그 무엇보다 중요하다. 타석에서는 순간적으로 반응해 투수가 던진 강속구를 쳐야 하고 수비할 때도 재빨리 타구의 움직임을 파악해야 한다. 외눈 선수는 정상적인 선수들에 비해 원근감와 좁은 시야로 어려움을 겪을 수밖에 없다.

메이저리그에 신체의 한계를 극복한 선수는 있다. 조막손 투수 짐 애보트, 세 손가락 투수 모데카이 브라운, 오른팔이 없었던 타자 피트 그레이는 자신의 결함을 이겨내고 성공한 사례를 남겼다. 그러나 아직 한쪽 눈이 보이지 않는 선수는 없었다.

외눈 선수 태너의 도전 과정은 많은 감동을 자아냈다. 태너는 대학에서 거의 전 경기에 출전하며 3할 대 타율을 기록했고 그의 활약으로 발파라이소 대학은 호라이즌 리그에서 우승했다.

태너가 태어날 때부터 오른쪽 눈이 보이지 않은 건 아니었다. 어릴 때 겪은 두 번의 사고로 시력을 잃었다. 첫 사고는 3살 무렵이었다. 아버지를 따라 낚시를 갔는데, 낚싯줄을 던지는 과정에서 바늘이 오른쪽 눈을 찔렀다. 각막과 수정체가 찢어졌다. 4번의 수술로 다행히 실명은 면했으나 평생 콘택트렌즈를 끼고 살아야 하는 신세가 됐다.

두 번째 사고는 열 살 때 일어났다. 미식축구를 하다가 볼을 가로채는 과정에서 충돌을 했는데, 그때 한 친구의 손가락이 그의 오른쪽 눈을 찔렀다. 눈에 끼고 있던 콘택트렌즈가 산산이 부서졌고 그 조각들이 눈에 박혔다. 태너는 다시 수술대에 올랐지만, 이번에는 망막을 제거할 수밖에 없었다. 그렇게 그의 한쪽 눈은 영원히 빛을 잃었다.

뛰어난 운동 소질로 야구, 미식축구, 아이스하키를 하고 있던 태너는 한쪽 눈을 상실하며 모든 것을 내려놓았다. 아버지 조 바브라 코치는 모든 게 자기 때문이라고 가슴을 쳤다. 이 순간 태너를 다시 일으켜 세운 사람이 당시 LA 다저스의 감독으로 있던 라소다였다. 라소다 감독은 태너에게 전화해 "의사가 더 이상 야구를 할 수 없다고 하지만, 신은 너에게 야구를 할 수 없다고 말하지 않았다. 신이 말하지 않는 한 너는 야구를 계속 할 수 있다"고 용기를 줬다.

다시 글러브와 방망이를 잡은 태너는 재도전에 나섰다. 힘들고 어려운 싸움이 시작됐다. 대학 시절 3할 대 타율을 기록했지만, 프로의 벽은 확실히 높았다. 그는 미네소타 트윈스 산하 싱글 A에서 2013 시즌에 2할 중반의 타율을 기록했다. 특히 수비에서 6개의 실책을 범하며 장애인으로 프로 무대에서 생존하기가 얼마나 어려운지 체감했다. 하지만 태너는 포기하지 않았다. 자신과 같은 사람도 야구를 할 수 있다는 것을 보여주고 싶고, 또한 자신과 같은 누군가에게 도움이 되고 싶다는 마음 때문이었다.

많은 사람들이 불가능하다고 말하지만, 태너의 꿈은 여전히 메이저리그 선수로 뛰는 것이다. 그는 여전히 자신의 꿈을 향해 도전하고 있다. 태너는 끝내 메이저리그 선수가 될 수 없을지 모른다. 그러나 그 결과에 상관없이 자신의 한계를 극복하기 위해 도전한 과정만으로도 많은 이들에게 희망의 메시지를 전한다.

'꿈'을 던지고 때리다

마이너리거가 된
농구 황제 마이클 조던

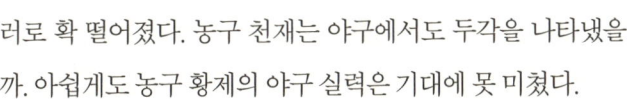
마이클 조던

**농구 천재는 야구에서도
두각을 나타냈을까**

마이클 조던은 NBA에서 은퇴한 뒤 1994년에 마이너리그 선수로 나타났다. 농구 코트에서 천문학적인 연봉을 받던 그의 연봉은 야구 선수로 변신하며 1만 달러로 확 떨어졌다. 농구 천재는 야구에서도 두각을 나타냈을까. 아쉽게도 농구 황제의 야구 실력은 기대에 못 미쳤다.

세계에서 가장 유명한 마이너리거가 된 마이클 조던은 1년 6개월간 127경기에 출전해 타율 0.202에 3홈런 30도루 114

삼진을 기록했다. 평범한 성적표였다.

NBA 시카고 불스의 상징이며 전 세계 스포츠 선수 중에 가장 많은 돈을 버는 그가 돌연 농구공을 놓고 야구공을 잡은 이유는 어린 시절 아버지와의 추억 때문이었다.

그의 아버지 제임스 조던은 1993년 7월 고속도로에서 10대 강도가 쏜 총에 맞고 숨졌다. 범인은 조던의 광팬이었다. 그는 조던의 나이키 신발을 사기 위해 조던의 아버지에게 총을 쏘았다. 누구인지도 모르고. 마이클 조던은 자기 때문에 아버지가 숨졌다고 생각하며 은퇴를 선언했다.

그리고 어렸을 적 "야구 선수가 돼라"고 한 아버지의 말을 생각했다. 조던은 아버지는 어린 아들에게 야구와 농구를 모두 가르쳤다. 퇴근하고 집에 오면 아들 마이클과 캐치볼을 하고 타격하는 방법을 알려주었다. 야구 선수는 아버지의 못 다 이룬 꿈이기도 했다.

조던은 아버지를 생각하며 야구 선수가 되기 위해 메이저리그 화이트삭스와 계약했다. 그러나 아무리 운동신경이 뛰어난 조던이라도 나이 서른이 넘어 운동 방식 자체가 다른 야구에서 성공하기는 힘들었다. 트리플 A로 떨어진 뒤 다시 더블 A로 밀려났다.

그는 1년간의 야구 선수 생활을 마치고 1995년 다시 NBA

코트로 돌아왔다. 그리고 시카고 불스에게 3연패를 선물하며 최고의 자리로 복귀했다.

진짜 은퇴는 2003년이었다. 나이 마흔에도 평균 20득점에 최다 43점까지 넣었지만, 순발력과 탄력이 이전 같지 않다고 밝히며 그해를 마지막으로 현역에서 물러났다.

'꿈'을 던지고 때리다

메이저리그
신인인데 35살?

〈루키〉

2002년 개봉한 영화 〈루키〉는 35세의 고등학교 과학 교사 짐 모리스가 메이저리그에 도전하는 실화를 담고 있다.

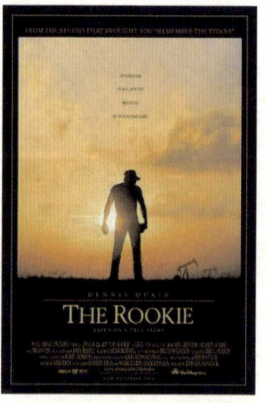

어릴 시절부터 모리스의 꿈은 야구 선수였다. 단 하루도 쉬지 않고 훈련한 그는 아마추어 드래프트에 참여해 밀워키 브루어스와 계약했다. 꿈을 향한 시작이었다. 그러나 그는 마이너리그를 전전하다가 부상까지 입으며 결국 꿈을 접었다. 가족을 부양해야 한다는 책임감도 컸다.

고향으로 돌아온 모리스는 고등학교에서 과학 교사로 교편을 잡았고, 틈틈이 야구부 코치를 병행했다. 그렇게 일상을 살아가던 어느 날, 그는 늘 하위권에만 머무는 야구부 제자들에게 한 가지 약속을 하게 된다.

"너희들이 만약 다음 대회에서 지역 예선만 통과한다면, 나이 많고 평범한 나도 메이저리그에 한 번 더 도전하겠다."

모리스가 교사로서 학생들에게 동기 부여를 하고자 한 약속이었다. 그런데 자신이 맡은 야구부가 기적같이 우승을 차지했고, 모리슨도 자신의 말을 지키기 위해 메이저리그 트라이 아웃에 도전하게 되었다.

꿈 한 자락을 놓치지 않으며 꾸준히 훈련한 그는 트라이 아웃에서 157km 강속구를 던지며 사람들을 놀라게 했다. 탬파베이 구단이 그에게 공식 계약을 제시했고, 모리스는 젊은 시절 포기했던 꿈을 향해 다시 출발선에 섰다.

35살의 나이로 1999년 탬파베이에 합류한 모리스의 메이저리그 도전은 쉽지 않았다. 그러나 그는 힘든 상황에서도 열정을 다했고 그해 9월 9일 메이저리그로 마침내 승격되었다.

그리고 9월 18일 생애 처음으로 메이저리그 무대에 올랐다. 그는 빠른 공으로 첫 상대인 텍사스의 주전 유격수 로이스 클레이튼을 삼진으로 잡아냈다. 9월 20일 경기에서도 1이닝 무실점을 기록했다. 그러나 메이저리그의 벽은 높았다. 9월 28일 토론토와의 경기에서는 2이닝 3실점을 기록했다.

그의 도전은 이듬해인 2000년에도 계속됐다. 총 16경기에 등판하며 마운드에서 꿈을 던졌다. 그러나 부상으로 마이너리그로 내려가게 됐고 곧 방출당했다. 그렇게 그의 메이저리그 도전은 끝났다. 빅 리그 2년간 총 21경기에 출전해 승패 없이 방어율 4.80을 기록했다. 하지만 짧고 강렬했던 그의 도전은 불가능을 가능으로 만들 수 있다는 메시지를 전했다.

메이저리그 최고령 신인이었던 그는 은퇴를 하며 이렇게 말했다.

"모두가 불가능한 도전이라고 생각했던 약속을 아이들과 지켜내며 꿈의 중요성을 직접 느꼈다. 난 꿈을 꾸었고 그 꿈을 이뤄냈다."

영화 〈루키〉의 포스터에는 "1999년 그는 살아 있는 희망이 되었다. 작은 용기에서 시작된 위대한 인간 승리. 120년 메이저리그 역사상 가장 놀라운 실화"라고 쓰여 있다.

최고의 영광이 명예의 전당인 야구

★★★★
★★★★

8
이닝

"그녀는 야구를 사랑했다(She Loved Baseball)"라는 묘비명을 남긴 한 인물이 있다. 당대를 호령한 스타플레이어도 아니고 게다가 여성이다. 그러나 그녀의 묘비명에서 느낄 수 있는 것처럼 에파 맨리는 야구를 정말 사랑했다. 1897년 미국 필라델피아에서 태어난 그녀는 1930~1940년대 니그로 리그의 뉴어크 이글스 구단주였고 여성 최초로 명예의 전당에 헌액되었다.

최고의 영광이 명예의 전당인 이유

명예의 전당에 헌액된
최초의 여성은?

"살았다. 썼다. 사랑했다"

이는 프랑스 사실주의 문학의 시조로 불리는 소설가 스탕달의 묘비명이다. 그의 인생은 실패의 연속이었다. 사랑에 실패했고 군인으로 실패했다. 최초의 사실주의 소설로 평가받는 《적과 흑》을 썼지만, 작가로도 생전에는 거의 인정받지 못했다. 그러나 죽기 전에 자신이 직접 준비해둔 묘비명 "살았다. 썼다. 사랑했다"에서 느껴지는 것처럼 문학을 인생의 전부라고 생각하며 헌신했다. 묘비명에 적힌 짧은 세 문장은 스탕달의 삶을 압축하고 있다.

묘비명은 무덤 앞에 세우는 비석을 말하는데, 유명인의 묘비명에는 이름이나 신분, 행적뿐 아니라 그들이 살아간 인생이나 철학을 성찰하는 의미를 새겨놓고 있다.

우물쭈물하다 내 이럴 줄 알았다

이 세상을 살아간 이들이 남기는 마지막 역사 기록장이기 때문에 주로 엄숙하고 진지한 내용이 많지만, 영국의 극작가이자 소설가인 조지 버나드 쇼처럼 "우물쭈물하다 내 이럴 줄 알았다"라는 유머러스하고 풍자가 넘치는 묘비명도 있다.

그는 "우리가 죽어야 한다고 삶이 우습지 않은 것이 아니며, 우리가 웃는다고 삶이 진지하지 않는 것도 아니다"라고 말하며 살아 있는 내내 고정된 관념을 깨뜨렸다. 다루기 무거운 죽음조차 그에겐 경쾌한 소재였다. 그 덕분에 그는 《인간과 초인》으로 노벨 문학상을 받은 작가지만, 자신의 작품보다 더 유명한 묘비명을 후세에 남겼다.

묘비명, 고인의 삶을 새기다

우리나라에도 위트 넘치는 묘비명을 남긴 인물이 있다. '걸레', '미치광이 중'을 자처하며 파격적인 삶을 살았던 승려 화가 중광 스님은 묘비명에 "괜히 왔다 간다"라고 썼다. 부귀영화를 누렸던지 빈곤한 인생을 살았던지 간에 모두 덧없다는 것을 명쾌하게 표현했다.

"서로 사랑하라"는 유언을 남긴 김수환 추기경의 묘비명에는 두 개의 문구가 들어갔다. "나는 아쉬울 것이 없어라"와 "너희가 모든 이를 위하여"라는 사목(司牧) 표어다. 김수환 추기경의 유품은 40년 넘게 입은 낡은 사제복과 쓰던 것을 버리지 않고 가지고 있던 안경 5점이었다. 아쉬울 게 없었기에 유품도 소박하기 그지없다. 또한 세상 속의 교회를 지향하며 세상일을 외면하지 않은 고인의 삶도 묘비명에 새겨졌다. 김수환 추기경은 한국 현대사의 중요 고비마다 바른 길을 제시했다.

명예의 전당에 최초로 헌액된 여성

"그녀는 야구를 사랑했다(She Loved Baseball)"라는 묘비명을 남긴 한 인물이 있다. 당대를 호령한 스타플레이어도 아니고 게다가 여성이다. 그러나 그녀의 묘비명에서 느낄 수 있는 것처럼 에파 맨리는 야구를 정말 사랑했다. 1897년 미국 필라델피아에서 태어난 그녀는 1930~1940년대 니그로리그의 뉴어크 이글스 구단주였

에파 맨리

고 여성 최초로 명예의 전당에 헌액되었다.

어릴 적 그녀는 아프리카계 양아버지 밑에서 성장했는데, 그 영향 때문인지 아프리카계 인권 운동에 헌신한 이력도 있다. 그녀는 1935년 뉴욕 양키스의 시합에서 흑인 남편 에이브를 만나 결혼하게 되고 두 사람은 그해 브룩클린에 이글스라는 팀을 만들었다. 이듬해인 1936년 뉴저지 주 뉴어크 다저스를 구입한 뒤 뉴어크 이글스로 새롭게 출발했다.

니그로 리그의 어머니

실질적인 구단 운영주였던 에파 맨리는 야구 선수들에 대한 애정이 깊었다. 선수들이 야구만으로 생계를 유지하기 힘들었기에 조금이라도 많은 봉급을 주기 위해 힘썼다. 니그로 리그 최초로 에어컨이 달린 전용 버스를 구입하기도 했는데, 당시 1만 5,000달러에 달하는 거금이 들어갔다. 그녀는 경기 일정이나 구단의 계약 문제도 합리적으로 처리하며 많은 신망을 얻었다. 자신의 구단뿐만 아니라 리그 전체적으로 선수들의 처우를 개선하기 위해 노력을 아끼지 않았다.

그리고 1930년대 중반, 할렘의 한 가게가 아프리카계의 고용을 거부하자 보이콧 운동을 펼치며 야구 외적으로도 활발한 인권 운동을 했다. 미국 최대의 흑인 인권 단체인 NAACP(National Association for the Advancement of Colored People)의 창설에 참여하며 뉴저지 지부 재무 담당을 맡기도 했다. 당시에는 야구 자체가 백인들의 전유물이었기에 그녀가 니그로 리그 구단을 운영하는 것 자체가 인권 운동이었다고 볼 수 있다.

니그로 리그에서 메이저리그로

에파 맨리는 야구에 대한 애정만큼 많은 에피소드를 남겼다. 손이 아닌 다리로 사인을 내곤 했는데 다리를 꼬아 앉으면서 번트 사인을 냈다. 투수의 등판 일정을 정하기도 했다. 여성 단체에서 야구장으로 관전을 오면 테리스 맥더피라는 에이스의 등판을 지시했다고 전해진다. 그녀는 훗날 메이저리그에서 활약하게 되는 래리 도비, 몬테 어빈, 돈 뉴캄프 등 여러 선수를 발굴하며 자신의 야구 안목을 증명했다.

뉴어크 이글스는 1946년 니그로 리그 월드 시리즈에서 우승을 차지하며 활약했는데, 니그로 리그와 메이저리그와의 벽이 허물어지며 급변의 시기를 맞게 된다. 1947년에 최초의 흑인 선수 재키 로빈슨이 메이저리그 브루클린 다저스에 들어가면서 니그로 리그의 주전급 선수들이 계속 빠져나갔다. 그 여파는 뉴어크 이글스에도 미쳤고 에파 맨리의 노력에도 불구하고 결국 1948년에 해체되고 말았다.

니그로 리그의 마지막 생존 구단주였던 에파 맨리는 1981년 4월 16일 84세의 나이로 세상을 떠나게 된다. 그녀는 니그로 리그 구단주로 야구단 운영에 기여하고 흑인 인권 개선에 헌신힌 점을 인징받아 여성 최조로 메이저리그 명예의 전당에 헌액됐다.

최 고 의 　 영 광 이 　 명 예 의 　 전 당 인 　 이 유

명예의 전당에
오르는 조건은 뭘까

명예의 전당에 오르는 첫째 방법

메이저리그 명예의 전당(Hall Of Fame)은 미국 야구기자협회에 가입한 회원으로 10년 이상 취재 활동을 한 기자들의 투표에 의해 결정된다. 경력 10년 미만의 기자에게는 투표권이 없다. 투표권을 가지게 된 기자는 직장을 옮기거나 은퇴해도 계속 투표할 수 있는 권한이 생긴다. 명예의 전당에 들어갈 후보군은 메이저리그에서 10년 이상 뛰어야 하고 은퇴한 지 5년이 지나야 하는데, 매년 한 차례 기자단 투표에 의해 정해진다. 이때 75% 이상 득표해야 한다. 전체 투표권자는 1990년대부터 400명 선을 유지하고 있는데, 2017년 투표인단은 총 435명이다. 즉 최소 327표를 얻어야 명예의 전당에 영광스럽

게 입성할 수 있다.

투표권을 가진 기자들은 입후보자들의 뚜렷한 기록뿐 아니라 인성과 사회적으로 미친 영향력 등을 모두 고려해 표를 던진다. 사생활도 깨끗해야 한다. 그리고 75%를 얻지 못해 탈락한 후보는 그걸로 끝이 아니고 재도전할 수 있다. 한 번 떨어졌다고 기회가 사라지면 서운할 테니 또 기회를 준다. 5% 이상만 득표하면 10년 동안 후보 자격을 유지할 수 있다. 그 10년 동안 5% 미만 득표율을 기록하면 바로 후보군에서 탈락되지만 말이다. 2014년까지는 15년이었는데 2015년부터 10년으로 줄었다. 그런데 메이저리그 명예의 전당에 오르는 방법은 기자단 투표 말고 또 다른 길이 있다.

명예의 전당에 오르는 둘째 방법

두 번째 입성 방법은 15명으로 구성된 베테랑 위원회의 투표로 들어가는 경우다. 기자단 투표에서 탈락한 대상 중에 명예의 전당에 충분히 헌액될 만한 자격이 있다고 판단되면 베테랑 위원회에서 다시 심사해 입성 여부를 결정한다. 베테랑 위원회는 원로 야구인과 언론인, 야구 행정 관계자 등 15명으로 구성되어 있다. 기자단 투표에서 미역국을 먹은 대상자는 여기서도 4분의 3, 즉 75% 이상 득표해야 명예의 전당에 들어갈 수 있다. 원래 베테랑 위원회는 기자단 투표의 대상이 되지 않는 감독이나 심판 또는 메이저리그에 공헌한 사람들의 헌액을 위해 만들어졌다.

《야구란 무엇인가》의 저자 레너드 코페트는 베테랑 위원회의 재심 과정을 탐탁하게 보지 않고 신랄하게 비판했다. 그는 "기자단 투표에서 탈락한 인물을 명예의 전당에 끼워 넣는 것은 명예를 퇴색시키는 짓이며 정정당당하게 그 자리에 들어간 사람들의 품격까지도 떨어뜨리는 꼴"이라고 목소리를 높였다. 객관적이고 공평성을 인정받는 기자들의 투표권 행사에서 10년 동안 자격 미달로 미끄러진 인물을 소수의 특별 위원회에서 재심한다는 것 자체가 바람직하지 않다는 것이다. 재심한다고 해서 없던 업적이 다시 도드라지게 나오지도 않는데 말이다.

레너드 코페트

50년 경력의 야구 기자가 밝히는 명예의 전당 투표 기준

1925년에 러시아 태어난 레너드 코페트는 5살 때 미국으로 이민 와 1946년 컬럼비아 대학을 졸업하고 1948년부터 기자

활동을 시작했다. 〈뉴욕헤럴드트리뷴〉과 〈뉴욕타임스〉, 〈스포팅뉴스〉에서 야구 기자와 칼럼니스트로 글을 쓰며 15권의 명저를 남겼다. 1961년에 명예의 전당 투표권을 얻은 레너드 코페트는 무엇을 근거로 투표하는지 3가지 기준을 제시했다. 모든 사람들에게 통용되는 기준은 있지도 않고 만들어서도 안 되지만, 50년 넘게 현장을 누빈 노기자의 투표 기준이라면 균형 감각을 갖추고 있을 터다.

첫째, 명예의 전당에 입후보한 선수가 자신의 포지션에서 독보적인 존재로 활약했는지 그 여부다. 군계일학이 아닌 경우, 난형난제의 거물급 선수들이 군웅할거해서 돋보이지 않았다면 투표지에 이름을 썼다.

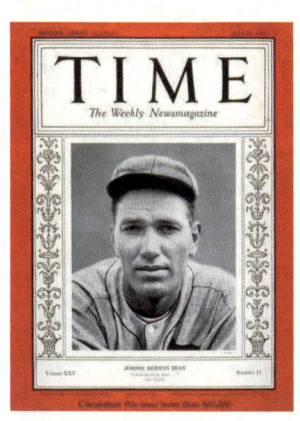

디지 딘

둘째, 앞선 자격에 미달해도 야구계에 매우 뚜렷한 업적을 남겼기에 그에게 상당한 비중을 두지 않고서는 야구사를 제대로 기술할 수 없다고 판단되면 합격이다. 디지 딘이 이런 유형에 속한다.

투수 디지 딘은 기행의 사나이였다. 수많은 일화를 남겼는데, 포수의 사인을 보기 귀찮다고 사인 교환 없이 경기를 했다. 상대 감독에게 찾아가 "오늘은 직구만 던질 거니까 그렇게 알고 있어라"라고 말했고 그 경기에서 4안타 완봉승을 거뒀다. 한번은 투구 도중에 심판으로부터 보크 선언을 받는데, 이에 격분해 1번 타자부터 8번 타자까지 모두 공으로 맞췄다. 9번 타자인 투수를 거른 그는 1번 타자에게 다시 빈볼을 던졌다. 그의 막무가내식 싸움은 벤치 클리어링으로 이어졌다.

은퇴 후에는 세인트루이스의 전속 해설가로 마이크를 잡았는데, 거침없는 비난으로 모두 까기의 원조가 되었다. 해설가로서도 그의 기행은 멈추지 않았다. "내가 지금 던져도 너희들보다 낫겠다"라고 세인트루이스 투수들을 싸잡아 비난했는데, 참다 못한 선수들이 그럼 와서 한 번 던져보라고 했다. 디지 딘은 은퇴한 지 7년 만에 등판해 4이닝 무실점을 기록했고 타석에서는 안타까지 날렸다.

셋째, 이번 투표보다 다음 투표에서는 더 많은 득표를 얻을 수 있을지 그 여부다. 그렇지 않다면 명예의 전당에 들어갈 인물이 아니다. 그러나 애초에 간과했던 비중이 새삼 부각된다면 생각을 바꿀 것이다.

레너트 코페트는 앞서 설명한 3가지 선별 작업을 하면서 어떤 선수가 역사에 남을 위대한 순간을 빚어냈거나 한두 해 반짝 했다고 투표하지 않았다. 그 선수의 야구 인생을 총체적으로 살펴보고 판단했다. 전성기만 보지 않고 인생 전반을 놓고 판단해야 한다고 밝혔다. 그러면서 "요즘 기자들은 탁월한 실력을 자랑한 선수라면 누구나 명예의 전당에 넣어주는 게 공정하다고 생각하는 경향이 있다"라고 꼬집었다.

야구 기자로 활동하며 15권의 명저를 남긴 그는 2003년 79세의 나이로 숨을 거뒀다. 그리고 50년 이상 현장을 누빈 공로를 인정받아 1992년 명예의 전당에 이름을 올렸다. 야구 기자 레너드 코페트나 니그로 리그의 여성 구단주 에파 맨리처럼 은퇴한 야구 선수가 아니라도 명예의 전당 멤버가 될 수 있다. 야구 역사에 큰 기여를 한 인물과 니그로 리그의 영웅 그리고 구단주나 구단 관계자, 언론인도 명예의 전당에 후보가 된다.

최고의 영광이 명예의 전당인 이유

쿠퍼즈 타운에 위치한 명예의 전당,
날조된 야구 전설

쿠퍼즈 타운이 야구 발상지일까

20세기에 들어와 미국 뉴욕 주 북부의 작은 도시 쿠퍼즈 타운이 야구 발상지라는 소문이 퍼졌다. 메이저리그 초창기에 선수 겸 스포츠용품 사업가로 활약한 앨버트 스폴딩이 현지를 답사했다. 그는 시카고 화이트스타킹스의 구단주이며 미국 최대의 스포츠 재벌이었다. 쿠퍼즈 타운을 찾은 스폴딩은 현장을 고증한 뒤에 1839년에 애브너 더블데이라는 사람이 이곳에 최초의 야구장을 지었다고 발표했다.

그런데 알고 보니 거짓말이었다. 애브너 더블데이는 남북전쟁에서 북군을 지휘한 장군이었다. 야구와는 전혀 상관이 없었다. 게다가 쿠퍼즈 타운보다 먼저 야구장이 생긴 곳도 여

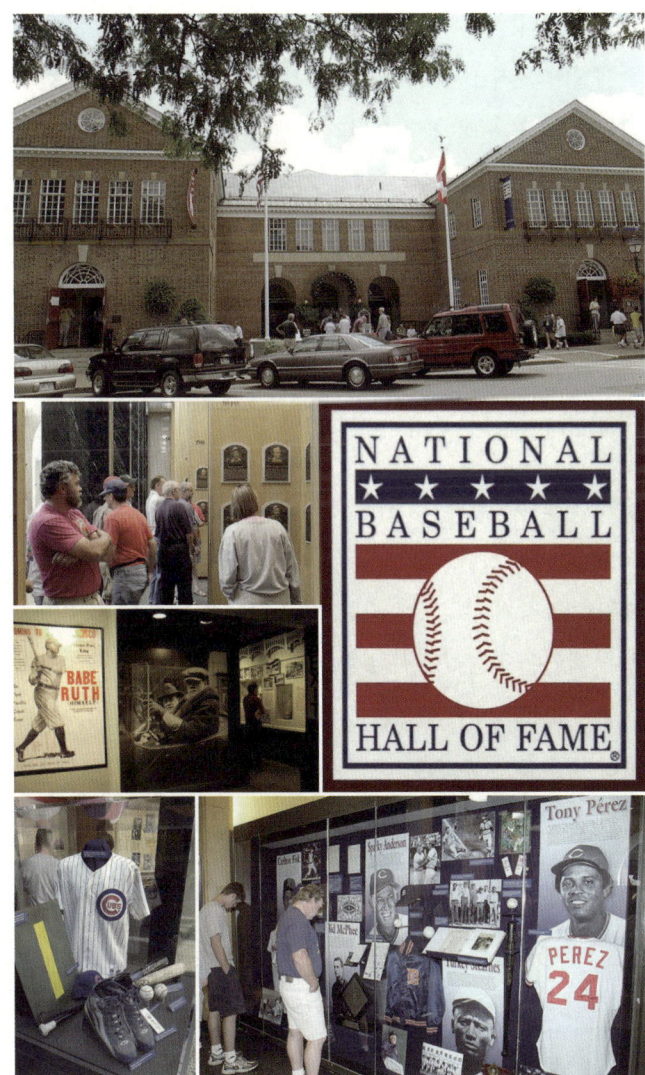

최고의 영광이 명예의 전당인 이유

러 군데였다.

세월이 흘러 1930년대에 쿠퍼즈 타운은 다시 조명을 받는다. 쿠퍼즈 타운의 어떤 사업가가 관광지 개발과 관광객 유치를 위해 재산 일부를 쾌척했다. 당시 내셔널리그의 포드 프릭 회장이 후원에 나섰다. 미국을 휩쓴 대공황 사태로 침체에 빠진 지역 경제를 살리기 위한 마케팅 차원에서 명예의 전당 건립이 추진됐다. 그리고 1939년 야구 발상지가 아니며, 어쩌면 야구와 별로 상관이 없는 인구 2,300명의 쿠퍼즈 타운에 붉은 벽돌로 지은 명예의 전당이 개관했다. 역사적 인물과 그들의 유품이 전시되었다. 그 외 각종 자료가 전시·보존되며 매년 30만 명이 넘는 관광객이 찾는 명소가 됐다. 쿠퍼즈 타운은 허위로 조작된 야구 명소지만, 지역 경제를 살린 대표적인 성공 사례임은 틀림없다.

3층 규모의 야구 박물관인 명예의 전당에는 메이저리그를 빛낸 선수들의 유품과 자료를 300만 건 이상 전시하고 있으며 사진 자료는 50만 건 정도 된다. 2016년까지 306명이 명예의 전당에 입회했는데, 선수 240명, 감독 23명, 심판 10명, 야구 관계자와 행정가 33명이 헌액되어 있다.

찾아가는 명예의 전당

명예의 전당은 2016년부터는 이동 박물관을 운영하며 팬들을 직접 찾다갔다. 특수 운반 시설에 전설적인 스타플레이어의 유품, 모바일 아이맥스 상영관 등을 싣고 미국 전역을 돌았다. 쿠퍼즈 타운을 찾지 못한 사람들이 발품을 팔지 않고 명예의 전당을 체험할 수 있도록 한 의도였다. 명예의 전당 측은 이동 박물관이 2016년부터 메이저리그 연고지의 10개 도시를 3년에 걸쳐 방문한다고 밝혔다.

최고의 영광이 명예의 전당인 이유

명예의 전당
역대 최고 득표율은?

99.3%라는 압도적인 지지율

2016년 명예의 전당 헌액자 가운데 99.3%라는 압도적인 지지율이 나왔다. 켄 그리피 주니어와 마이크 피아자가 명예의 전당 회원이 되었는데, 메이저리그의 '천재 타자' 중 한 명이었던 켄 그리피 주니어가 99.3%라는 엄청난 지지를 받았다. 이는 역대 최고 득표율이었다. 440표 중에 437표를 얻었다. 이전 기록은 메이저리그 역대 최고 투수 중 한 명인 톰 시버의 98.84%였다.

명예의 전당에 처음 입후보한 켄 그리피 주니어가 득표율 최고의 주인공이 되며 톰 시버는 2위가 됐고, 놀런 라이언(98.79%)은 3위, 칼 립켄 주니어(98.53%)는 4위로 한 계단씩 내려가게 됐다. 마이크 피아자는 4번째 도전 만에 득표율 83.0%로 명예의 전당에 입성했다. 그는 LA 다저스 시절 '코리안 특급' 박찬호와 배터리를 이루며 한국 팬들에게도 친숙하다. 1993년 신인 드래프트에서 전체 1,390순위로 뽑혔지만, 메

켄 그리피 주니어

이저리그 성공 신화를 쓰며 명예의 전당에 오른 선수가 됐다.

뛰는 아버지에 나는 아들

켄 그리피 주니어는 시작부터 화려했다. 1987년 드래프트에서 시애틀 매리너스가 1라운드 지명했다. 2년차 시즌인 1990년부터 1999년까지 10년간 아메리칸리그 골든 글러브를 연속해서 수상했다. 안정적인 수비력과 더불어 56홈런을 두 차례 기록할 만큼 장타력까지 갖췄다. 개인 통산 630홈런은 역대 6위, 1,836타점은 역대 13위 기록이다. 올스타에 14번 선정되는 등 한마디로 시대를 풍미한 최고의 외야수였다. 그는 야구 기량뿐 아니라 인간적인 면에서도 높은 점수를 받았다.

켄 그리피 부자

밝고 성실한 성격으로 클럽 하우스에서는 분위기 메이커를 자처하며 팀을 이끌었다. 홈런을 치고 나서는 묵묵히 고개 숙인 채 그라운드를 도는 장면은 그의 트레이드 마크였다.

그는 1990년에 아버지가 뛰고 있던 시애틀 매리너스로 이적하며 같은 팀에서 뛴 첫 번째 메이저리거 부자가 되었다. 메이저리그에서 동시대에 뛰는 것도 희귀한데 같은 팀에서 뛰다니, 집에서도 야구장에서도 한솥밥을 먹는 셈이다. 그리고 켄 그리피 패밀리는 그해 메이저리그 역사에 길이 남을 기록을 세웠다. 1990년 9월 14일 동시 출전하며 메이저리그에서 유일무이한 부자 연속 타자 홈런을 때려냈다. 아버지와 아들의 백투백 홈런이었다. 부자가 함께 만든 연속 타자 홈런으로 켄 그리피라는 이름은 많은 가족 메이저리거 중에서도 가장 상징적인 존재가 됐다. 그들은 1991년 6월, 아버지 켄 그리피가 은퇴할 때까지 51경기를 함께 했다.

아버지 켄 그리피도 스타플레이어 출신이다. 올스타에 3번 뽑혔고 1980년 올스타전에서는 MVP를 차지했다. 1970년대 신시내티에서 뛰며 두 차례 월드 시리즈 우승에 공헌했다. 메이저리그에서 19시즌을 뛰며 통산 타율 0.296을 기록했다. 그러나 아들 켄 그리피 주니어가 아버지를 넘어서며 뛰는 아버지 위에 나는 아들이 됐다. 켄 그리피는 명예의 전당에 오를 때 친정 팀이자 마지막으로 뛴 시애틀 매리너스의 모자를 썼다. 시애틀 구단은 그의 등 번호 24번을 영구 결번으로 결정하며 화답했다. 전 구단 영구 결번인 재키 로빈슨의 42번을 제외하면 구단 최초였다.

최고의 영광이 명예의 전당인 이유

명예의 전당과
모자

시애틀을 선택한 켄 그리피 주니어

명예의 전당에 헌액되는 선수는 영광스럽게 진행되는 헌액식에서 자신이 쓸 모자를 선택할 수 있다. 이는 자신이 어느 팀 소속으로 명예의 전당에 입주할지 결정하는 상징과 같다. 켄 그리피 주니어는 메이저리그에서 통산 22시즌을 뛰었는데, 1989년 시애틀 매리너스에서 데뷔해 11년을 뛰었고 신시내티와 시카고 화이트삭스에서 9년간 몸담았다. 그리고 2009년 다시 시애틀로 돌아와 2시즌을 더 활동하고 은퇴했다. 22년의 세월 동안 시애틀에서만 13년을 뛰었으니 동판에 새겨져 영원히 남는 소속 팀 모자로 시애틀을 선택한 건 당연했다. 같은 날 명예의 전당에 헌액된 피아자는 뉴욕 메츠를 선택했다.

역대 최고의 5툴 플레이어로 칭송받는 그리피 주니어의 동판에는 "아름다운 스윙과 밝은 미소, 리그를 지배한 기량으로 팬의 사랑을 받았다"라고 새겨졌고, 역대 최고의 공격형 포수인 피아자의 동판에는 "튼튼하고 많은 홈런을 때린 거포로 포수 역대 1위인 396개의 홈런을 때렸다"고 새겨졌다.

명예의 전당에 있는 모자와 야구화

그런데 모자 선택을 두고 고민에 고민을 거듭한 명예의 전당 회원도 꽤 있다. 2005년 헌액된 웨이드 보그스는 보스턴 레드삭스와 뉴욕 양키스, 탬파베이에서 활약했는데 "세 팀 모두 나에게 소중하다"며 스스로 결정하지 못하고 명예의 전당 위원회에 모자 선택의 권리를 넘겼다. 위원회는 보스턴 모자를 골랐다.

특정 팀 모자를 선택하지 않고 무소속으로 명예의 전당에 들어간 선수도 있다. 컨트롤의 마술사 그렉 매덕스는 시카고 컵스에서는 1986~1992년, 2004~2006년 두 차례에 걸쳐 8년간 몸담았고 애틀랜타 브레이브스에서는 1993~2003년까지 10년간 뛰었다. 그는 두 팀에 대한 애정이 한결같아서 그랬는지 몰라도 결국 한 팀을 고르지 못했다. 결국 그렉 매덕스는 아무런 로고가 없는 모자를 쓴 동판을 명예의 전당에 걸었다.

메이저리그에서 27년간 압도적인 강속구를 뿌린 놀런 라이언의 결정도 논란을 불러일으켰다. 그는 메이저리거로 데뷔한 뉴욕 메츠에서 월드 시리즈 우승을 경험했고 캘리포니아 에인절스에선 7차례나 탈삼진 1위를 기록했다. 휴스턴 애스트로스에서는 방어율 1위를 두 차례 작성했다. 그런데 명예의 전당에 들어갈 모자는 선수 생활의 마침표를 찍은 텍사스 레인저스였다. 선택의 이유는 자신의 고향 텍사스에 대한 애향심 때문이라고 봐야 할 것 같다. 어린 시절 휴스턴 애스트로스의 팬이었지만 말이다. 놀런 라이언은 2008년 텍사스 레인저스의 구단주로 취임하며 고향에 대한 애정을 다시 한 번 과시했다.

그렉 매덕스

최고의 영광이 명예의 전당인 이유

명예의 전당
최초의 5인

가장 먼저 명예의 전당에 오른 야구인은 누구일까

뭐든지 최초라는 타이틀을 달게 되면 더 의미를 두게 되는데, 1936년 명예의 전당에 헌액된 최초의 5인이 있다. 바로 퍼스트 파이브(First Five)로 불리는 베이브 루스(뉴욕 양키스), 타이 콥(디트로이트), 호너스 와그너(피츠버그), 크리스티 매튜슨(뉴욕 자이언츠), 월터 존슨(워싱턴)이다. 메이저리그 명예의 전당 내부에 들어가면 이들 5명의 동판은 '1936 퍼스트 클래스'라는 이름으로 따로 전시되어 있다.

베이브 루스와 타이 콥

지금도 미국인들이 역대 야구 선수들 중 가장 사랑하는 선수 1위로 꼽는 베이브 루스는 95.13%의 높은 득표율로 무난하게 전당에 입성했다. 와그너도 루스와 같은 득표율을 기록했다. 그러나 퍼스트 파이브 중 최고 득표율은 메이저리그 사상 가장 악랄한 선수로 꼽히는 콥이었다. 날카롭게 간 스파이크 징으로 상대 선수의 다리를 향해 슬라이딩을 해 많은 선수들을 은퇴시킨 콥은 98.23%로 루스와 와그너를 모두 제쳤다. 콥의 득표율은 1992년 톰 시버가 98.84%를 기록하기 전까지 최고 기록으로 남아 있었다.

그런데 퍼스트 파이브에 사이 영이나 피트 알렉산더, 트리스 스피커 등 이들과 어깨를 나란히 하는 선수들이 헌액의 영광을 얻지 못한 것은 다소 의외다. 이유가 있다. 당시 투표가 처음 시행되다 보니 후보 범위가 메이저리그에서 뛰고 있는 모든 선수에게 적용됐다. 그러다 보니 후보가 너무 많아, 투표권의 가진 기자들의 표가 엇갈렸다. 그러나 메이저리그 초창기를 주름잡았던 이들 3명도 차례대로 명예의 전당에 입성했다.

최고의 영광이 명예의 전당인 이유

아직도
용서받지 못한 선수들

명예의 전당은 약물 복용 선수들을 계속 외면하고 있다

최다 홈런 1위의 배리 본즈는 메이저리그 역사상 손꼽히는 강타자다. 사이영 상 7회 수상 경력으로 빛나는 로저 클레멘스는 제2차 세계대전 이후 최고의 투수로 평가받는다. 두 선수는 투타에 걸쳐 탁월한 성적을 기록했지만 명예의 전당에 헌액될 가능성이 희박하다. 명예의 전당에 들어가려면 성적뿐 아니라 명예와 사생활까지 모두 합격점을 받아야 한다. 그러나 배리 본즈와 로저 클레멘스는 금지 약물을 복용해 다른 선수들과 경쟁했다.

스테로이드와 성장 호르몬, 안드로스테네디온과 같은 약물에 의존하는 건 정당하지 못한 반칙이다. 이 약물들은 믿을 수 없는 경기력을 이끌어냈다. 이름 그대로 명예를 중시하는 명예의 전당은 약물 복용 선수들을 계속 외면하고 있다. 배리 본즈와 로저 클레멘스는 2013년 첫 후보에 오른 뒤 매년 명예의 전당 입성에 실패하고 있다. 2017년에는 매니 라미레스와 이반 로드리게스라는 두 명의 걸출한 선수들이 후보 자격을 얻었다. 라미레스는 금지 약물 복용 사실이 적발됐고, 로드리게스는 의심을 받고 있는 상황이나 명예의 전당에 입성했다.

버드 셀릭과 스테로이드 시대

그런데 한 가지 변수가 생겼다. 버드 셀릭 전 메이저리그 커미셔너가 2016년 12월에 명예의 전당에 입성했다. 그는 16명으로 구성된 위원회에서 15표를 얻었다. 그 결과 셀릭은 케네소 랜디스, A. B. 챈들러, 포드 프릭, 보위 쿤에 이어 명예의 전당에 오른 다섯 번째 커미셔너가 됐다.

그는 1992년부터 2015년까지 22년 동안 커미셔너로 활동하며 많은 치적을 쌓았다. 와일드 카드와 인터 리그를 도입했고 4개 구단(콜로라도, 마이애미, 애리조나, 탬파베이)의 창단에 앞장서며 메이저리그가 거대 스포츠 사업으로 성장하는 발판을 마련했다. 월드베이스볼클래식을 개최하며 야구의 세계화도 추진했다. 그리고 메이저리그 30개 팀들의 홈페이지를

MLB.com으로 통합해 인터넷 시대에 순항하며 리그 전체의 수익을 10배 이상 불어나게 했다. 또한 적절한 수익 분배로 구단 간 격차를 줄이는 데도 이비지했다.

그러나 셀릭은 약물 시대의 커미셔너다. 배리 본즈, 마크 맥과이어, 새미 소사와 같은 홈런 타자기 연일 홈런을 때려내며 메이저리그가 부

마크 맥과이어

흥했지만, 그 홈런은 금지 약물의 힘이었다. 약물에 취한 건 선수들이지만, 그건 선수 개인만의 문제가 아니라 감독, 코치, 트레이너 및 프런트, 더 나아가 구단주와 메이저리그 커미셔너까지 모두 책임을 져야 하는 문제다. 그런데 책임을 통감해야 할 커미셔너가 명예의 전당에 입성하며 그동안 외면받았던 선수들과의 형평성 문제가 불거졌다.

약물 시대의 대표 선수들, 명예의 전당 입성은?

1988년에 역대 처음 40-40클럽을 달성하며 한 시대를 호령한 호세 칸세코는 2005년 발간한 자신의 자서전을 통해 "80%가 넘는 메이저리그 선수들이 스테로이드를 사용했다"고 폭

로했다. 칸세코가 약물을 한 여러 선수를 거론했는데, 이 사실을 부정하던 맥과이어의 약물 투여 과정을 자세히 설명했다. 그 결과 두 선수는 돌이킬 수 없는 사이가 됐지만, 칸세코의 자서전은 약물 시대의 어두운 부분을 수면 위로 끌어올렸다.

2007년에 나온 미첼 리포트에는 MVP 7명, 올스타 31명을 비롯해 총 86명의 선수들이 약물 복용과 관련해 이름을 올렸다. 그중에는 로저 클레멘스도 있었다. 이후 클레멘스는 기나긴 법정 싸움 끝에 무죄 판결을 선고받았다. 그러나 약물 복용에 대한 의혹은 여전하다. 2009년에는 알렉스 로드리게스가 〈스포츠일러스트레이티드〉를 통해 금지 약물 사용을 인정했다.

스테로이드 시대를 뛴 선수들은 약물 복용이라는 잘못된 선택에 대한 대가를 치르고 있다. 맥과이어는 명예의 전당 마지막 도전에서도 10% 남짓한 낮은 득표율로 고배를 마셨고 베테랑 위원회 투표에서도 미끄러졌다. 배리 본즈, 로저 클레멘스, 새미 소사는 여전히 외면받고 있다. 그런데 약물에 물들었던 당시 메이저리그 최고 책임자인 셀릭이 명예의 전당에 별다른 저항 없이 입성하자 기류의 방향이 묘하게 꼬이고 있다. 원칙이 무너지고 잘못을 책임지지 않는 사회는 반칙과 변칙이 판을 치게 된다. 스포츠의 세계는 특히 그렇다.

최고의 영광이 명예의 전당인 이유

만장일치 입성은
가능할까

켄 그리피 주니어

아직 한 번도 100% 득표율은 없었다

만장일치(滿場一致)는 회장(會場)에 모인 사람의 뜻이 완전(完全)히 일치(一致)한다는 뜻이다. 모인 사람 중에 한 명도 빠지지 않고 특정 안건에 대해 찬성하는 경우를 말한다.

민주주의 사회는 다양성을 추구한다. 다수의 의견만 중시되는 게 아닌 소수의 의견에도 귀를 기울인다. 다양성의 측면에서 볼 때 만장일치는 획일화의 오류를 범할 수 있다. 각양각색의 입장을 하나로 묶는 건 현실적으로 힘들기 때문이다. 그래서 만장일치는 민주주의가 아니라는 목소리도 있다. 공산당에서 빈번하게 만장일치로 의견이 통과되는 경우처럼 말이다.

만장일치가 여전히 지켜지는 부분도 있다. 미국의 배심원 제도는 피의자의 유무죄를 결정하고 형량에도 큰 영향을 끼친다. 그런데 12명의 배심원이 만장일치 판정을 내리지 않으면 판사는 재판을 연기하거나 새 배심원을 구성해 다시 재판을 시작한다. 비용과 시간에 구애받지 않고 자신의 의견을 100% 피력할 수 있다면 만장일치는 가장 완벽한 방식이다.

하지만 대부분의 상황에서는 정반합의 원칙처럼 서로 대립되는 의견이 접점을 찾아가며 더 나은 길을 모색한다. 그 과정에서 대화와 설득 그리고 포용이 중요한 역할을 한다. 인류가 번성한 이래, 다양성에 입각한 이러한 여러 원칙에 따른 해법이 가장 정답에 가깝다는 결론에 다다랐다.

명예의 전당도 100%가 아닌 75%를 커트라인으로 삼은 이유도 이와 맥락을 같이한다. 1936년 명예의 전당 투표가 시작된 이후 아직 한 번도 100% 득표율은 없었다. 전설적인 홈런왕 베이브 루스는 95.1%, 영원한 4할 타자 테드 윌리엄스는 93%에 그쳤다. 21세기 들어와서 몇몇 선수가 100% 득표에 도전했다. 그러나 번번이 실패했다. 그렉 매덕스는 97.2%, 랜디 존슨은 97.3%, 페드로 마르티네스는 91.1%를 기록했다. 세 명 모두 전설로 남을 선수들이지만 100% 득표엔 도달하지 못했다. 약물 시대의 청정 홈런 타자 켄 그리피 주니어가 99.32%로 가장 근접했다.

투표권을 가진 기자들은 투표지에 최대 10명까지 기입할 수 있다. 한 명을 쓸 수도 있고, 두 명의 이름을 쓸 수도 있다. 열 명을 채울 수도 있고, 아무런 이름을 적지 않고 낼 수도 있다. 400명이 넘는 투표권자의 마음을 모두 사로잡기는 매우 어렵다. 켄 그리피 주니어의 경우에도 여러 이유 때문에 표를 던지지 않은 기자가 있었을 것이다. 타율 얼마, 방어율 얼마, 홈런 몇 개와 같은 명문화된 기준 자체가 없다는 점도 논란거리다. 그런데 명시된 명예의 전당 합격 커트라인이 있다면 투표 자체가 의미 없을 것이다. 기준에 맞춰 선정하면 되니까 투표를 할 필요가 없다.

명예의 전당 입성이 투표권자의 재량에 달려 있기에 많은 시비가 일어나는 것도 사실이다. 그러나 사람들은 서로 다른 견해를 가지고 있다. 아무리 훌륭한 선수라도 사람에 따라 관점의 차이가 있다. 평가 방식도 다를 것이다. 자, 이제 명예의 전당에 필요한 득표율이 100%가 아닌 75%를 계속 유지하는 이유를 납득하리라 생각한다. 참고로 기자들은 논쟁을 불러오길 두려워하지 않는 존재다. 그들은 스포츠에 대한 흥미를 고취시키기 위해서라도 100% 득표율은 허락하지 않을 것이다.

메이저리그의 기인을 찾아라

★★★★
★★★★★

9 이닝

클루버가 집에서 쉬고 있는데 한 불청객이 찾아왔다. 사람들에게 피해를 줄 수 있고 애완동물을 해칠 수 있는 코요테 한 마리가 출몰했다. 클루버는 그 불청객을 쫓아내기 위해 공을 던졌다. 단순히 쫓아내기 위해 던졌지만 2014년 사이영 상 수상자인 그의 구위와 제구력은 너무 탁월했다. 클루버의 강속구는 코요테의 옆구리로 날아갔고 그 코요테는 끽 소리 한 번 내지 못하고 즉사했다.

메이저리그의 기인을 찾아라

야구는
사냥이다

알몸 올림픽

스포츠의 시작은 고대 그리스에서 열린 올림픽에서 출발한다. 기원전 776년부터 시작됐다는 설이 있고, 그보다 100년 정도 앞서 처음으로 개최됐다는 설도 있다. 재미있는 사실은 출전 선수들이 모두 알몸으로 경기를 벌였다는 점이다. 벌거벗은 선수들이 달리기를 하고 레슬링을 하는 모습을 상상해보자. 왠지 야릇한 웃음이 나온다.

고대 그리스 올림픽에서 선수들이 실오라기 하나 걸치지 않은 원초적 상태로 출전한 이유는 크게 3가지로 설명된다. 첫째, 신체에 대한 아름다움을 찬미하는 그 시대의 분위기가 반영됐다. 둘째, 처음부터 알몸 올림픽은 아니었다. 달리기 시합에 나선 한 선수의 옷이 흘러내렸는데, 그는 멈추지 않고 그대로 달려 우승을 차지했다. 그 이후에 너도 나도 알몸으로 경기에 나서며 유행이 됐고 규칙으로 자리 잡게 됐다. 셋째, 대회 기간과 관계가 깊다. 올림픽은 하지가 지난 첫 보름날에 열렸는데 무척 더운 날씨 탓에 젖은 옷이 거치적거리자 선수들이 아예 홀렁 벗어버린 것이다.

그런데 남자들이 알몸으로 육체미를 뽐냈다고 해서 당시 여성들이 눈이 호강한 것은 아니었다. 출전 선수나 관객 모두 남성이었고 여성과 노예의 경기장 출입은 금지됐다. 오죽하면 한 여성이 몰래 들어왔다가 쫓겨난 기록이 흥미로운 에피소드로 지금까지 전해 내려온다.

기원전 404년에 열린 올림픽의 권투 시합 때였다. 한 청년이 우승하자 누군가 뛰어나와 격하게 포옹했다. 그런데 그의 얼굴과 머리를 감싸고 있던 스카프가 벗겨지자 남성이 아닌 여성이란 게 탄로 났다. 알고 보니 그 청년의 어머니였다. 그 사건 이후 여성의 경기장 출입에 대한 감시가 더 심해졌다고 한다. 그런 기록이 남아 있을 정도면, 알게 모르게 꽤 많은 여성이 경기장으로 잠입하지 않았을까 싶기도 하다.

그로부터 약 200년이 지나 스포츠에 대한 남녀 불평등이 사라졌다. 기원전 2세기에 이르러 그리스에 자유화 바람이 불면서 여성은 남성처럼 체육, 음악, 미술 수업을 받게 된다. 여성이 올림픽에 출전해 전차 경주에서 우승했다는 기록도 있다. 그리스 시대를 지나 로마 시대로 접어들면서 여성들의 스포츠 활동은 더욱 활발해졌고 여러 종목에서 기량을 뽐내게 되었다. 그런데 여성들도 남성처럼 알몸으로 고대 올림픽에 출전했을까. 궁금하다.

스포츠의 출현에 대해 이야기하다 보니 올림픽을 먼저 논하게 되었는데, 스포츠는 원시인들의 사냥이나 싸움과 같은 행동 양식을 기반으로 한다. 여기에 안전장치와 공평성을 위한 세세한 규칙이 첨가되어 오늘날 스포츠의 형태로 발전하고 진화하게 된다.

스포츠, 생존을 위한 원초적 본능

지구에서 가장 포괄적으로 사랑받는 종목인 축구는 원시인들의 영역 싸움과 사냥이 그 원형이다. 사냥은 더 나아가 전투나 전쟁 본능에 닿는다. 미국 내 인기 종목인 미식축구도 맥락을 같이한다. 수렵 시대를 살아가던 인간은 먹고살기 위해 사냥을 했다. 우리의 조상은 수렵 시대에 이어 농경 사회로 접어들면서 점차 정착 생활을 하게 되지만 사냥감을 쫓던 본능은 여전히 남아 꿈틀거렸다.

공격 본능을 해소하기 위해 만들어진 스포츠는 진화를 거듭하면서 여러 종목으로 가지를 쳤다. 생존을 위한 사냥 DNA는 점차 우아한 공놀이로 변화했다. 농구 경기를 봐도 사냥꾼들이 협업으로 먹잇감을 몰아가는 오래전 조상의 향기를 느낄 수 있다. 현대 사회가 건설되면서 원시 시대의 사냥은 스포츠나 취미 생활로 모습을 우아하게 바꾸지만 그 기저엔 생존을 위한 원초적 본능이 강하게 남아 있다.

야구에도 그런 원시적 본능이 담겨 있을까

야구는 영어로 'baseball'이다. 3개의 베이스를 돌아 집(home)으로 돌아오는 여정이다. 한자로는 '野球', 들판에서 하는 공놀이다. 3시간 넘게 때로는 지루하게 진행되는 야구에 권투의 녹다운이나 유도의 한판처럼 화끈함은 없다. 축구나 농구처럼 경기 내내 줄기차게 뛰어다니지도 않는다. 규칙도 복잡해 처음 접하는 사람은 고개를 갸웃하기 일쑤다. 야구를 스포츠가 아닌 게임이라고도 하는데, 그래서 그런지 얼핏 보면 원시성이 결여되어 보인다.

그러나 야구도 그 기본을 들여다보면 들판에서 사냥하고 전쟁하던 흔적이 매우 뚜렷하다. 던지고 치는 게 야구의 기본 아닌가. 투수가 공을 던지는 동작의 기원은 사냥감을 향한 돌팔매질이다. 타자의 스윙은 전투 상황에서 휘두르던 날카로운 칼이 무딘 방망이로 바뀌었을 뿐이다.

메이저리거의 돌팔매질

2016년 시즌이 끝난 12월, 야구의 원시적 본질을 확인하게 하는 뉴스가 들려왔다. 클리블랜드 인디언스의 에이스 투수 코리 클루버가 야구공으로 코요테를 저 세상으로 보낸 것이다. 상황은 이랬다.

코리 클루버

클루버가 집에서 쉬고 있는데 한 불청객이 찾아왔다. 사람들에게 피해를 줄 수 있고 애완동물을 해칠 수 있는 코요테 한 마리가 출몰했다. 클루버는 그 불청객을 쫓아내기 위해 공을 던졌다. 단순히 쫓아내기 위해 던졌지만 2014년 사이영 상 수상자인 그의 구위와 제구력은 너무 탁월했다. 클루버의 강속구는 코요테의 옆구리로 날아갔고 그 코요테는 끽 소리 한 번 내지 못하고 즉사했다. 클루버는 150km 이상의 강속구에 제구력까지 갖춘 투수다. 만약 클루버가 10만 년 전에 태어났다면 시대를 풍미한 사냥꾼이 되었을 게 자명하다.

클루버 이전엔 '빅 유닛' 랜디 존슨이 돌팔매질의 위력을 본의 아니게 보여줬다. 랜디 존슨은 2001년 21승 6패 방어율 2.49의 괴물 같은 성적을 내며 3

랜디 존슨

년 연속 사이영 상의 주인공이 됐다. 2m 8cm의 장신에서 뿜어져 나온 160km의 광속구과 날카로운 슬라이더로 타자들을 요리했다. 그런데 그해 존슨의 광속구에 비둘기 한 마리가 비명횡사했다. 3월 24일 샌프란시스코 자이언츠와의 경기였다. 선발 출전한 그는 마운드에서 154km짜리 직구를 가볍게 던졌는데 아주 우연하게도 날아가던 비둘기가 그 공에 맞았다. 당시 영상을 보면 그 비둘기는 깃털만 남긴 채 공중분해 됐다. 뼈도 못 추리고 흩어져 버린 참혹한 모습에서 돌(공)팔매질의 위력이 새삼 드러났다. 야구에서 투수가 던진 공에 비둘기가 맞을 확률은 약 190억 분의 1이라고 한다.

류제국

'야구와 새' 하면 류제국이 떠오른다. 2003년 시카고 컵스 산하 싱글 A 데이토나 컵스에서 뛰고 있는 류제국은 훈련 도중 야구장에 앉아 있던 새를 향해 공을 던졌다. 세인트루시 메츠와의 야간 경기에 앞서 훈련하던 중 왼쪽 야외 조명탑에 앉아 있던 물수리를 스트라이크존 삼아 투구했다.

류제국

당시 19살인 류제국의 제구력은 안타깝게도 매우 좋았다. 그 물수리는 왼쪽 눈 부위를 맞으며 절명했다. 당시 구장에 있던 한 여성이 "류제국이 물수리를 향해 일부러 공을 던졌다"고 항의하며 구단과 야생동물보호위원회에 문제를 제기했다. 물수리는 플로리다 주에서 보호 동물로 지정된 희귀종이다. 사건이 커졌다. 미국에서 동물을 죽이거나 상해를 입히는 행위는 2급 경범죄이고 벌금 500달러나 최고 60일의 구금형까지 선고받을 수 있다.

이 일로 류제국은 싱글 A 랜싱으로 한 단계 강등됐고 100

시간의 사회봉사를 하며 희귀 동물의 생명을 빼앗은 '죗값'을 치렀다. 구단은 "앞으로 데이토나 홈구장 입장 관중 한 명당 1달러씩 적립해 동물 보호 기금을 기부하겠다"라고 밝히며 사태를 수습했다.

랜디 존슨은 경기 도중 비둘기를 의도하지 않게 맞히고도 그해 사이영 상을 거머쥐며 잘 풀렸지만, 류제국은 동료의 부추김이 있었다는 점이 참작되긴 했지만, 어쨌든 의도된 투구로 야구 인생이 오점을 남겼다.

류제국의 야구 인생은 MLB가 아닌 KBO 리그로 돌아온 뒤 활짝 폈다. 그는 2001년 계약금 160만 달러에 시카고 컵스와 입단 계약을 하며 태평양을 건너갔는데, 2007년 해외 진출 선수 특별 지명으로 KBO 리그 LG 트윈스에 영구 지명됐다. 귀국한 류제국은 공익 근무에서 해제된 2013년 LG에 공식 입단했다.

메이저리에서는 2006년부터 2008년까지 3시즌 동안 28경기에 39.2이닝을 소화했고 1승 3패 1홀드에 방어율 7.49를 작성했다. 류제국은 2016년 시즌에 한미일 야구를 모두 경험한 '삼손' 이상훈에 이어 투수로서는 역대 두 번째로 LG 주장을 맡아 팀의 포스트시즌 진출을 이끌었다. 생애 첫 완봉승을 거두는 등 제2의 야구 인생을 꽃피웠다.

깜짝 퀴즈

경기 중에 랜디 존슨의 경우처럼 비둘기가 공에 맞으면 판정은 어떻게 될까. 심판은 일시적으로 경기 중단 상태인 볼 데드를 선언한다. 이때 규칙상 인가된 안전 진루를 제외하고는 어떤 플레이도 하지 못한다. 당시 주심은 난생 처음 보는 광경에 잠시 머뭇거리다가 노카운트를 선언했다. 그리고 졸지에 비둘기 사냥꾼이 된 랜디 존슨은 마음이 아파서 그랬는지 몰라도, 이후 2루타 2개를 연거푸 허용하며 2실점을 하고 말았다.

이번엔 홈런성 타구가 날아가던 새에 맞아 떨어지는데 이걸 외야수가 다이빙캐치로 잡아냈다. 판정은 홈런일까, 아웃일까. 명백한 홈런성 타구였다면 홈런으로 인정한다.

여기서 유사한 문제를 하나 더 맞춰보자. 주자가 있는 상황에서 쉽게 잡을 수 있는 외야 뜬공이 새에 맞아 야수 글러브를 비껴갔다. 누상에 있던 주자는 어떻게 해야 하나. 이때는 인플레이 상황이 적용된다. 주자와 타자 주자는 갈 수 있는 베이스까지 달릴 수 있다.

그렇다면 안타성 타구가 새에 맞고 난 뒤 지면에 닿지 않고 수비수 글러브에 포구되는 상황이 발생했다. 아웃일까. 그렇지 않다. 새에 맞는 상황은 타구가 지면에 닿은 것으로 간주한다.

메이저리그의 기인을 찾아라

미신 종결자
보그스

루틴

미신까지는 아니어도, 우리는 살아가면서 느끼는 불안감을 해소하기 위한 여러 루틴을 가지기 마련이다. 신체 능력과 함께 강인한 정신력을 겸비해야 하는 운동선수들은 일반인보다 훨씬 많은 루틴을 가진다. 불안할 때 생기는 행동을 반복하다가 자신도 모르게 루틴이 되기도 하고, 승리했을 때 거친 과정을 다음에도 그대로 따라 하며 자연스럽게 몸에 배이기도 한다. 선수들마다 몸과 마음을 다스리는 방식은 천차만별이다.

이치로의 타석을 보자. 그는 타석에서 오른팔을 투수 쪽으로 쭉 뻗으며 방망이를 90도로 세운 뒤, 왼손으로 오른쪽 어깨의 유니폼을 잡아당긴다. 한 번도 빠트리지 않는 그 동작들은 이치로의 루틴이다. 이치로는 생활 자체가 루틴이다. 늘 같은 시간에 일어나고 같은 음식을 먹으며 자신의 루틴을 철저하게 유지한다.

선발 투수인 제이크 아리에타는 5일 단위의 루틴을 가지고 있다. 선발 등판을 하고 난 다음 날에는 가벼운 러닝과 필라테스를 한다. 둘째 날에는 50개 정도의 불펜 피칭을 한다. 셋째 날에는 가벼운 캐치볼과 유연성 훈련을 한다. 등판 전날인 넷째 날에는 실전에 가까운 캐치볼로 긴장감을 올린다. 그리고 다섯째 날 마운드에 오르기 전에는 식사를 두 번에 나눠 하고 명상 음악을 듣는다. 대부분의 선발 투수는 자신의 신체 리듬과 특성에 따라 조금씩 차이는 있지만, 아리에타처럼 자신만의 루틴을 확실하게 지켜나간다. 늘 같은 컨디션을 유지하기 위함이다.

징크스

루틴과 징크스는 다르다. 루틴이 몸 상태를 일정하게 유지하기 위한 체계적으로 밟아가는 스텝이라면, 징크스는 심리적 안정을 얻기 위한 미신에 가깝다. 자기 몸과 마음에 거는 기도문과 같은 것이다.

그래서 선수들은 자신이 가지고 있는 징크스대로 행동하지 않으면 불안하고 초조해진다.

마이클 조던은 항상 모교인 노스캐롤라이나 대학의 파란색 반바지를 입고 나서 그 위에 시카고 불스의 바지를 입었다. 타이거 우즈는 마지막 라운딩에 반드시 빨간 셔츠를 입었다. 비외른 보리는 윔블딘 대회 2주간에는 절대 면도를 하지 않았다. 이들은 모두 자신의 종목에서 최고의 선수로 군림했지만, 극심한 긴장감을 이겨내기 위해 징크스에 의지하는 모습을 보였다.

유독 미신이나 징크스가 많은 종목이 야구다

노히트노런을 하고 있는 투수에게 아무도 말을 걸지 않는 것이나, 승리한 다음에는 속옷을 갈아입지 않고 양말을 그대로 신는 행동은 징크스라고 하기에도 평범할 정도의 일상이다. 선수마다 별별 징크스가 다 있었다.

승리하면 옷을 입는 순서도 바꾸지 않는데, 만약 패하거나 부진하다면 이전 행동 양식을 모두 버린다. 양말을 올려 신고 방망이를 바꾸고 껌을 씹고 훈련 순서를 바꾼다. 컨디션이 좋은 타자의 방망이를 가져다 쓰기도 한다. 30타석에서 무안타를 기록했다면 최소 30개, 적어도 60개 이상 변화가 생긴다고 한다. 메이저리그 선수들은 미신을 믿는다.

그중에서 미신의 종결자로 불리는 선수가 있다. 1982년 보스턴 레드삭스로 입단해 18년 동안 뉴욕 양키스를 거쳐 탬파베이에서 은퇴한 웨이드 보그스다.

그는 메이저리그에서 역대 21번째로 3,000안타를 기록한 레전드로, 2005년 명예의 전당에 헌액됐다. 보그스는 현역 시절 미신과 징크스를 신봉하는 명물 선수로 알려져 있다. 그는 명예의 전당에 입성하며 남다른 미신 추종에 대해 밝혔다.

웨이드 보그스

"현역 시절 75개에서 80개의 미신을 갖고 있었다. 하루 일과를 시작하고 끝낼 때마다 나만의 의식과 절차에 따라 그 일들을 수행했다. 그런 징크스들은 내가 한 방향으로 집중력을 발휘하는 데 도움이 됐다."

선수 시절 안타 제조기로 맹활약하며 3,000안타를 치는 데 미신을 따르는 행동 같은 의식이 도움이 됐다는 발언이다. 민훈기 해설 위원이 민기자닷컴을 통해 밝힌 그의 독특한 징크스는 다음과 같다.

- 저녁 경기가 열리는 날이면 반드시 오후 1시 47분에 집을 나선다. 운동장에 갈 때나 집으로 올 때는 반드시 같은 길로만 간다. 사고가 나거나 교통 체증이 있어도 절대 다른 길을 택하지 않는다.
- 4시 47분 전에는 절대 운동장에 발을 들이지 않으며 5시 47분에 운동을 시작하고, 내야 수비 훈련을 할 때면 반드시 150개의 땅볼을 처리하고 훈련을 마친다.
- 수비 훈련을 하러 들어갈 때는 반드시 1루와 2루 베이스를 찍은 후에 3루 자리로 이동한다. 돌아올 때는 3루 베이스-2루 베이스-1루 베이스를 차례로 찍은 후 파울 라인을 밟고 나서 코치 박스 쪽으로 두 걸음을 옮긴 후에 정확히 네 걸음을 디뎌 더그아웃으로 들어간다.
- 일상적인 7시 5분 경기면 6시 47분에 외야에서 달리기로 마지막 몸을 푸는데, 만약 경기가 7시 35분에 시작되면 외야 운동은 7시 17분에 시작한다.
- 경기 시작 전에 12켤레의 배팅 글러브를 모두 착용해보고 그날 가장 마음에 드는 글러브를 선택한다.
- 3루 수비를 위해 운동장으로 달려갈 때는 절대 파울 라인을

밟지 않으며, 수비가 끝나고 더그아웃으로 돌아갈 때는 반드시 파울 라인을 밟고 지나간다.
- 투수를 중심으로 야수들이 모이는 경우 절대로 마운드를 밟지 않는다.
- 매 타석에 들어서기 직전에 타석에다 스파이크 징으로 'Chai'라고 적는다. 히브리어인 이 단어는 삶(life)이라는 뜻인데 보그스는 유대인이 아니다.
- 첫 타석에 앞서 껌을 씹는데 만약 안타를 치면 그 껌을 계속 씹지만, 안타를 치지 못하면 곧바로 뱉어버리고 새 껌을 씹는다.
- 경기 전에는 반드시 닭고기를 먹는다. 요리 방법은 상관없이 닭튀김이든 조림이든 구이든 반드시 닭고기를 먹는다. (레드삭스 동료 짐 라이스는 그를 '치킨 맨'이라고 불렀고 그것이 별명이 됐다. 보그스의 부인 데비는 닭 요리의 달인이 돼 닭고기 조리법만 40가지를 넘게 개발해서 《파울 팁》이라는 요리책을 내기도 했다.)
- 경기 전 정신적으로 준비하는 과정에서 반드시 4타석을 연상하면서 4안타를 쳐내는 상상을 한다.
- 홈경기 더그아웃에서 야수 포지션으로 이동할 때면 반드시 똑같은 길로만 왕복한다.
- 경기가 시작될 때면 항상 가장 먼저 더그아웃에서 뛰어나와

자기 포지션으로 이동한다.
- 3루에 자리를 잡으면 흙 속에서 3개의 조약돌을 골라 라인 밖으로 던진다. 반드시 3개여야 한다.
- 경기가 끝나면 늘 핫도그 2개와 바비큐 감자칩 한 봉지 그리고 아이스 홍차 한 잔을 마신다.

앞에 소개한 보그스의 징크스는 채 20개가 되지 않는다. 여기서 60개 정도가 더 있다는 것인데, 일일이 기억하기도 힘들 정도다. 보그스가 유난히 자신만의 징크스를 만든 건 아버지의 영향이다. 그의 부친은 늘 계획표에 따른 생활을 했고 보그스도 그런 부친을 따라 한 것이다. 그런데 보그스는 도대체 왜 이렇게 많은 징크스를 지키는 것일까. 취재진의 질문에 그는 매우 천연덕스럽게 "하루를 잘 보내기 위해서"라고 답했다고 한다.

메이저리그의 기인을 찾아라

김병현, 메이저리그 기행의 역사

무척 유머러스하고 섬세한 김병현

김병현은 2012년 넥센 히어로즈와 1년 총액 16억 원에 계약하며 KBO 리그로 돌아왔다. 국내 프로야구장에서 실제로 만난 그는 무척 유머러스하고 섬세했다. 메이저리거 시절 전설처럼 들리던 악동 이미지는 온데간데없었고,

김병현

훈련 중독 증세만 여전했다. 훈련만큼은 스스로 만족할 때까

지 자신을 몰아세우며 혹사했다. 끝없이 훈련해도 만족을 못 하는 게 문제라 코칭스태프가 "이제 그만 좀 하라"고 부탁할 정도였다.

모난 돌이 세월의 풍파를 거치며 둥글게 변하는 것처럼 이제는 김병현의 돌출 행동을 더 이상 볼 수 없게 됐지만, 메이저리그 시절 독불장군, 문제아, 기인으로 비난받았다.

야구 선수로는 메이저리그 시작부터 성공적이었다. 그는 1999년 애리조나 다이아몬드백스 유니폼을 입고 데뷔했는데 이듬해 2000년에는 팀의 마무리 투수로 맹활약했다. 그러나 늘 그의 귀에는 이어폰이 꽂혀 있었다. 음악을 듣기도 했지만, 외부 소리를 차단하며 외톨이로 지냈다. 성적에 따라 바라보는 시선이 바뀌는 메이저리그에서 김병현이 선택한 것은 단절이었다. 어색하면 혼자 있었고 피곤하면 잠을 잤다. 마운드에서 공을 던질 때를 제외하곤 늘 이어폰을 귀에 꽂았다.

김병현은 스즈키 이치로와의 맞대결에서도 튀는 행동으로 세간의 주목을 받았다. 2001년 김병현은 메이저리그 불펜 투수 삼진 1위, 내셔널리그 불펜 투수 피안타율 1위를 기록하며 절정의 기량을 뽐냈는데, 그해 7월 이치로와 첫 맞대결을 가졌다.

김병현은 이치로가 타석에 서자, 슬쩍 웃은 뒤에 이전과 다른 폼으로 공을 던졌다. 일본인 메이저리그 노모 히데오의 '토네이도' 투구 폼을 따라 한 것이었다. 김병현의 자신감이 묻어난 도발적인 행동이었다. 승부에서는 이치로가 내야플라이로 아웃 되며 김병현이 판정승을 거뒀다.

마무리 투수로 맹활약하던 2002년에는 항명 사건이 불거졌다. 봅 브렌리 감독이 타석의 배리 본즈를 고의 4구로 거를 것을 지시했는데, 약 1분간 시간을 끌었다. 감독이 다가오자 뒷걸음 치며 승부하고 싶다는 의사를 거듭 표시했다.

그 뒤에 한 번은 감독에게 "오늘 던지기 싫다"라고 통보한 뒤 등판을 거부했다. 전날 세이브 상황에서 등판시키지 않은 것에 대한 반발이었다. 일련의 사건으로 미운털이 박힌 김병현은 2003년 보스턴 레드삭스로 트레이드됐다.

보스턴에서는 미국 전역에 괴짜로 이름을 알리는 사건을 터뜨렸다. 김병현은 2003년 10월 오클랜드와의 디비전 시리즈 1차전에 등판해 블론 세이브를 기록했는데, 3차전 선수 소개 때 자신의 이름이 호명되자 보스턴의 펜웨이 파크를 찾은 홈팬들이 야유를 보냈다. 승리를 지키지 못한 것에 대한 실망어린 야유였다. 그런데 김병현이 냉소적인 표정으로 관중을 향해 가운뎃손가락을 치켜들었다. 후폭풍은 거셌고 김병현이 부적절한 행동에 대해 공식 사과하는 선에서 무마됐지만, 포스트시즌 출전 기회는 사라졌다.

손가락 파문을 일으킨 그해 말에는 국내에서 사고를 쳤다. 서울의 한 스포츠 센터에서 개인 훈련을 하고 나오다가 자신의 사진을 찍은 모 스포츠 전문지 사진기자와 몸싸움을 벌이고 카메라를 부순 혐의로 경찰 조사를 받았다. 사진기자가 고소를 하며 2개월간 폭행 관련 공방전이 벌어졌고 결국 김병현이 사과하고 합의금을 물어주는 것으로 일단락됐다. 김병현은 "사회생활에 대한 경험이 부족하다. 한국이든 미국이든 야구만 알고 살았다. 성격적으로 나를 잘 드러내지 못하고 남들 앞에서 서는 게 여전히 쑥스럽고 그런 성격 때문"이라고 폭행 건에 대해 설명했다. 그 일로 국내에서도 그의 기행이 널리 알려졌다.

메이저리그로 돌아간 김병현의 돌발 행동은 벤치 클리어링에서도 여지없이 나타났다. 2005년 콜로라도 소속이던 김병현은 그해 7월 LA 다저스와 홈경기에서 백인 우월주의자로 소문난 켄트의 등을 그대로 맞췄다. 켄트가 방망이를 던지며 불만을 표출하자 김병현은 물러서지 않고 되레 켄트 쪽으로 성큼성큼 걸어가는 대담한 모습을 보였다. 중간에 심판이 막아서며 충돌까지는 가지 않았지만, 김병현의 강단 있는 성격을 확인할 수 있었다.

김병현은 콜로라도에 이어 플로리다를 거쳐서 2008년 2월 피츠버그 유니폼을 입었는데, 유니폼을 입은 지 한 달 만에 방출됐다. 시범 경기에서 4경기 등판해 4이닝 9안타 5홈런 8실점에 방어율 18.00으로 부진한 게 표면적 이유였다. 여기에 내부적인 갈등도 있었다. 김병현은 자신의 구위를 확인하기 위해 속구 위주의 승부를 펼쳤고, 존 러셀 감독은 유리한 볼카운트에서 한가운데 속구 승부는 무모한 짓이라고 비난했다. 김병현이 시범 경기 마지막 경기에 등판하지 않은 것도 구단에서는 항명으로 판단했다. 김병현은 결국 괘씸죄에 걸려 방출됐다.

국가 대표팀에서도 그의 기행은 벌어졌다. 2009년 WBC를 앞두고 김병현은 여권 분실을 이유로 대표팀 불참 의사를 밝혔다. 그가 그동안 보여준 돌출 행동에서 어처구니없는 해프닝이 하나 더 추가된 것이다. 최종 엔트리 마감을 눈앞에 둔 대표팀 김인식 감독은 "시간이 촉박해 부득이하게 김병현을 제외하기로 했다"라고 말해야 했다.

당시 김병현은 WBC에 참가하기 위해 인천공항에 갔다가 여권이 없어진 사실을 확인했다. 이 일은 국내뿐 아니라 해외 가십에도 오르내렸다. 몇몇 매체에서는 김병현의 여권 분실을 두고 기괴한 선수, 멍청이로 묘사하며 조롱하기도 했다. 김병현은 파문이 커지자 자신의 팬카페에 "여권을 분실한 것은 국가 대표를 우습게보고 나라를 대표하는 사람으로 절대 해서는 안 되는 행동이었다"라고 자책했다.

그러나 30대가 된 김병현은 이전과 완전히 다른 사람이 됐다. 20대 전성기 시절 보여준 핵잠수함의 위력은 사라졌지만, 결혼을 하고 아이가 생기면서 주변을 돌아보게 됐다. 물론 이어폰도 더 이상 귀에 꽂지 않고 자신을 향하는 카메라도 피하지 않고 응시한다. 의사소통이 원활하지 않았던 미국을 떠나 한국으로 돌아온 것도 내성적인 그의 성향이 조금씩 변하는 데 도움을 줬다. 시간이 지나면 누구나 변하기 마련이고 김병현도 변했다.

메이저리그의 기인을 찾아라

메이저리그의
만능 스포츠맨

예외는 있기 마련이다

미국에서는 야구와 미식축구를 같이 하는 것처럼, 여러 스포츠 종목을 병행하는 선수들이 많다. 고교 시절까지 여러 스포츠에서 두각을 나타내는 경우가 많다. 그러다가 프로 전향을 앞두고 그중에 더 경쟁력 있는 종목을 선택한다. 아마추어가 아닌 프로 수준에서 두 종목을 모두 잘하는 경우는 드물다. 하지만 예외는 있기 마련이다.

보 잭슨

보 잭슨

보 잭슨은 미국 스포츠에서 최고의 만능 스포츠맨으로 평가받는다. 앨라배마 오번 대학 출신인 보 잭슨은 미식축구와 야구에서 모두 두각을 나타냈다. 1987년부터 1990년까지 4년간 NFL 오클랜드 레이더스에서 프로 볼의 선수로 선정됐다. 프로 볼은 NFL의 올스타전이다.

잭슨은 메이저리그에서도 올스타에 선정됐다. 한 우물만 파도 성공하기 힘든데, 그는 성격이 완전히 다른 MLB와 NFL에서 모두 올스타에 뽑힌 유일한 인물이다.

잭슨은 1986년 NFL 드래프트에서 1라운드 전체 1순위로 탬파베이 버커니어스에 지명됐다. 그런데 탬파베이가 '투잡'을 허용하지 않자 NFL 입성을 고사했다.

그는 이듬해 드래프트에서 LA 레이더스가 야구 겸업을 허용하자 입단 서류에 사인했다. 메이저리그에는 1986년 캔자스시티 로열스에 입단해 시카고 화이트삭스, 캘리포니아 에인절스에서 9년간 뛰었다.

1989년에는 아메리칸리그 올스타로 뽑혔고, 1988년과 1989년에는 연속해서 20(홈런)-20(도루)을 달성했다. 올스타전에 출전해서는 4타수 2안타 1홈런 2타점을 기록하며 최우수 선수(MVP)에 선정되는 기쁨도 누렸다. 그의 빅 리그 통산 기록은 694경기 동안 타율 0.250에 141홈런 415타점 341득점이다.

그는 "신이 준 재능을 마지막 한 방울까지 쓰고 싶다"고 말하며 여름에는 야구, 겨울에는 미식축구를 하며 자신을 활활 태웠다. 아쉬운 건, NFL에서 선수 생명이 평균 3년 정도로 가장 짧은 러닝백을 했고, 1990년 NFL 플레이오프에서는 대퇴골 골절을 당해 선수 생명이 더 단축됐다는 점이다.

디온 샌더스

디온 샌더스도 야구와 미식축구를 함께 했는데, 그는 메이저리그 월드 시리즈와 NFL 슈퍼 볼에 모두 출전하는 기록을 최초로 세웠다.

디온 샌더스

샌더스는 NFL에서는 1994년에 샌프란시스코 포티나이너스, 1995년에는 댈러스 카우보이스 소속으로 슈퍼 볼에서 우승했다. 포지션은 코너백으로 와일드 리시버를 막았다.

메이저리그에서는 애틀랜타 브레이브스 유니폼을 입고

1992년 월드 시리즈에서 출전해 타율 15타수 8안타(타율 0.533)의 맹타를 휘둘렀다. 빠른 발을 이용해 4득점, 5도루의 성적도 가미했다.

정규 시즌에서는 1994년과 1997년에 내셔널리그 도루 2위를 차지했고, 1992년에는 3루타 1위를 기록했다. 메이저리그 통산 성적은 641경기 동안 타율 0.264에 39홈런 168타점 186도루다. NFL에서는 14시즌 동안 5개 팀에서 뛰었고 메이저리그에서는 9시즌 동안 애틀랜타와 뉴욕 양키스, 샌프란시스코 자이언츠, 신시내티 레즈 등 4개 팀을 거치며 롱런했다.

팀 티보

팀 티보는 2016년 9월 뉴욕 메츠와 마이너리그 계약을 하며 야구 선수로서 도전에 나섰다. 그의 나이 서른이었다. 고교 시절부터 야구와 미식축구에서 모두 뛰어난 선수였던 티보는 플로리다 대학 시절 팀을 두 차례 전국 챔피언에 올려놓았고, 2007년 대학 최고의 영예인 하이즈먼 트로피를

팀 티보

수상하며 최고의 쿼터백이라는 평가를 받았다.

2010년 NFL에서는 약체 덴버 브롱코스 소속으로 강호 피츠버그 스틸러스와의 NFL 플레이오프 1차전 연장 쿼터에서 천금 같은 터치다운 패스를 연결해 극적인 역전승을 일궈내며 스타로 부상했다.

그러나 이도 잠시, 티보는 부상과 부진으로 3시즌을 뛰고 방출됐다. 이후 프로야구 선수로 변신했는데, 메이저리그에서의 성공 가능성은 나이와 긴 공백기로 반반이라는 평가다.

그 외 만능 스포츠맨

미네소타 트윈스의 프랜차이즈 스타 조 마우어는 고등학교 시절 미식축구 쿼터백으로 전미 최우수 선수에 뽑힌 적이 있다. 농구에서는 포인트 가드로 지역 올스타에 선발되며 만능 스포츠맨으로 활동했다.

NFL 덴버 브롱코스의 쿼터백으로 두 차례 팀에 슈퍼 볼을 안긴 존 얼웨이는 대학 시절 야구 선수로도 명성이 높았다. 스탠퍼드 대학 역사상 가장 어깨가 강한 외야수로 미식축구와 야구에서 모두 드래프트되었다.

NBA 보스턴 셀틱스의 단장 대니 에인지는 브리검영 대학에서 농구와 야구를 함께 했는데, 졸업 후에 토론토 블루제이스 소속으로 3시즌을 뛰었다. 그리고 NBA로 자리를 옮겨 15년간 활약하며 챔피언 반지를 두 번 끼었다.

농구 황제 마이클 조던은 잠시 메이저리그에 도전했는데 뚜렷한 성적을 내지 못하고 다시 농구 코트로 복귀했다.

메이저리그의 기인을 찾아라

5번 임명되고 5번 해고된
빌리 마틴

선수 시절부터 저니맨

같은 직장에 5번 들어갔다가 5번 해고된 사람이 있다. 그것도 메이저리그에서. 빌리 마틴은 뉴욕 양키스 감독으로 5번 임명됐고 5번 해고된 보기 드문 경력의 소유자다. 빌리 마틴은 11년간 메이저리그 선수로 활약했는데, 뉴욕 양키스(1950~1957년)를 시작으로 캔자스

빌리 마틴

시티 애슬레틱스(1957년), 디트로이트 타이거스(1958년), 클리블랜드 인디언스(1959년), 신시내티 레즈(1960년), 밀워키 브레이브스(1961년), 미네소타 트윈스(1961년)에서 활동했다.

알아주는 주당이었던 그는 양키스 시절 나이트클럽에서 술을 먹다가 난동을 부린 뒤 캔자스시티로 트레이드되었는데, 그 이후에는 거의 매년 팀을 옮기는 저니맨 신세를 벗어나지 못했다.

현역 은퇴 후의 지도자 생활

그는 현역에서 은퇴한 뒤에는 지도자 생활을 했다. 1971년 디트로이트 감독으로 부임했고 텍사스를 거쳐 1975년 양키스 감독이 되며 18년 만에 다시 핀 스트라이프 유니폼을 입게 됐다. 그리고 이듬해인 1976년에 처음이자 마지막이 된 월드 시리즈 우승컵을 들어 올렸다. 그러나 이때부터 양키스와의 악연 같은 인연의 끈이 이어졌다. 마틴은 우승 감독이 되었지만, 구단주인 조지 스타인브레너를 범죄자라고 발언하며 곧 해임됐다. 스타인브레너는 1972년 대통령 선거에서 리처드 닉슨에게 불법 정치 자금을 제공하다가 적발되어 유죄 판결을 받았다.

그러나 마틴은 1979년 감독으로 다시 취임했다. 그렇게 구단주와 감독 간의 갈등이 봉합되는 듯했지만, 그들의 관계는 오래가지 않았다. 빌리는 1년 만에 다시 해고되었는데, 미네소타의 한 호텔에서 점원과 멱살잡이한 내용이 언론에 보도

되어 옷을 벗었다.

마틴과 양키스의 특이한 관계는 1980년대에 다시 이어졌다. 빌리 마틴은 1983년 세 번째로 양키스 감독이 되었는데 다시 잘렸고, 1985년 다시 뉴욕 양키스의 지휘봉을 잡게 되었지만 또 해고됐다. 그리고 1988년에 5번째로 뉴욕 양키스 감독실로 출근하게 됐다.

그라운드의 히틀러

마틴 감독의 별명은 '그라운드의 히틀러'이며 '독불장군'이었다. 별명에서 눈치챌 수 있듯 그는 구단과 끊임없이 마찰을 일으켰다. 구단주 조지 스타인브레너는 마틴 감독의 저돌적 리더십을 인정하면서도 자신의 말을 잘 듣지 않는 것에는 늘 불만이었다.

마틴 감독은 자신의 고용주뿐 아니라 팀 내 선수들과도 대립각을 세웠다. 마틴은 승리에 대한 강력한 욕구로 팀을 강팀으로 끌어올리는 데 탁월한 능력을 발휘했는데, 그 과정에서 팀워크를 해치는 행동을 용납하지 않았다.

마틴 감독은 스타인브레너가 영입한 베테랑 타자 레지 잭슨이 수비를 대충하자 벤치로 불러들였다. 잭슨이 번트 지시를 거부하고 삼진을 당하자, 그는 잭슨에게 화를 내는 것으로 분이 풀리지 않았는지 구단주까지 싸잡아 비난했다. 그것도 공개 석상에서. 그 결과는 불을 보듯 뻔했다. 그의 감독 해임 횟수가 하나 더 늘었다. 그렇게 5번이나 임명되고 해임되는 과정이 반복되었으나, 마틴 감독은 냉철한 독재자 스타일을 고수하며 불협화음을 두려워하지 않았다.

마틴는 양키스에서 5번 해고된 뒤에 1990년 시즌을 앞두고 다시 양키스에서 지휘봉을 잡을 예정이었다. 감독으로 내정된 마틴은 코칭스태프 인선까지 마치며 시즌에 대비했는데, 교통사고로 사망하고 말았다. 거하게 술을 마신 뒤에 자신의 농장으로 가다가 사고가 났다.

그와 늘 긴장 관계를 유지하던 구단주 스타인브레너는 "마틴은 남자 중의 남자였다. 가족을 잃은 기분이다"라고 애도하며 베이브 루스 옆에 마틴의 묘지를 손수 마련해주었다.

메이저리그의 기인을 찾아라

역대 최다 퇴장 감독
바비 콕스

물불 가리지 않는 화끈한 성격

바비 콕스 감독은 메이저리그 애틀랜타 브레이브스에서 월드시리즈 1회 우승, 내셔널리그 5회 우승을 포함해 14회 연속 지구 우승을 이끈 인물이다. 콕스 감독은 29년간 메이저리그에서 지휘봉을 잡았는데 애틀랜타 브레이브스에서만 25년간 사령탑으로 있었다. 블루제이스에서 감독으로 머문 4년을 더해 29년간 거둔 승리는 2,504승이며, 이는 역대 4번째로 많은 승리 기록이다.

콕스 감독은 물불 가리지 않는 화끈한 성격으로 메이저리그 최다 퇴장 감독으로 더 유명하다. 29년간 총 158회 퇴장을 당했으니 단순 계산해보면 한 시즌당 5.5회 수준에 달한다.

심판에게 항의하는 바비 콕스 감독

 감독이 심판에게 강하게 항의하는 이유는 판정에 대한 불만이다. 이를테면 1루 주자가 2루 도루를 했는데 심판이 아웃이라고 선언했다. 그러나 세이프라고 느낀 주자는 심판을 향해 두 팔을 펼치며 어필한다. 그런 상황이 발생하면 더그아웃의 감독이 선수단을 대표해 출동한다. 감독이 심판에게 판정 항의를 할 때 보면, 때로는 배를 내밀며 몸싸움을 하고 때로는 얼굴이 맞닿을 듯 가까이 붙어 설전을 벌인다.

 콕스 감독이 퇴장 명령을 받을 만큼 항의하는 이유는 승리를 향한 열망과 냉정한 작전이 모두 담겨 있다. 만약 더그아웃의 감독이 주자나 타자가 어필하는 상황을 멀뚱히 보고만 있다면, 선수들은 감독에 대한 믿음을 가질 수 없다. 감독이 선수를 대신해 심판의 판정에 불만을 표시할수록 그에 비례해 더그아웃의 신뢰 지수는 상승한다.

감독마다 다른 방식의 리더십

감독마다 다른 방식의 리더십을 발휘한다. 형님 리더십, 엄마 리더십 등 그 형태는 다양하지만, 기본은 선수와 감독 간의 결속력에 있다. 콕스 감독의 158회 퇴장을 단순히 그가 매우 다혈질이기 때문으로 치부해서는 안 된다. 소속 선수를 보호하면서 그들의 마음을 사기 위한 콕스 감독만의 리더십 방식인 것이다. 경기 중에 애매한 판정으로 선수가 흥분하면 콕스 감독은 퇴장을 작정하고 심판에게 거칠게 항의했다. 그가 더그아웃에서 사라지면 더그아웃 분위기는 오히려 똘똘 뭉치는 모습을 보였다. 콕스 감독도 "내가 없으니까 선수들이 경기를 더 잘하더라"라고 말하기도 했는데, 의외의 사실은 콕스 감독이 퇴장당한 경기의 승률은 자신의 평균 승률에 미치지 못한다. 그러나 퇴장의 결과물은 한 경기에 한정되지 않는다. 그날 승률이 설령 좋지 않다고 해도 퇴장으로 인해 선수들의 충성도가 쌓이면 팀 전체의 승률은 따라 올라가기 마련이다. 콕스 감독이 사령탑으로 기록한 2,504회에 달하는 승리가 그 증거다. 2011년 8월 12일 시카고 컵스와의 경기에 앞서 콕스 감독의 영구 결번 행사가 진행됐는데, 그는 시구 후에 심판으로부터 유쾌한 퇴장 명령과 관중의 박수를 함께 받았다.

콕스 감독에 버금가는 뜨거운 감독

콕스 감독에 버금가는 뜨거운 감독으로는 얼 시드니 위버 감독이 있다. 그는 17년간 감독 생활을 하며 91회 퇴장당했으니 매년 5.4회 정도인 셈이다. 더블헤더 경기에서 각각 퇴장당한 것도 세 번이나 있고 황당하게도 경기 시작 전에 퇴장당한 적도 두 번 있다. 그의 전매특허는 모자챙을 뒤로 돌려 쓴 채 심판의 얼굴에 자신의 얼굴을 바짝 대고 논쟁을 벌이는 모습이다. 심판 몸에 손을 대면 곧바로 퇴장이기 때문에 가능한 한 가까이 접근하기 위해 모자를 뒤집어쓰고 머리를 들이밀었다.

언제 폭발할지 모르는 그를 향해 심판들은 '후추 통'이라고 부르며 껄끄럽게 생각했다. 위버 감독은 심판들이 내린 오심을 전부 기억하고 있다가 그런 상황이 다시 발생하면 조목조목 따지고 들었으니, 심판 입장에서는 그의 뒤끝 작렬에 기분이 상할 수밖에 없었다. 한번은 심판 눈앞에서 야구 규칙서를 갈기갈기 찢어버리기도 했다. 심판들은 경기가 끝난 뒤에 감독과 맥주 한 잔을 기울이며 화해를 하기도 하는데, 위버 감독만큼은 서로의 앙금을 풀기가 쉽지 않았다고 한다.

에필로그

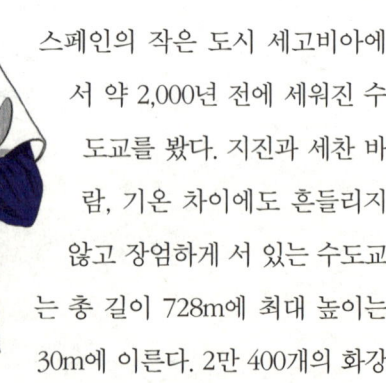

스페인의 작은 도시 세고비아에서 약 2,000년 전에 세워진 수도교를 봤다. 지진과 세찬 바람, 기온 차이에도 흔들리지 않고 장엄하게 서 있는 수도교는 총 길이 728m에 최대 높이는 30m에 이른다. 2만 400개의 화강암이 사용됐고 가장 무거운 화강암은 2톤이나 된다. 광장을 가로지르는 이 거대한 구조물은 규모뿐 아니라 건축 방식도 놀랍다. 정교하게 쌓아올려 아치를 이룬 거대한 돌들은 오로지 서로의 균형과 중력에 의해 서 있다.

미국에서 메이저리그의 역사는 채 200년이 되지 않았지만, 그동안 수많은 사람의 땀과 열정 그리고 헌신으로 이룩됐다. 수도교를 단단하게 지탱하고 있는 수많은 화강암 덩어리에서 메이저리그의 반석이 된 이들의 삶을 반추해본다. 공 하나에 울고 웃으면서 쌓인 메이저리그의 역사가 돌처럼 모여 이제는 거대한 성전을 이루고 있다.

보는 이로 하여금 감탄사를 자아내는 세고비아의 수도교는 거대한 신전이나 웅장한 기념비가 아니다. 사람들에게 물을 공급하는 상수도 시설이다. 신의 영광이나 영웅의 업적이 아닌, 인간의 삶을 위해 세워졌다는 점이 감동을 전한다. 메이저리그도 이제 단순한 스포츠의 영역을 벗어나 거대한 사업이 됐다. 그러나 그 기반이 일상에서 살아가는 사람들의 삶, 그 일부분이라는 데 더 큰 의미가 있다.

지금 짓고 있는 현대식 건물 중에 앞으로 2,000년의 풍파를 견딜 수 있는 건축물이 있을까. 아마 없을 것이다. 메이저리그는 2,000년간 지속될 수 있을까. 장담하지 못한다. 그러나 현생 인류가 존재하는 한 야구는 함께 할 것이다. 던지고 치는 행위는 인류의 기원과 함께 하기에. 메이저리그가 사람들의 삶으로 더 깊이 녹아들어 미국뿐 아니라 세계 여러 곳에서 오랫동안 사랑받기를 바란다.

 부록

메이저리그 30개 구단

메이저리그는 내셔널리그와 아메리칸리그의 양대 리그로 이뤄져 있고, 리그마다 동부 지구, 서부 지구, 중부 지구로 구분되어 있다. 그리고 한 지구당 5개 팀이 모여 총 30개 팀을 구성하고 있다.

1. 내셔널리그 동부 지구

뉴욕 메츠 New York Mets

뉴욕 메츠는 1962년 뉴욕의 퀸스를 연고지로 창단했다. 뉴욕 메츠의 시작은 초라했다. 신생 팀은 기존 구단의 텃세와 약한 지지 기반으로 세가 약할 수밖에 없었지만, 성적만 놓고 보면 메츠가 역대 가장 초라하게 출발했다. 1962년 창단 첫해 40승 120패를 기록하며 혹독한 시즌을 보냈다. 승률 0.250은 메이저리그 역사상 최악의 성적이었다. 최고 인기 구단이며 최다 우승을 자랑하는 뉴욕 양키스와 비교되며 더 주눅이 들었다.

그러나 별 볼일 없는 성적과 달리 첫해 입장 관중은 100만 명 가까이 들어차며 리그 6위에 올랐다. 뉴욕이라는 거대한 연고지와 안티 양키스의 세력을 단박에 흡수하며 관중 몰이에는 성공했다. 초반 시련기를 거친 메츠는 1969년과 1986년 두 차례 월드 시리즈 정상에 오르며 미국의 심장부 뉴욕에서 내셔널리그 동부 지구 간판 팀으로 자리 잡았다.

미국을 대표하는 대도시 뉴욕에는 뉴욕 양키스를 비롯해 브루클린 다저스, 뉴욕 자이언츠까지 3개 구단이 존재했다. 그러다가 1958년에 다저스와 자이언츠가 서부로 떠나며 뉴욕에는 양키스만 남게 됐다. 그러자 윌리엄 셰이라는 변호사가 새로운 팀 창단에 앞장섰다. 뉴욕 메츠가 1963년부터 45년간 사용한 셰이 스타디움은 그의 공적을 기려 명명한 구장이다.

마이애미 말린스 Miami Marlins

마이애미 말린스는 플로리다 마이애미를 연고지로 1991년 창단해 1993년부터 내셔널리그에 참가했다. 구단명은 창단 당시 플로리다 말린스였는데, 2012

년 홈구장을 선라이프 스타디움(1993~2011년)에서 말린스 파크로 옮기며 팀명도 마이애미 말린스로 변경했다.

말린스는 메이저리그의 마지막 신생 구단이지만 창단한 지 5년 만인 1997년에 월드 시리즈 우승을 차지했다. 창단 후 최단 기간의 우승 기록이었다. 말린스는 6년 후인 2003년에도 월드 시리즈 정상을 차지하며, 10년 동안 두 번이나 우승컵을 들어 올리는 기염을 토했다.

애틀랜타 브레이브스 Atlanta Braves

조지아 주 애틀랜타에 연고지를 둔 브레이브스는 1991년부터 2005년까지 14년 연속해서 내셔널리그 동부 지구 1위를 차지한 90년대를 대표하는 강팀이다. 그런데 지구 정상을 빼앗기지 않은 그 14년 동안 월드 시리즈 우승이 단 1회뿐이라는 게 큰 아쉬움이다.

브레이브스는 매우 오랜 역사를 가진 구단이다. 그 뿌리는 1871년 보스턴까지 올라간다. 애틀랜타의 최초 전신은 1871년 창단한 보스턴 레드스타킹스다. 이 팀은 1869년에 창단한 미국 최초의 프로야구팀 신시내티 레드스타킹스의 후신이기도 하다. 왜냐하면 신시내티 레드스타킹스는 창단 1년 만에 해체됐고, 팀을 잃은 다수의 선수들이 1871년 보스턴 레드스타킹스로 이동해 창단 멤버가 됐기 때문이다.

그래서 브레이브스는 메이저리그에서 손꼽히는 유서 깊은 팀이며 산 증인이다. 동시에 미국 내 현존하는 각종 프로 스포츠 팀 중에 가장 오랫동안 지속되고 있는 구단이다.

브레이브스는 보스턴(1871~1952년)에서 시작해 밀워키(1953~1965)를 거쳐 1966년부터 애틀랜타에 둥지를 틀고 있다. 150년에 육박하는 그 기간에 구단명도 많이 바뀌었다.

보스턴 레드스타킹스(1871~1875년), 보스턴 레드캡스(1876~1882년), 보스턴 비니터스(1883~1906년), 보스턴 도브스(1907~1910년), 보스턴 러슬러스(1911년), 보스턴 브레이브스(1912~1935년, 1941~1952년) 보스턴 비즈(1936~1940년), 밀워키 브레이브스(1953~1965년)로 간판을 바꾸었고, 1966년부터 애틀랜타 브레이브스로 불리고 있다.

1876년 내셔널리그가 출범해 지금까지 유지되고 있는 원년 팀은 메이저리그에서 브레이브스와 시카고 컵스 둘 밖에 없다.

워싱턴 내셔널스 *Washington Nationals*

워싱턴 D.C.은 미국의 수도다. 백악관, 국회의사당, 링컨 기념

관이 모여 있다. 그곳을 연고지로 하는 내셔널리그 동부 지구 팀은 워싱턴 내셔널스다.

창단은 1969년이며 당시 연고지는 워싱턴 D.C.가 아닌 캐나다의 몬트리올이었다. 구단명은 몬트리올 엑스포스였으며, 캐나다 최초의 메이저리그 팀이었다. 미국 수도를 연고지로 하는 팀과 캐나다 최초의 메이저리그 팀은 잘 연결되지 않지만, 두 팀은 같은 족보를 가지고 있다.

워싱턴 내셔널스가 몬트리올 엑스포스의 역사를 그대로 계승하고 있다. 그래서 과거 엑스포스의 레전드는 내셔널스의 레전드이기도 하다. 내셔널스의 홈구장에는 몬트리올 엑스포스 출신 레전드의 이름이 선명하게 새겨 있다. 몬트리올 엑스포스의 강타자 안드레 도슨이 2010년 메이저리그 명예의 전당에 헌액되자 워싱턴 내셔널스는 홈구장에서 성대한 기념식을 치르기도 했다.

몬트리올 엑스포스는 2005년에 연고지를 캐나다에서 워싱턴 D.C.로 옮겼는데, 이는 30개 메이저리그 구단 중에 가장 마지막으로 연고지를 옮긴 사례다. 메이저리그에서 연고지를 옮긴 첫 사례는 1903년 볼티모어 오리올스가 뉴욕으로 이전해 하이랜더스가 되고, 같은 해 밀워키 브루어스가 세인트루이스로 옮겨 브라운스가 된 것이다.

엑스포스 시절을 포함해 워싱턴 내셔널스는 아직 월드 시리즈 우승을 경험하지 못했다. 내셔널리그에서는 유일하며 아메리칸리그로 넓혀도 시애틀 매리너스와 함께 두 구단뿐이다.

필라델피아 필리스 *Philadelphia Phillies*

필라델피아 필리스는 한때 미국의 수도였던 펜실베이니아 필라델피아를 연고지로 1883년에 창단했다. 최초 팀명은 필라델피아 퀘이커스였다. 1890년에 팀명을 지금의 필리스로 바꾸었다. 홈구장은 리크리에이션 파크(1883~1886년), 베이커 볼(1887~1938년), 코니맥 스타디움(1938~1970년), 베테랑 스타디움(1971~2003년)을 거쳐 2004년부터 시티즌스 뱅크 파크를 사용하고 있다.

130년이 훌쩍 넘어가는 오랜 역사 속에 월드 시리즈 우승은 1980년과 2008년에 2회 경험했다. 내셔널리그 우승은 7차례 차지했다. 반면 최하위는 32회, 100패를 기록한 시즌은 14번이나 된다. 전 세계 프로 스포츠 역사상 최초로 1만 패를 달성한 불명예를 가지고 있는 등 오랜 역사에 비해 성적은 초라하다.

2. 내셔널리그 서부 지구

⚾ LA 다저스 *Los Angeles Dodgers*

LA 다저스는 서부 최고의 명문 구단이며 우리에게는 박찬호와 류현진으로 무척이나 친숙한 구단이다. LA 다저스의 홈구장 다저 스타디움은 캘리포니아 로스엔젤레스(LA)에 있다.

다저스 구단은 원래 동부의 뉴욕에 있었다. 그런데 1958년 시즌에 뉴욕 브루클린에서 서부 LA로 연고지를 옮겼다. 구단주 월터 오말리는 뉴욕 시와의 새 구장 건축 협상이 무산되자 서부행을 결심했다. 현재 다저 스타디움의 부지인 차베스 라빈(Chavez Ravine)의 언덕을 LA 시로부터 싸게 구입해 1962년 1,200만 달러를 투입해서 야구장을 지었다. 1965년까지 3년간 로스엔젤레스 에인절스와 함께 사용했다. 에인절스는 1966년 LA 남쪽의 애너하임으로 연고지를 옮겨 에인절 스타디움으로 이전했다.

⚾ 샌디에이고 파드리스 *San Diego Padres*

샌디에이고 파드리스의 홈구장은 펫코 파크다. 샌디에이고

구단은 1969년 창단했고 퀄컴 스타디움을 홈구장으로 사용하다가 2004년 개장한 펫코 파크로 옮겼다. 펫코(Petco)는 미국 내 가장 많은 애완동물 용품점이다. 퀄컴 스타디움은 파드리스가 떠나며 NFL 샌디에이고 차저스가 홈구장으로 사용하게 됐다.

샌디에이고의 팀 이름인 '파드리스'는 스페인어로 '신부(神父)'를 뜻한다. 미국의 건국 전인 1769년 7월 16일 스페인 프란시스코 수도회 소속의 후니펠 세라에 의해 샌디에이고 데 아칼라(San Diego de Alcala)가 세워진 것을 기념했다. 캘리포니아 최초의 스페인식 성당이다.

샌디에이고 구단의 마스코트는 스윙하는 수도사 '스윙잉 프라이어(Swinging Friar)'다. 프라이어(Friar)는 로마 가톨릭교에서 탁발하던 수도사다. 그래서 스윙잉 프라이어의 복장은 중세시대 수도사를 연상시킨다.

샌프란시스코 자이언츠 *San Francisco Giants*

자이언츠 구단은 1883년 뉴욕 고담스로 창단됐다. 영원한 앙숙인 LA 다저스의 전신인 브루클린 다저스보다 먼저 창단됐는

데, 1886년 뉴욕 자이언츠로 이름을 바꾸었고 1958년에 뉴욕에서 샌프란시스코로 연고지를 이전했다.

뉴욕 시절 홈구장은 폴로 경기를 하기 위해 만들어진 구장을 개조한 폴로 그라운드(Polo Grounds)였다. 좌측 펜스와 우측 펜스까지의 거리가 상당히 짧았지만, 센터 펜스까지의 거리가 무척 길어 중견수가 수비하기에 매우 까다로운 구장이었다. 당시 폴로 그라운드의 홈에서 센터 펜스까지의 거리는 무려 147m나 됐다.

연고지를 샌프란시스코로 옮긴 후 자이언츠는 캔들스틱 지역에 새 구장을 짓는 2년 동안 마이너리그 팀인 미션 레즈가 쓰던 실즈 스타디움을 홈구장으로 썼다. 그리고 1960년 새 홈구장인 캔들스틱 파크로 이전했다. 캔들스틱 파크는 낮에는 따뜻했지만, 밤만 되면 강풍이 몰아쳐 기온이 뚝 떨어졌기에 경기장을 찾은 팬들은 추위와 싸워가며 경기를 봐야 했다. 새 구장의 필요성이 대두됐다.

그런 와중에 자이언츠 구단은 서부 샌프란시스코에 둥지를 튼 이후에 두 차례 이전 시도를 했다. 1976년에 캐나다 토론토 연고지 이전을 시도했는데 확정 직전까지 갔다가 무산됐다. 토론토는 1년 후 신생 팀 블루제이스를 창단하며 아쉬움을 씻었다. 자이언츠는 1992년에는 플로리다의 탬파, 현재 탬파베이 레이스의 홈구장인 트로피카나 필드로 연고를 옮기려고 고민했다. 그러자 피터 매고완이 구단을 매입하며 구단주가 되어 이전을 막았고 야구장 신축에 별 호응을 보이지 않던 샌프란시스코 시도 부랴부랴 새 구장 신축을 약속하며 AT&T 파크가 만들어졌다.

새 구장은 퍼시픽 · 벨 → SBC → AT&T로 세 차례 이름이 변경됐는데, 이는 거액을 주고 구장명칭권을 구입한 AT&T가 인수 · 합병을 할 때미디 기업명을 바꾸었기 때문이다. AT&T는 미국 내 가장 큰 통신 회사다.

애리조나 다이아몬드백스 Arizona Diamondbacks

애리조나 다이아몬드백스는 1998년 애리조나의 최대 도시 피닉스를 연고로 창단했다. 탬파베이 레이스와 함께 마지막으로 메이저리그에 입성하며 30개 구단 체제의 마지막 방점을 찍었다. 다이아몬드백스는 신생 팀이지만, 창단 4년 만인 2001년 월드 시리즈 우승을 차지하며 메이저리그 역사상 가장 빠른 우승컵을 들어 올린 구단이 되었다.

그렇지만 창단 첫해에는 꽤 고생을 했다. 데뷔 시즌 성적은 65승 97패로 가까스로 4할 승률을 넘기며 내셔널리그 서부 지구 최하위에 머물렀다. 그나마 같은 해 창단한 탬파베이의 승률 0.389(63승 99패)보다는 나은 성적이었다.

데뷔하자마자 쓴맛을 본 애리조나 다이아몬드백스는 이듬해인 1999년부터 적극적으로 선수 영입에 나서며 몸집 불리기에 나섰다. 랜디 존슨, 토드 스토틀마이어를 영입해 원투 펀치를 구성했고 타선에서는 루이스 곤살레스, 토니 워맥, 스티브 핀리를 영입해 공격력을 강화했다.

그 결과는 화려했다. 창단 2년째인 1999년 시즌에 애리조나는 100승(62패) 고지를 단박에 돌파하며 내셔널리그 서부 지구 우승을 차지했다. 이는 메이저리그 역사상 가장 빠른 지구 우승이었다. 애리조나 구단의 초스피드 성장세는 2001년 월드 시리즈의 예고편이기도 했다.

그리고 대망의 2001년, 애리조나는 커트 실링을 영입해 마운드 높이를 더욱 올렸고 타선에서도 레지 샌더스와 마크 그레이스를 영입해 타격을 극대화했다. 한국산 핵잠수함 김병현도 가세해 불펜에서 위력을 떨쳤다. 다이아몬드백스는 월드 시리즈에서 메이저리그 최고 명문 뉴욕 양키스를 4승 3패로 제압하고 창단 첫 우승의 영광을 누렸다.

콜로라도 로키스 Colorado Rockies

콜로라도 로키스는 1993년 창단해 이 지역 NFL 덴버 브롱크스의 다목적 구장인 마일하이 스타디움을 홈구장으로 사용하다가 2년 뒤인 1995년 쿠어스 필드로 옮겼다.

로키 산맥의 물을 이용해 만드는 쿠어스 맥주가 네이밍 권리를 획득하며 구장 이름에 쿠어스가 붙게 됐다. 1873년에 설립된 쿠어스 맥주는 콜로라도 골딩 지역에 양조장을 가지고 있다.

콜로라도는 와일드 카드로 3차례(1995, 2007, 2009년) 디비전 시리즈에 진출했고, 2007년에 월드 시리즈까지 진격했다. 그러나 보스턴 레드삭스를 상대로 한 경기도 따내지 못하고 4전 전패로 무릎을 꿇으며 창단 첫 우승에 실패했다.

3. 내셔널리그 중부 지구

밀워키 브루어스 *Milwaukee Brewers*

내셔널리그 중부 지구의 밀워키 브루어스는 위스콘신 주 밀워키를 연고지로 하는 구단이다. 원래는 1969년 메이저리그 확대와 함께 합류한 4개 팀 가운데 하나로 아메리칸리그에 시애틀 파일러츠라는 팀으로 합류했다. 그러나 한 시즌을 치르고 이듬해인 1970년 연고지를 밀워키로 옮기며 팀명도 브루어스로 변경했다. 그리고 1998년부터 아메리칸리그에서 내셔널리그로 소속도 바뀌었다.

팀명 브루어스는 양조업자라는 뜻으로, 브루 시티(Brew City) 밀워키가 미국에서 가장 유명한 양조 도시라는 것을 상징한다. 19세기 초반 독일과 폴란드계 이민자가 몰려들며 자연스럽게 맥주의 도시로 발전했다. 그런데 밀워키 브루어스라는 야구단 이름의 역사는 꽤 오래됐다. 그 이름으로 메이저리그에 가세한 1970년이 최초가 아니다. 밀워키 브루어스는 1880년대부터 있던 지역 팀 이름으로 1902년에 아메리칸 어소시에이션 리그에 소속되었다. 1913년과 1914년 연속해서 아메리칸 어소시에이션 챔피언십에서 우승했고 마이너리그 팀으로는 51년의 역사 동안 8차례 우승한 전력이 있다.

그리고 밀워키 최초의 메이저리그 구단은 밀워키 브루어스가 아니었다. 애틀랜타 브레이브스의 전신인 보스턴 브레이브스가 1953년에 밀워키로 들어와 14년간 머물렀다. 1957년에는 메이저리그 우승을 차지하기도 하는 등 인기와 실력을 동시에 구가했다. 그러나 1966년 더 큰 시장을 찾아 애틀랜타로 이전했다.

세인트루이스 카디널스 *St. Louis Cardinals*

세인트루이스 카디널스는 미주리 주 세인트루이스를 연고지로 하며 내셔널리그 중부 지구 소속이다. 뉴욕 양키스에 이어 두 번째로 많은 월드 시리즈 우승 경력(11회)을 가진 전통의 강호다. 1882년 아메리칸 어소시에이션 소속으로 세인트루이스 브라운스타킹스라는 팀명으로 창단한 이후 꾸준한 성적을 이어왔다. 구단명은 브라운스타킹스를 거쳐 세인트루이스 브라운스(1883~1898), 세인트루이스 퍼펙터스(1899)로 이름을 바꾸었고 1900년부터 세인트루이스 카디널스가 됐다.

세인루이스는 뉴욕이나 보스턴, LA에 비해 시장 규모가 작지만, 평균 관중 수는 전체 5위권을 유지할 만큼 인기 있는 전통의 강호다. 세인트루이스는 오랜 구단 역사에서 로저스 혼스비, 디지 딘, 스탠 뮤지얼, 밥 깁슨, 아지 스미스, 앨버트 푸홀스 등 메이저리그를 대표하는 특급 선수들을 많이 배출했다.

시카고 컵스 Chicago Cubs

시카고 컵스는 1870년 일리노이 주 시카고를 연고지로 창단했다. 컵스는 1907년과 1908년에 연속해서 월드 시리즈를 제패하며 초창기 강팀으로 군림했다. 그러나 염소의 저주에 걸리며 100년 넘게 우승컵을 들어 올리지 못했다. 월드 시리즈에는 7번 진출했지만, 번번이 실패했다. 특히 1945년 이후에는 월드 시리즈 문턱에도 가지 못하며 오랜 암흑기를 보내야 했다. 2016년 월드 시리즈에서 우승하며 108년 만에 한풀이를 했다.

컵스의 유명 선수로는 메이저리그 한 시즌 최다 타점(190점)을 기록한 해크 윌슨과 통산 512홈런의 어니 뱅크스 등이 있다. 그 외 사이영 상 4회에 빛나는 그렉 매덕스와 홈런왕 새미 소사가 있다. 영구 결번은 론 산토(10번), 어니 뱅크스(14

번), 라인 샌드버그(23번), 빌리 윌리엄스(26번), 그렉 매덕스(31번)다.

신시내티 레즈 Cincinnati Reds

추신수, 김선우, 봉중근이 몸담기도 했던 신시내티 레즈는 전통의 명문 구단이다. 오하이오 주 신시내티를 연고지로 하는 레즈는 미국에서도 최초의 프로야구 팀이라는 자부심이 가득하다. 1882년 창단한 신시내티 레즈는 1869년 창단한 세계 최초의 프로야구팀 신시내티 레드스타킹스에서 출발한다.

선수들이 모두 붉은 양말을 신어 레드스타킹스로 불렸다. 이들 멤버는 1866년 하버드 대학과 예일 대학의 졸업생들로 이뤄졌는데, 처음에는 아마추어 야구 클럽으로 창설되었다가 3년 뒤인 1869년에 프로 팀으로 탈바꿈했다.

선수들은 3월 15일부터 11월 15일까지 8개월간 보수를 받으며 프로야구 선수로 역사의 한 페이지에 남았다. 레드스타킹스는 당시 아마추어 팀을 상대로 65승 무패의 실력을 자랑하며 순회 경기를 가졌다.

신시내티 레드스타킹스는 1870년에 해체됐고 1875년에 신시내티 레즈가 뒤를 이어 창단됐다가 1880년에 해체되었다. 그 이듬해인 1881년에 세 번째 프로 구단이 생겼다. 명칭은 첫 번째 프로 팀의 이름을 그대로 사용한 신시내티 레드스타킹스였다는데, 1982년 팀 이름을 레즈로 변경했다. 이 팀이 바로 레드스타킹스 → 레즈 → 레드스타킹스를 거쳐 오늘날 신시내티 레즈의 전신이 되었다. 이 팀들은 사실 이름만 같거나 비슷했지 다른 팀이라고 볼 수도 있다. 하지만 신시내티가 프로야구팀이 생긴 최초의 도시임은 틀림없다.

피츠버그 파이리츠 Pittsburgh Pirates

피츠버그 파이리츠는 펜실베이니아 주 피츠버그를 연고지로 한다. 창단 당시 이름은 피츠버그 앨러게니스(Alleghenys)였다. 펜실베이니아와 메릴랜드에 걸친 앨러게니 산맥의 이름을 딴 것이다. 1890년에 이노센츠(innocents, 순수한 사람들)로 변경했다가 1891년에 팀명이 파이리츠(Pirates, 해적들)가 됐다. 구단주가 마치 해적처럼 선수들에 대한 불법 계약을 자행한 데서 유래한다. 파이리츠는 해적들이라는 뜻의 또 다른 말인, 버캐니어스(Buccaneers)를 줄여 벅스(Bucs)라고도 부른다. 피츠버그는 월드 시리즈에서 5차례 우승(1909, 1925, 1960, 1971, 1979년)을 차지했다. 특히 1971년, 1979년 월드 시리즈에서 우승하며 70년대 전성기를 보냈다.

4. 아메리칸리그 동부 지구

뉴욕 양키스 New York Yankees

양키스는 1901년 뉴욕의 브롱스에서 창단했다. 그리고 잠시 볼티모어로 연고지를 옮겼다가 1903년 다시 뉴욕 브롱스로 돌아와 닻을 내리며 현재에 이르고 있다.

구단명은 볼티모어 오리올스(1901~1902년), 뉴욕 하이랜더스(1903~1912년)로 썼다가 1913년부터 뉴욕 양키스로 불리게 된다. 첫 구단명에서 보듯 양키스는 원래 메릴랜드 주 볼티모어에서 시작한 팀인데, 아메리칸리그에도 뉴욕 연고지의 팀이 있어야 한다는 의견에 따라 연고지를 뉴욕으로 이전했다.

그러나 양키스의 시작은 초라했다. 당시 뉴욕에는 1883년 내셔널리그 뉴욕 고담스로 창단해 1886년 뉴욕 자이언츠로 이름을 바꾼 터줏대감이 있었다. 양키스는 인기나 재정적인 면에서 자이언츠에 완전히 밀렸다. 홈구장도 없어 뉴욕 자이언츠의 홈구장인 폴로 그라운드를 빌려 썼다.

뉴욕 양키스의 번영은 1920년 보스턴에서 베이브 루스를 데려오면서 시작됐다. 여기에 루 게릭이 가세하며 양키스의 첫 번째 영광의 시대가 도래했는데, 1920년부터 1940년까지 8차례 월드 시리즈에서 우승을 차지했다. 2인자 신세에서 벗어나 뉴욕의 1인자가 된 양키스는 곧 전국구 인기 구단이 됐다. 홈런포를 쾅쾅 때려낸 베이브 루스의 공이 가장 컸다. 양키스는 베이브 루스의 홈런을 보기 위해 몰려던 구름관중의 힘으로 1923년에 양키 스타디움을 지을 수 있었다. 구장 별칭은 '루스가 지은 집'이 되었다.

시간이 흘러 베이브 루스가 은퇴하고 루 게릭은 불치병으로 그라운드를 떠났지만, 또 다른 스타가 탄생하며 양키스의 두 번째 융성이 시작됐다. 새롭게 떠오른 스타는 조 디마지오였다. 그가 데뷔한 1936년부터 은퇴한 1951년까지 양키스는 월드 시리즈 우승 10차례, 리그 우승 11차례를 기록하며 최고 강팀으로 군림했다.

디마지오를 시작으로 요기 베라, 미키 맨틀, 로저 매리스, 화이티 포드 등 걸출한 선수들이 계보를 이어가나며 양키스 왕조를 더욱 단단하게 구축했다. 역대 최초 월드 시리즈 5연패의 위업을 달성하며 명실상부한 미국 최고의 구단으로 자리매김했다.

1970년대를 전후해 암흑기가 찾아왔지만, 새로운 구단주인 조지 스타인브레너가 전력 강화에 나서며 양키스는 다시 우승컵을 들어올리기 시작했다. 그러나 짧은 부흥이었다. 구단주의 조급함과 횡포가 선수단을 엄습하며 암흑기가 다시 도래했다. 1982년부터 1983년까지 스타인브레너가 자른 감독만 10명에 달했다.

양키스의 영광에 서광이 다시 찾아온 건, 1978년 우승에 이어 18년 만인 1995년에 월드 시리즈 우승을 하면서부터였다. 스타인브레너의 긴섭이 사라지면서 유망주들이 무럭무럭 자라났다. 조 토리 감독의 관심 속에 데릭 지터, 호르헤 포사다, 앤디 페티트, 버니 윌리엄스, 마리아노 리베라가 양키스 제국을 다시 일으켜 세웠다. 로저 클레멘스도 줄무늬 유니폼을 입으며 합류했다. 전력을 차곡차곡 쌓은 양키스는 1998년부터 2000년까지 월드 시리즈 3연패 달성에 성공했다. 새로운 전성기의 시작이었다.

보스턴 레드삭스 *Boston Red Sox*

보스턴 레드삭스는 1901년 시작된 아메리칸 리그의 8개 프랜차이즈 팀 중 하나다. 최초 팀명은 보스턴 아메리칸스였고 1908년부터 보스턴 레드삭스로 이름을 바꾸었다.

보스턴은 1903년 전설적인 투수인 사이 영과 함께 월드 시리즈에서 첫 우승을 따낸 것을 포함해 월드 시리즈 8회 우승의 전력을 가지고 있는 전통의 명문이다.

레드삭스를 향한 보스턴 팬들의 지지는 엄청나다. 레드삭스의 심장인 펜웨이 파크는 2003년부터 10년 동안 820경기 (정규 시즌 794경기, 포스트시즌 26경기) 연속해서 홈구장 매진 기록을 세웠다. 또한 보스턴 레드삭스는 원정 경기 기준으로 메이저리그에서 평균 관중이 가장 많은 팀이기도 한 전국구 인기 구단이다.

⚾ 볼티모어 오리올스 Baltimore Orioles

볼티모어 오리올스는 메릴랜드 주 볼티모어가 연고지로, 1954년에 이곳으로 옮겼다. 그전에는 밀워키와 세인트루이스에 연고지를 두고 있었다. 팀 창단은 1894년 밀워키 브루어스로 거슬러 올라간다. 창단한 지 8년이 지난 1902년에 밀워키에서 세인트루이스로 연고지를 이전하며 세인트루이스 브라운스가 됐다. 그런데 세인트루이스에는 카디널스 구단이 이미 선점하고 있어 브라운스는 크게 인기를 누리지 못했다. 브라운스는 세인트루이스에서 약 반세기를 머문 뒤 1954년 볼티모어로 이전하며 현재의 볼티모어 오리올스가 됐다.

볼티모어는 월드 시리즈에서 3차례(1966, 1970, 1983년) 우승했고 아메리칸리그에서는 7차례, 지구 우승은 9차례 했다. 1954년 세인트루이스에서 볼티모어로 연고지를 옮긴 이후 성적이 좋다. 영구 결번은 얼 위버(4번), 브룩스 로빈슨(5번), 칼 립켄 주니어(8번), 프랭크 로빈슨(20번), 짐 파머(22번), 에니 머레이(33번) 등 총 6명이다.

탬파베이 레이스 Tampa Bay Rays

탬파베이 레이스는 플로리다 세인트피터즈버그를 연고지로 1998년에 창단했다. 처음에는 탬파베이 데블레이스라는 팀명이었는데, 2008년부터 데블을 떼고 탬파베이 레이스가 됐다. 홈구장은 1998년 개장한 트로피카나 필드다.

탬파베이는 탬파와 세인트피터즈버그 묶어 부르는 이름인데, 이 지역은 메이저리그에서 구단 확장 움직임이 있을 때마다 유치에 팔을 걷고 나섰다. 1992년 샌프란시스코 자이언츠 인수에 실패하자 이듬해인 1993년에는 리그 확장 대상자가 되기 위해 적극적으로 뛰어들었다. 그러나 플로리다 주 마이애미에 밀려 고배를 마셨다.

탬파베이는 창단이 힘들어지자 다음 계획으로 타 구단 이전을 추진했다. 대상은 시카고 화이트삭스였다. 1998년 화이트삭스는 일리노이 주에 새 구장 건설을 요청했고 만약 받아들여지지 않으면 탬파베이로 연고지를 옮기는 것으로 합의를 봤다.

그러나 일리노이 주 의회가 구장 신축에 동의하며 이 또한 무위로 돌아갔다. 탬파베이의 오랜 꿈은 1995년에 이뤄졌다. 빈스 나이몰리 구단주가 그해 메이저리그로부터 구단 유치 승인을 얻어냈고 애리조나 다이아몬드백스와 함께 1998년에 창단 첫 시즌을 보냈다.

⚾ 토론토 블루제이스 *Toronto Blue Jays*

메이저리그 30개 구단 중에 유일하게 캐나다 연고의 팀이 토론토 블루제이스다. 이 팀은 1977년 온타리오 호 북쪽 연안에 위치한 캐나다 제1의 도시 토론토를 연고지로 창단했다. 토론토는 인디언 말로 '여러 사람이 모이는 장소'를 뜻한다.

캐나다에는 토론토 블루제이스 외에 몬트리올 엑스포스가 있었지만, 몬트리올이 2005년 워싱턴 D.C.로 이전해 워싱턴 내셔널스가 되며, 캐나다에는 블루제이스만 남았다. 그 덕분에 캐나다 야구팬들의 절대적 지지를 안고 있다.

토론토 블루제이스는 창단 초기 하위권에 머물다가 1980년대부터 상승 기류에 올라탔다. 그리고 1992년과 1993년 연속으로 월드 시리즈 챔피언에 오르며 전성기를 맞았다. 이후 하향 기류에서 헤어나오지 못하고 있지만 2년 연속 우승이라는 금자탑을 남겼다.

메이저리그에서 마지막 연승 구단은 뉴욕 양키스로, 1998년부터 2000년까지 3년간 정상을 차지했다. 메이저리그에서 챔피언 수성은 쉽지 않다. 이유는 크게 두 가지다. 우선 나머지 29개 팀 중에, 1위 팀의 우승을 저지할 수 있는 저력의 팀이 여럿 있기 마련이다. 그리고 FA 시장에서 우승의 변수가 될 수 있는 선수 영입이 가능하며 마이너리그에서도 끊임없이 유망주가 배출된다.

5. 아메리칸리그 서부 지구

⚾ LA 에인절스 *Los Angeles Angels of Anaheim*

LA(로스앤젤레스)에는 메이저리그 구단으로 LA 다저스만 있는 게 아니다. 아메리칸리그에 속한 LA 에인절스도 있다. LA 에인절스는 1961년 캘리포니아 LA에서 창단해 1966년 LA 남동쪽 샌타애나 강 연안의 애너하임으로 연고지를 옮겼다. 애너하임은 1955년 개장한 디즈니랜드 놀이공원으로 유명한 도시다.

구단명 변천사는 1961년 로스앤젤레스 에인절스로 창단해 1965년부터는 캘리포니아 에인절스로 30년간 불렸다. 그리고 1997년 애너하임 에인절스로 명칭을 바꿨다. 2005년부터는 로스앤젤레스 에인절스 오브 애너하임으로 개명했다. 줄여서 LA 에인절스로 불린다.

구단명이 애너하임에서 LA 에인절스로 변경하는 과정에서 법정 다툼까지 벌어졌다. 연고지인 애너하임은 인구 35만 명 정도의 소도시로, 구단 마케팅에 한계가 있고 LA에 빅 클럽인 다저스가 있다 보니 팬층이 잘 늘어나지 않았다. TV 중계료 협상에도 불리했다.

그래서 2003년 월트디즈니로부터 구단을 인수한 모레노 구단주가 미국 제2의 대도시 LA를 염두에 두고 팀명을 바꿔버렸다. LA의 넓은 시장을 확보하며 전국구 구단으로 성장하기 위해 애너하임을 버리고 LA 에인절스로 간판을 새로 달았다.

이에 애너하임 시의회가 반발하며 2005년 법원에 명칭 변경 소송을 제기했다. 그러나 4년간의 법정 싸움 끝에 2009년 애너하임 시가 패소하며 지루하게 진행되던 공방전이 막을 내렸다.

LA 다저스는 외부적으로는 에인절스와 같은 작은 구단에 크게 신경 쓰지 않는 입장을 취했다. 구단 역사와 규모 그리고 저변에서 상대가 되지 않았다. 그러나 LA 에인절스가 창단 42년 만인 2002년에 첫 월드 시리즈 우승을 차지하는 등 좋은 성적을 발판 삼아 성장세를 그리자, 양 팀 간에 신경전이 슬슬 고조되며 라이벌전 구도가 형성되었다. 이제는 양 팀의 리그가 다르지만, 인터 리그에서 격돌하며 자존심 대결을 펼치고 있다. LA와 애너하임은 5번 프리웨이로 연결되어 있어 양 팀의 인터 리그 경기는 '프리웨이 시리즈(Freeway Series)'로 불린다.

재미있는 사실은 에인절스는 1961년 LA에 있는 리글리 필드를 첫 번째 홈구장으로 사용했고 1962년부터 3년간은 LA

다저스와 함께 다저 스타디움에서 한 지붕 두 가족으로 보냈다는 점이다. LA를 떠난 에인절스는 1966년에 '에인절 스타디움 오브 애너하임'이 개장하며 지금까지 홈구장으로 사용하고 있다.

시애틀 매리너스 Seattle Mariners

시애틀 매리너스는 1977년에 워싱턴 주 시애틀을 연고지로 창단했다. 워싱턴 내셔널스와 함께 월드 시리즈에 진출하지 못한 구단이다.

시애틀 매리너스는 아메리칸리그 서부 지구에서 3차례 우승했지만, 2016년 시즌까지 30년간 5할 승률을 넘긴 게 13회에 불과하다. 그러나 암울했던 1980년대 조지 아지로스 구단주 시대를 지나 1992년 닌텐도가 구단을 인수하면서 서광이 비쳤다.

1995년 처음으로 플레이오프에 진출했고 1997년 지구 우승에 이어 2001년에는 아메리칸 서부 지구 우승과 함께 한 시즌 최다승인 116승으로 조금씩 인기몰이를 했다.

사실 매리너스는 시애틀을 연고로 창단한 두 번째 메이저리그 구단이다. 메이저리그 구단 유치를 꾸준히 시도한 시애틀은 1969년 메이저리그 구단 확대 때 시애틀 파일러츠를 창단했다.

그러나 이듬해 밀워키 출신으로 막대한 자금력이 생긴 버드 셀릭이 이 팀을 매입한 뒤 연고지를 자신의 고향인 밀워키로 옮겼다. 그리고 팀 이름을 밀워키 브루어스로 바꾸었다.

오클랜드 애슬레틱스 Oakland Athletics

캘리포니아 오클랜드를 연고지로 하는 오클랜드 애슬레틱스는 1901년 필라델피아 애슬레틱스로 창단했다. 아메리칸 리그가 시작된 1901년에 구단 역사도 출발했기에 그 역사가 깊다.

필라델피아 시절 애슬레틱스는 월드 시리즈 우승을 5회 차지하고 리그에서는 9번이나 우승한 강팀이었다. 그러나 재정난으로 인해 구단은 매각되고 성적 부진에 관중의 발길마저 끊기자 54년간의 필라델피아 시대를 마감하고 1955년 캔자스시티로 연고지를 옮긴다. 두 번째 연고지에서는 초반 관중 몰이에 성공했지만, 성적이 뒤따르지 않으며 다시 침체기에 빠졌다. 구단주가 다시 바뀌며 팀은 13년간의 캔자스시티 생활을 접고 1968년에 현재 연고지인 샌프란시스코 동쪽 해안에 위치한 오클랜드로 이전했다. 그곳에서 꽤 좋은 성적을 냈으나, 1990년 이후 예산이 줄어들며 스몰 마켓으로 축소됐다.

오클랜드와 인접한 샌프란시스코는 미국 내에서도 살기 좋은 도시에 손꼽히지만, 오클랜드는 미국 10대 우범 도시 중에 상위권에 들 만큼 치안에 골치를 썩고 있다. 소득 불평등과 빈부 격차로 치안 불안이 심화되고 있다. 특히 홈구장 주변은 갱들의 우범 지대다.

애틀레틱스 구단도 이런 문제로 인해 캘리포니아의 산호세 쪽으로 연고지 이전을 고민했다. 샌프란시스코만 일대에서는 스무 개가 넘는 도시들이 광역권을 형성하고 있고 샌프란시스코와 애틀레틱스가 이 광역 도시권의 절반을 나눠 가지고 있다. 샌프란시스코 만의 왼쪽은 자이언츠 구단이, 오른쪽은 애틀레틱스 구단이 연고권을 가진다.

애틀레틱스 구단은 높은 범죄율의 오클랜드를 떠나 샌프란시스코 만에서 가장 부자 도시이며 인구 밀집도가 높은 산호세 이전을 계속 추진했다. 오클랜드에서 남쪽으로 약 60km 정도 떨어져 있는 산호세도 환영 의사를 밝혔다.

IT 업계 종사자 및 고액 연봉자가 많은 실리콘밸리와 메이저리그 구단과의 시너지 효과는 지역 경제 활성화에 큰 도움이 될 것이라는 판단이었다.

실리콘밸리에는 애플, 이베이, 구글, 오라클, 시스코, 휴렛팩커드, 페이스북, 인텔 등이 운집해 있다. 그러나 미국 연방항소법원은 2015년 산호세 지역에 대한 샌프란시스코 자이언츠의 연고권을 인정한다는 판결을 내렸고, 오클랜드의 산호세 이전은 물거품이 됐다. 그러나 오클랜드의 연고지 이전 노력을 앞으로도 호시탐탐 계속될 듯하다.

텍사스 레인저스 *Texas Rangers*

텍사스 레인저스는 아메리칸리그 서부지구에 소속되어 있으며 연고지는 텍사스 주 알링턴이다. 텍사스 레인저스의 전신은 1961년 창단한 워싱턴 새니터스다. 1901년에 아메리칸리그 창립 멤버에도 워싱턴 D.C.를 연고로 하는 워싱턴 새니터스가 있는데, 이 구단은 미네소타로 연고지를 옮기며 미네소타 트윈스가 됐다. 원조 새니터스가 떠나자 그 자리에 똑같은 간판을 내건 두 번째 새니터스가 둥지를 틀었다. 그리고 이 팀이 1972년 텍사스로 연고지를 이전하며 텍사스 레인저스가 됐다. 텍사스 구단은 전통을 기리기 위해 연고지 이전 팀명인 워싱턴 새니터스 유니폼을 입고 경기를 하기도 한다.

텍사스의 최대 도시는 댈러스지만 레인저스 구단은 알링턴에 자리 잡았다. 그러나 알링턴은 댈러스의 위성도시라 텍사스 레인저스는 기본적으로 댈러스 팀이라고 인식된다. 창단 초기 신생 팀이라는 약점 때문에 승률 5할을 넘지 못하는 약팀이었다. 창단 첫해인 1961년에는 시즌 100패를 기록했다. 이후 4년 연속 100패를 작성했는데 이는 레인저스와 뉴욕 메츠 두 구단만 가지고 있는 불명예스러운 기록이다. 약팀 이미지는 창단하고 10년이 지나서야 벗기 시작했다. 1974년 아메리칸리그 서부 지구 2위를 차지했다. 포스트시즌은 창단 35년 만인 1996년이 되어서야 처음 밟았다. 월드 시리즈에는 2010년과 2011년 연속으로 진출했다. 그러나 샌프란시스코와 세인트루이스에 밀려 창단 첫 월드 시리즈 우승은 무산됐다.

휴스턴 애스트로스 *Houston Astros*

아메리칸리그 서부 지구에 소속된 휴스턴 애스트로스는 텍사스 주 휴스턴을 연고지로 1962년 창단했다. 구단명은 애스트로스 이전에 콜츠포티파이브스(Colts 45's, 1962~1964년)였다. 창단 3년째에 애스트로 돔을 홈구장으로 사용하며 팀명도 따라 애스트로스로 변경했다.

휴스턴에는 미국의 우주 연구의 중심인 미항공우주국(NASA) 존슨 우주 센터가 있는데, 그에 대한 자부심으로 팀명도 '별들'이라는 의미의 애스트로스로 바꾼 것이다. 그러나 빛나는 이름과 달리 아직 월드 시리즈 우승컵을 들어 올리지 못하고 있다. 창단 이후 월드 시리즈 무대에는 2005년 한 번 진출한 경험이 있지만, 시카고 화이트삭스에 4전 전패로 패했다.

휴스턴의 전신은 1888년부터 1961년까지 마이너리그 팀이었던 휴스틴 버필로스다. 메이저리그에서 홈구장은 콜트 스타디움(1962~1964년)과 애스트로 돔(1965~1999년)에 이어 2000년 이래 미닛메이드 파크를 사용 중이다.

6. 아메리칸리그 중부 지구

디트로이트 타이거즈 Detroit Tigers

아메리칸리그 중부 지구 소속된 디트로이트 타이거즈는 1894년에 미시간 주 최대 도시인 디트로이트에서 창단했고, 1901년 아메리칸리그가 생길 때부터 메이저리그에 참여한 전통의 팀이다. 또한 디트로이트에서 창단한 이후 단 한 번도 연고지를 바꾸지 않았고, 팀명인 타이거

스도 그대로다. 100년이 훌쩍 넘는 오랜 기간에 별다른 침체기 없이 중상위권 성적을 꾸준히 유지했다. 4차례 월드 시리즈 우승과 11차례 리그 우승을 차지한 명문 구단으로 20세기 말 전후로 잠시 주춤했지만 2000년대 초반 과감한 투자로 다시 강팀의 면모를 회복했다.

홈구장은 베넷 파크(1901~1911년), 타이거 스타디움(1912~1999년)을 거쳐 2000년부터 코메리카 파크를 사용 중이다. 코메리카 파크는 디트로이트 도심에 위치하고 있으며 그 옆에 NFL 디트로이트 라이온스의 홈구장인 포드 필드가 있다. 구장명은 디트로이트에 기반을 둔 코메리카 은행의 이름을 따왔다. 코메리카 은행은 30년 동안 총액 6,600만 달러에 구장명명권 계약을 맺었다.

미네소타 트윈스 Minnesota Twins

미네소타 트윈스는 메이저리그 30개 구단 중에 가장 추운 곳에 있다. 연고지인 미네소타 주 미니애폴리스와 세인트폴은 미시시피 강을 마주 보며 트윈 시티를 형성하고 있다. 이곳에는 트윈스와 함께 NBA 미네소타 팀버울브스, NFL 미네소타 바이킹스가 둥지를 틀고 있다.

미네소타 트윈스의 원류는 1894년 창단한 웨스턴 리그 소속 캔자스시티 블루스까지 거슬러 올라간다. 웨스턴 리그는 아메리칸리그의 전신인데, 캔자스시티 블루스(1894~1901년)는 1901년에 아메리칸리그가 시작되자 연고지를 워싱턴 D.C.로 옮겼다. 그리고 아메리칸리그 초대 8개 팀 중에 하나인 워싱턴 새니터스(1901~1904년, 1955~1960년)로 출항했다. 중간에 워싱턴 내셔널스(1905~1954년)로 간판을 바꿔달기도 했다. 현재 연고지인 미네소타로는 1961년에 이전했고 워싱턴 새니터스가 떠난 자리에는 텍사스 레인저스의 전신이 된 두 번째 워싱턴 새니터스(1961~1971년)가 출현했다.

미네소타 트윈스는 100년이 넘는 역사 속에서 세 차례 월드 시리즈 우승을 했다. 첫 우승은 1924년 워싱턴 새니터스의 이름으로 차지했고, 1987년과 1991년에는 미네소타 트윈스로 월드 시리즈 정상에 올랐다.

시카고 화이트삭스 Chicago White Sox

시카고 화이트삭스는 1894년 창단했고 오하이오 주의 수시티와 미네소타 주의 세인트폴을 거쳐 1900년부터 시카고를 연고지로 하고 있다. 구단명은 수시

티 콘후커스(1894년), 세인트폴 세인츠(1895~1899년), 시카고 화이트스타킹스(1900~1903년)로 간판을 바꾼 뒤, 1904년부터 시카고 화이트삭스로 불리고 있다. 홈구장도 연고지에 따라 변했다. 사우스사이드 파크(1900~1910년), 코미스키 파크(1910~1990년)에 이어 1991년부터 개런티드 레이트 필드를 사용하고 있다.

같은 연고의 시카고 컵스에 비해 시카고 화이트삭스의 주목도, 인기, 성적는 모두 떨어진다. 컵스는 시카고 북쪽에 살고 있는 백인들의 지지를 받고 있고, 화이트삭스의 팬층은 도시 남쪽의 흑인 비율이 높은 저소득층이다. 그 차이로 인해 컵스와 화이트삭스의 연고지 지배력이 다르다는 평가다.

2017년 1월 17일, 버락 오바마 대통령은 퇴임을 나흘 앞두고 백악관의 마지막 공식 초청 손님을 맞았다. 2016년 월드 시리즈에서 108년 만에 우승한 시카고 컵스 선수단이었다. 월드 시리즈 우승 팀이 백악관을 방문하는 것은 오랜 전통으로 그 시초는 1869년에 그랜트 대통령이 첫 번째 메이저리그 팀인 레드스타킹스를 초청한 것이다.

시카고가 정치적 고향인 오바마 대통령은 화이트삭스 선수단을 향해 "시카고 컵스가 우승할 때 백악관에 있는 누구처럼 본능적으로 좋아하지 못했다"고 고백했다. 이유가 있다. 오바마 대통령은 시카고 화이트삭스 팬이고, 미셸 오바마 영부인은 열정적인 컵스 팬이기 때문이다. 그래서 오바마 대통령은 화이트삭스 유니폼을 입지 않고 양손으로 든 채 선수들과 기념사진을 촬영했다. 하지만 그는 "비록 컵스 유니폼을 입기는 힘들지만, 그래도 화이트삭스 팬 가운데에서는 내가 최고의 컵스 팬이라는 점을 알아주길 바란다"라는 유쾌한 농담으로 좌중을 웃겼다. 이날 컵스 구단은 44대 대통령인 오바마에게 등 번호 44번이 새겨진 유니폼과 홈구장인 리글리 필드 가족 평생 입장권을 선물로 건넸다.

오바마 대통령은 "스포츠는 정치가 실패한 곳에서 미국 국민을 통합할 수 있는 잠재력을 지니고 있다. 역사적으로 볼 때 스포츠는 우리가 갈라져 있을 때 우리를 하나로 통합하는 힘을 발휘했다"며 스포츠의 가치를 강조한 뒤 "재키 로빈슨과 나 사이에 직접 연결되는 선이 있다"고 말했다. 재키 로빈슨은 메이저리그 첫 흑인 선수이고 오바마는 첫 흑인 대통령이다.

캔자스시티 로열스 Kansas City Royals

1969년에 창단한 캔자스시티 로열스는 미주리 주 캔자스시티를 연고지로 한다. 많은 사람들은 캔자스시티 로열스가 캔자스 주에

있다고 생각하는데, 그렇지 않다. 캔자스시티는 세인트루이스에 다음가는 미주리 주 제2의 도시다. 그래도 미주리 주뿐 아니라 캔자스 주 경계선에도 걸쳐 있는 도시이기에, 캔자스시티 로열스의 실질적인 연고지는 캔자스 주라고 해도 무방하다.

캔자스시티는 캔자스 주에 인접해 있어 미주리 주가 아닌 캔자스 주의 여러 도시와 함께 도시권을 이루고 있다. 2013년에 개봉한 슈퍼맨 시리즈 중 하나인 〈맨 오브 스틸〉을 봐도 확인할 수 있다. 영화에서 슈퍼맨은 마지막에 "나는 캔자스에서 자랐다. 그 누구보다 미국인이다"라고 말한다. 또한 캔자스의 한 농장에서 성장한 슈퍼맨은 영화 속에서 캔자스시티 로열스의 팬으로 설정되어 있고, 입고 나오는 옷도 로열스 티셔츠다.

캔자스시티 로열스는 뮤니시펄 스타디움(1969~1972년)에 이어 1973년부터 카우프만 스타디움을 홈구장으로 쓰고 있다. 구장명칭에 붙은 카우프만은 캔자스시티의 초대 구단주의 이름이다. 유잉 카우프만은 사망하기 전에 유언으로 "절대 야구팀이 캔자스시티를 떠나지 못하게 할 것"이라고 할 만큼 야구단에 대한 애정이 깊었고, 자신이 구단주로 있는 동안 캔자스시티가 강팀으로 성장할 수 있도록 물심양면으로 지원했다. 그가 1993년 암으로 별세하자 구단과 팬들은 그를 잊지 않겠다는 의미에서 홈구장 이름을 카우프만 스타디움으로 변경했다. 다음 구단주로는 카우프만의 친구인 월마트 창시자 데이비드 글래스가 취임했다. 글래스는 구단 지원에 인색했고 캔자스시티는 약 20년간 5할 미만의 성적에 그치며 부진의 오랜 늪에 빠졌다.

클리블랜드 인디언스 *Cleveland Indians*

찰리 쉰 주연의 영화 〈메이저리그〉는 아메리칸리그 중부 지구에 속한 클리블랜드 인디언스를 모델로 한다. 영화 속에서 이 팀은 30년간 우승은커녕 4위 이상 올라가지 못한 만년 하위 팀이다. 쇼걸 출신 여성 구단주는 막대한 이득이 생기는 마이애미로 연고지를 옮길 계획을 짠다.

1년 내에 구단이 80만 달러 이상 수입을 올리지 않으면 이전이 가능하다. 그녀는 총감독을 조종해 형편없는 선수들로 팀을 꾸린다. 새로 탄생한 인디언스는 그야말로 오합지졸이다. 그러나 이들은 시간이 지나면서 가족처럼 서로를 믿고 의지하게 된다. 그리고 좌충우돌하면서 꼴찌들의 반란이 시작된다. 시즌 후반 리그 우승을 향해 달려가면서 이들은 클리블랜드의 영웅이 된다.

영화에서처럼 클리블랜드 인디언스는 우승과 거리가 먼 팀이다. 메이저리그에서 가장 오랫동안 월드 시리즈에서 우승을 하지 못한 팀이다. 1920년과 1948년 두 차례 월드 시리즈 우승을 차지했지만 이후 인연을 맺지 못하고 있다. 1954년에 월드 시리즈에 진출했다가 패했고 다시 플레이오프에 진출하는 데 40년이 넘게 걸렸다. 영화 〈메이저리그〉는 그 암흑기를 배경으로 한다. 원래 독보적인 1위는 1908년부터 우승하지 못한 시카고 컵스였는데, 108년 만인 2016년에 월드 시리즈 정상에 오르며 1위 자리를 클리블랜드에게 넘겼다.

클리블랜드가 월드 시리즈 우승을 하지 못하는 이유로 '와후 추장의 저주' 때문이라는 원망도 있다. 와후 추장의 모습을 우스꽝스럽게 묘사하며 추장 원혼의 노여움을 샀다는 것이다. 인종차별 문제도 불거지며 와후 추장을 마스코트에서 은퇴시키자는 주장도 나왔다. 클리블랜드 구단은 이를 의식해 2010년부터 와후 추장의 로고를 가능한 한 쓰지 않으려고 애쓰고 있다.

우승과 별개로 클리블랜드의 야구 역사는 유구하다. 시작은 1865년에 창단한 포레스트시티 베이스볼 클럽이었다. 포레스트시티는 아마추어 클럽이었는데, 신시내티 레드스타킹스의 성공을 벤치마킹해 내셔널리그에 가입하며 프로 팀으로 출발했다. 이후 클리블랜드 포레스트시티스(1879~1881년), 클리블랜드 블루스(1882~1884년), 클리블랜드 스파이더스(1887~1889), 클리블랜드 인펀트(1890)로 이름을 바꾸며 명맥을 유지했다.

클리블랜드 인디언스의 기원은 미시간에 자리 잡고 있던 그랜드래피즈 러슬러스(1894~1899년)다. 1900년에 연고지를 클리블랜드로 옮기며 클리블랜드 레이크쇼어스(1900년)로 팀명이 바뀌었다. 1901년에 클리블랜드 블루버즈로 간판을 교체해 아메리칸리그에 들어갔고, 클리블랜드 브롱코스(1902년)를 거쳐 클리블랜드 냅스(1903~1914년)로 새로이 출발했다. 냅스 시절에는 사이 영이 뛰기도 했다. 1915년부터 현재의 클리블랜드 인디언스가 됐다.

참고 문헌 및 웹 사이트

참고 문헌

《괴짜 야구 경제학》(J. C. 브래드버리)
《꿈의 기업 메이저리그》(송재우)
《뉴욕 양키스 유니폼에는 왜 선수의 이름이 없을까》(스즈키 도모야)
《당신의 이름을 아무도 모르는 곳에서》(존 파인스타인)
《마구의 역사》(최정식)
《머니볼》(마이클 루이스)
《메이저리그 견문록》(최영조)
《메이저리그 레전드》(김형준)
《메이저리그의 영웅들》(스티브 라이치)
《민훈기의 메이저리그 메이저리거》(민훈기)
《빌 제임스 핸드북》(빌 제임스)
《소크라테스, 야구장에 가다》(테드 코헨)
《야구 교과서》(잭 햄플)
《야구, 나를 위한 지식 플러스》(배우근)
《야구란 무엇인가》(레너드 코페트)
《야구 룰 교과서》(댄 포모사, 폴 햄버거)
《야구야 고맙다》(이영미, 조미예)
《야구에서 배우는 승부의 법칙》(하비 A. 도르프만)
《야구의 물리학》(로버트 어데어)
《야구의 심리학》(마이크 스태들러)
《야구의 역사》(조지 벡시)
《야구장 산책》(이헌재)
《양키스는 왜 강한가》(이종률)
《어디서 공을 던지더라도》(R. A. 디키)
《왜 세계는 축구에 열광하고 미국은 야구에 열광하나》(스테판 지만스키, 앤드루 짐벌리)
《위대한 야구 이야기》(카디르 넬슨)

《이것이 야구다》(스포츠서울 야구팀)
《이것이 진짜 메이저리그다》(제이슨 켄달)
《이노베이터 이대호》(배우근)
《인사이드 피치》(이태일)
《인생, 야구에서 배우다》(이용균)
《커쇼의 어라이즈》(클레이튼 커쇼)
《클로저》(마리아노 리베라)
《피처스 바이블》(놀란 라이언)

웹 사이트
김형준의 인사이드 MLB
문상열의 MLB 이야기
민훈기의 민기자닷컴
백종인의 야구는 구라다
손건영의 굿모닝 MLB
이영미의 MLB 현장
이창섭의 MLB 스코프
장윤호의 MLB 산책
조미예의 MLB 현장
baseball-reference.com
cbssports.com
espn.com
fangraphs.com
latimes.com
legend2i.com
mlb.com
nytimes.com
terms.naver.com
wikipedia.org